Zivilrecht

Die 10 wichtigsten
Musterklausuren

für's Examen

Hemmer/Wüst

Hemmer/Wüst Verlagsgesellschaft

Hemmer/Wüst, Zivilrecht/Die 10 wichtigsten Musterklausuren für's Examen

ISBN 978-3-96838-107-7

10. Auflage 2022

gedruckt auf chlorfrei gebleichtem Papier
von Schleunungdruck GmbH, Marktheidenfeld

Juristisches Repetitorium hemmer

Vorbereitung auf das erste Staatsexamen

Kursorte im Überblick

ugsburg
Vüst
lergentheimer Str. 44
7082 Würzburg
el.: (0931) 79 78 230
ax: (0931) 79 78 234
lail: augsburg@hemmer.de

Bayreuth
Daxhammer/d´Alquen
Parkweg 7
97944 Boxberg
Tel.: (07930) 99 23 38
Fax: (07930) 99 22 51
Mail: bayreuth@hemmer.de

Berlin-Dahlem
Gast
Schumannstraße 18
10117 Berlin
Tel.: (030) 240 45 738
Fax: (030) 240 47 671
Mail: mitte@hemmer-berlin.de

Berlin-Mitte
Gast
Schumannstraße 18
10117 Berlin
Tel.: (030) 240 45 738
Fax: (030) 240 47 671
Mail: mitte@hemmer-berlin.de

Bielefeld
Lück
Salzstr. 14/15
48143 Münster
Tel.: (0251) 67 49 89 70
Fax.: (0251) 67 49 89 71
Mail: bielefeld@hemmer.de

ochum
chlömer/Sperl
alzstr. 14/15
8143 Münster
el.: (0251) 67 49 89 70
ax.: (0251) 67 49 89 71
lail: bochum@hemmer.de

Bonn
Ronneberg/Clobes/Geron
Meckenheimer Allee 148
53115 Bonn
Tel.: (0228) 91 14 125
Fax: (0228) 91 14 141
Mail: bonn@hemmer.de

Bremen
Hemmer/Wüst
Mergentheimer Str. 44
97082 Würzburg
Tel.: (0931) 79 78 257
Fax: (0931) 79 78 240
Mail: bremen@hemmer.de

Dresden
Weber/Kalina
Oststraße 8
04317 Leipzig
Tel.: (0152) 34 01 84 73
Mail: leipzig@hemmer.de

Düsseldorf
Ronneberg/Clobes/Geron
Meckenheimer Allee 148
53113 Bonn
Tel.: (0228) 91 14 125
Fax: (0228) 91 14 141
Mail: duesseldorf@hemmer.de

rlangen
rieger/Tyroller
lergentheimer Str. 44
7082 Würzburg
el.: (0931) 79 78 230
ax: (0931) 79 78 234
lail: erlangen@hemmer.de

Frankfurt/M.
Geron/Hahn/Bold
Dreifaltigkeitsweg 49
53489 Sinzig
Tel.: (02642) 61 44
Fax: (02642) 61 44
Mail: frankfurt.main@hemmer.de

Frankfurt/O.
Gast
Schumannstraße 18
10117 Berlin
Tel.: (030) 240 45 738
Fax: (030) 240 47 671
Mail: mitte@hemmer-berlin.de

Freiburg
Behler/Rausch
Rohrbacher Str. 3
69115 Heidelberg
Tel.: (06221) 65 33 66
Fax: (06221) 65 33 30
Mail: freiburg@hemmer.de

Gießen
Sperl
Parkweg 7
97944 Boxberg
Tel.: (07930) 99 23 38
Fax: (07930) 99 22 51
Mail: giessen@hemmer.de

öttingen
chlömer/Sperl
irchhofgärten 22
4635 Kupferzell
el.: (07944) 94 11 05
ax: (07944) 94 11 08
lail: goettingen@hemmer.de

Greifswald
Lück
Knieperstraße 20
18439 Stralsund
Tel.: (03831) 26 27 17
Fax: (03831) 26 27 28
Mail: greifswald@hemmer.de

Halle
Weber/Kalina
Oststraße 8
04317 Leipzig
Tel.: (0152) 34 01 84 73
Mail: halle@hemmer.de

Hamburg
Schlömer/Sperl
Steinhöft 5-7
20459 Hamburg
Tel.: (040) 317 669 17
Fax: (040) 317 669 20
Mail: hamburg@hemmer.de

Hannover
Hemmer/Wüst
Mergentheimer Str. 44
97082 Würzburg
Tel.: (0931) 79 78 230
Fax: (0931) 79 78 234
Mail: hannover@hemmer.de

eidelberg
ehler/Rausch
ohrbacher Str. 3
9115 Heidelberg
el.: (06221) 65 33 66
ax: (06221) 65 33 30
lail: heidelberg@hemmer.de

Jena
Weber/Kalina
Oststraße 8
04317 Leipzig
Tel.: (0152) 34 01 84 73
Mail: halle@hemmer.de

Kiel
Onoszko/Lück
Knieperstraße 20
18439 Stralsund
Tel.: (03831) 26 27 17
Fax: (03831) 26 27 28
E-Mail: kiel@hemmer.de

Köln
Ronneberg/Clobes/Geron
Meckenheimer Allee 148
53113 Bonn
Tel.: (0228) 91 14 125
Fax: (0228) 91 14 141
Mail: koeln@hemmer.de

Konstanz
Kaiser
Hindenburgstr. 15
78467 Konstanz
Tel.: (07531) 69 63 63
Fax: (07531) 69 63 64
Mail: konstanz@hemmer.de

eipzig
Veber/Kalina
)ststraße 8
4317 Leipzig
el.: (0152) 34 01 84 73
lail: leipzig@hemmer.de

Mainz
Geron
Dreifaltigkeitsweg 49
53489 Sinzig
Tel.: (02642) 61 44
Fax: (02642) 61 44
Mail: mainz@hemmer.de

Mannheim
Behler/Rausch
Rohrbacher Str. 3
69115 Heidelberg
Tel.: (06221) 65 33 66
Fax: (06221) 65 33 30
Mail: mannheim@hemmer.de

Marburg
Sperl
Parkweg 7
97944 Boxberg
Tel.: (07930) 99 23 38
Fax: (07930) 99 22 51
Mail: marburg@hemmer.de

München
Wüst
Mergentheimer Str. 44
97082 Würzburg
Tel.: (0931) 79 78 230
Fax: (0931) 79 78 234
Mail: muenchen@hemmer.de

ünster
chlömer/Sperl
alzstr. 14/15
8143 Münster
el.: (0251) 67 49 89 70
ax.: (0251) 67 49 89 71
lail: muenster@hemmer.de

Osnabrück
Fethke
Philosophenweg 23
23970 Wismar
Tel.: (0541) 18 55 21 79
Mail: osnabrueck@hemmer.de

Passau
Rath/Wenzl
Mergentheimer Str. 44
97082 Würzburg
Tel.: (0931) 79 78 247
Fax: (0931) 79 78 260
Mail: passau@hemmer.de

Potsdam
Gast
Schumannstraße 18
10117 Berlin
Tel.: (030) 240 45 738
Fax: (030) 240 47 671
Mail: mitte@hemmer-berlin.de

Regensburg
Daxhammer/d´Alquen
Parkweg 7
97944 Boxberg
Tel.: (07930) 99 23 38
Fax: (07930) 99 22 51
Mail: regensburg@hemmer.de

ostock
urke/Lück
nieperstraße 20
8439 Stralsund
el.: (03831) 26 27 17
ax: (03831) 26 27 28
lail: rostock@hemmer.de

Saarbrücken
Bold/Hein/Issa
Preslesstraße 2
66987 Thaleischweiler-Fröschen
Tel.: (06334) 98 42 83
Fax: (06334) 98 42 83
Mail: saarbruecken@hemmer.de

Trier
Geron
Dreifaltigkeitsweg 49
53489 Sinzig
Tel.: (02642) 61 44
Fax: (02642) 61 44
Mail: trier@hemmer.de

Tübingen
Kaiser
Hindenburgstr. 15
78465 Konstanz
Tel.: (07531) 69 63 63
Fax: (07531) 69 63 64
Mail: tuebingen@hemmer.de

Würzburg - Zentrale -
Mergentheimer Str. 44
97082 Würzburg
Tel.: (0931) 79 78 230
Fax: (0931) 79 78 234
Mail: wuerzburg@hemmer.de

ASSESSORKURSORTE IM ÜBERBLICK

BAYERN
WÜRZBURG/MÜNCHEN/NÜRNBERG/REGENSBURG/POSTVERSAND

RA Gold
Mergentheimer Str. 44
97082 Würzburg
Tel.: (0931) 79 78 2-50
Fax: (0931) 79 78 2-51
Mail: assessor@hemmer.de

BADEN-WÜRTTEMBERG
KONSTANZ/TÜBINGEN/POSTVERSAND

RA Kaiser
Hindenburgstr. 15
78467 Konstanz
Tel.: (07531) 69 63 63
Fax: (07531) 69 63 64
Mail: konstanz@hemmer.de

STUTTGART

RAin Baier / RA Baier
Mergentheimerstr. 44
97082 Würzburg
Tel. 0931-7978247
Fax. 0931-7978260
Mail: stuttgart@hemmer.de

BERLIN/POTSDAM/BRANDENBURG
BERLIN

RA Gast
Schumannstr. 18
10117 Berlin
Tel.: (030) 24 04 57 38
Fax: (030) 24 04 76 71
Mail: mitte@hemmer-berlin.de

BREMEN/HAMBURG
HAMBURG/POSTVERSAND

RAe Sperl/Clobes/Dr. Schlömer
Kirchhofgärten 22
74635 Kupferzell
Tel.: (07944) 94 11 05
Fax: (07944) 94 11 08
Mail: assessor-nord@hemmer.de

HESSEN
FRANKFURT

RA Geron
Dreifaltigkeitsweg 49
53489 Sinzig
Tel.: (02642) 61 44
Fax: (02642) 61 44
Mail: frankfurt.main@hemmer.de

MECKLENBURG-VORPOMMERN
POSTVERSAND

RAe Burke/Lück
Buchbinderstr. 17
18055 Rostock
Tel.: (0381) 37 77 40 0
Fax: (0381) 37 77 40 1
Mail: rostock@hemmer.de

RHEINLAND-PFALZ
POSTVERSAND

RA Geron
Dreifaltigkeitsweg 49
53489 Sinzig
Tel.: (02642) 61 44
Fax: (02642) 61 44
Mail: trier@hemmer.de

NIEDERSACHSEN
HANNOVER

RAe Sperl/Schlömer
Steinhöft 5 - 7
20459 Hamburg
Tel.: (040) 317 669 17
Fax: (040) 317 669 20
Mail: assessor-nord@hemmer.de

HANNOVER POSTVERSAND

RAe Sperl/Clobes/Dr. Schlömer
Kirchhofgärten 22
74635 Kupferzell
Tel.: (07944) 94 11 05
Fax: (07944) 94 11 08
Mail: assessor-nord@hemmer.de

NORDRHEIN-WESTFALEN
KÖLN/BONN/DORTMUND/DÜSSELDORF/POSTVERSAND

RAin Dr. Ronneberg
Meckenheimer Allee 148
53113 Bonn
Tel.: (0228) 91 14 125
Fax: (0228) 91 14 141
Mail: koeln@hemmer.de

SCHLESWIG-HOLSTEIN
POSTVERSAND

RAe Sperl/Clobes/Dr. Schlömer
Kirchhofgärten 22
74635 Kupferzell
Tel.: (07944) 94 11 05
Fax: (07944) 94 11 08
Mail: assessor-nord@hemmer.de

THÜRINGEN

RA Singbartl
Oststraße 8
04317 Leipzig
Tel.: (07930) 99 23 38
Mail: oe-ost@hemmer.de

SACHSEN

RA Singbartl
Oststraße 8
04317 Leipzig
Tel.: (07930) 99 23 38
Mail: oe-ost@hemmer.de

SACHSEN-ANHALT

RA Singbartl
Oststraße 8
04317 Leipzig
Tel.: (07930) 99 23 38
Mail: oe-ost@hemmer.de

hemmer
Hemmer / Wüst / Tyroller
BGB AT I
Die Entstehung des Primäranspruchs
Das Prüfungswissen
für Studium
und Examen
Klausurtypisch
Anwendungsorientiert
Umfassend

Vorwort

DIE MUSTERKLAUSUREN FÜR DAS EXAMEN

Zivilrecht

Examensfälle haben eine eigene Struktur. Der Ersteller konstruiert Sachverhalt und Lösung nach bestimmten Regeln, die es zu erfassen gilt. Die Klausur beinhaltet objektive und subjektive Merkmale: Objektiv muss die Klausur wegen der Notendifferenzierung anspruchsvoll, aber lösbar sein, eine Vielzahl von Problemen beinhalten und bei der Lösung ein einheitliches Ganzes ergeben. Subjektives Merkmal ist, wie der Ersteller die objektiven Merkmale gewichtet. Hier zeigt sich sein Ideengebäude. Dieses zu erkennen ist die wesentliche Aufgabe bei der Klausurbewältigung. Deshalb fragen wir mit der **HEMMER-METHODE**, was will der Verfasser der Klausur, was sind die Hauptprobleme, welcher rote Faden wurde der Falllösung zugrunde gelegt.

Stellen Sie sich den Ersteller der Klausur als imaginären Gegner vor. Nur wer die in der Klausur angelegten Ideen und Stolpersteine erfasst, schreibt die gute Klausur. Dafür ist es notwendig, unter professioneller Anleitung typische Examensfallkonstellationen trainiert zu haben. Es gilt: „Wer den Hafen nicht kennt, für den ist kein Wind günstig“ (Seneca). Man muss oft zunächst einmal erkennen, dass überhaupt ein Problem vorliegt (sog. Problembewusstsein). Anders als im wirklichen Leben gilt in der Klausur: „Probleme schaffen, nicht wegschaffen“.

HEMMER-METHODE heißt möglichst präzise Beschreibung, wie man bei einer Examensklausur vorgeht. Im Vordergrund steht anwendungsspezifisches Lernen, die Vermittlung der Kompetenz im Erkennen von Problemen. Neben Faktenwissen werden die Denkmuster, die typischen Examensklausuren zugrunde liegen, aufgezeigt. Genaue Analysen, Expertenkniffe und das Vermeiden von faustdicken Fehlern nutzen später im Examen. Die Gebrauchsanweisung mit der **HEMMER-METHODE** erstreckt sich auch auf die äußere Aufbereitung, den Aufbau, die Obersatzbildung, Sprache, Form, Sachverhaltseinbeziehung und auf die immer wiederkehrenden Argumentationsmuster.

Im Examen erwartet Sie kein einfacher Standard,- Grund- oder Normalfall, sondern der in verschiedenen Kontexten sich abspielende große Fall. Stellen Sie sich rechtzeitig auf die Anforderungen des Examens ein, so vermeiden Sie die sonst zwangsläufig aufkommende Angst und Panik. Wir vermeiden abträgliche Übervereinfachungen. Nur wer Examensfälle trainiert, kann im Examen bestehen.

Der Bewährungsgrad unserer Theorie ist ihr Erfolg in der Praxis. Seit über 40 Jahren bilden wir erfolgreich Juristen aus, viele davon sind in maßgeblichen Positionen bei der Justiz, im Notariat, in Anwaltskanzleien und in der Wirtschaft.

Lassen Sie sich von uns motivieren. Sehen Sie unseren Erfolg als Anreiz für Ihre eigene Vorbereitung. Lernen Sie mit der **HEMMER-METHODE** examenstypisch, anspruchsvoll und umfassend. Wir würden uns freuen, wenn Sie von dieser Fallsammlung profitieren.

Karl-Edmund Hemmer & Achim Wüst

Inhaltsverzeichnis: **Die Zahlen beziehen sich auf die Seiten des Skripts.**

Fall 1:

Sachverhalt:

Am 18. Februar kaufte Kohl vom Autohändler Vetter einen gebrauchten Personenkraftwagen für 7.500,- €. Der Preis entsprach dem Marktwert eines unfallfreien Fahrzeugs dieser Art.

Der Wagen hatte bereits zwei Unfälle hinter sich. Der merkantile Minderwert des Fahrzeugs betrug aufgrund des ersten Unfalls 700,- €, aufgrund des zweiten Unfalls 100,- €. Nach dem zweiten Unfall hatte Vetter den Wagen repariert.

Die mündlichen Verkaufsverhandlungen führte für Vetter der Verkaufsangestellte Albert. Kohl fragte im Verlaufe des Gesprächs Albert mehrfach, ob der Wagen unfallfrei sei. Albert sagte dies zu und verschwieg dabei den ihm bekannten zweiten Unfall. Nach Vertragsschluss zahlte Kohl an Vetter den Kaufpreis und erhielt das Fahrzeug am 24. Februar ausgehändigt.

Am Abend des 25. Februar fuhr Kohl mit dem Wagen in die Innenstadt. Er verbrachte einige Stunden in einer Diskothek und trank dort mehrere Gläser Sangria. Auf dem Heimweg verlor er infolge eines alkoholbedingten Fahrfehlers die Kontrolle über das Fahrzeug und fuhr gegen einen Baum. Das Auto erlitt einen Totalschaden; Kohl blieb glücklicherweise unverletzt.

Kurze Zeit später erfuhr Kohl von den beiden früheren Unfällen.

Kohl möchte nun von Albert und Vetter die Rückzahlung des Kaufpreises erreichen, Zug um Zug gegen Herausgabe des Fahrzeugwracks. V weist dieses Ansinnen von sich; die Rückzahlung des Kaufpreises scheide bereits deshalb aus, weil von dem Fahrzeug nur noch Einzelteile übrig seien. Er berufe sich insoweit auf seine Rechte als Verkäufer.

Bearbeitervermerk:

Wie ist die Rechtslage?

In einem umfassenden Gutachten ist auf alle in Betracht kommenden Ansprüche einzugehen!

Lösung

Kohl macht sowohl gegen Vetter (V) als auch gegen Albert (A) Ansprüche geltend. Beide haften dem Kohl (K) als Gesamtschuldner i.S.d. §§ 421 ff. BGB, wenn K Ansprüche gegen beide zustehen und die Voraussetzungen der Gesamtschuld vorliegen.

hemmer-Methode: Denken Sie bei mehreren Schuldnern immer an die Möglichkeit einer Gesamtschuld und die daraus resultierenden Folgeprobleme wie etwa den Innenausgleich unter den Gesamtschuldnern nach § 426 BGB. Geben Sie dem Korrektor auch zu erkennen, dass Sie die Möglichkeit einer Gesamtschuld erkannt haben!

Mehrheiten von Personen können sowohl auf der aktiven Seite (Anspruchssteller) als auch auf der passiven Seite (Anspruchsgegner) einer Examensklausur auftreten. Der Klausurersteller eröffnet sich dadurch ein weiteres Feld zur Notendifferenzierung. Nehmen Sie in solchen Konstellationen immer Stellung zum Verhältnis der Personen untereinander. Nur so schöpfen Sie den intellektuellen Rahmen einer Klausur voll aus!

A) Ansprüche des K gegen V

I. Anspruch aus § 346 I BGB i.V.m. §§ 434, 437 Nr. 2, 326 V BGB

K könnte gegen V einen Anspruch auf Rückzahlung des Kaufpreises gem. §§ 346 I, 434, 437 Nr. 2, 326 V BGB haben.

Dies würde voraussetzen, dass er von dem am 18.02. geschlossenen Kaufvertrag wirksam zurücktreten konnte.

1. K müsste also ein Rücktrittsrecht gehabt und gegenüber V den Rücktritt vom Vertrag erklärt haben.

a) Ein Rücktrittsrecht könnte sich für K aus §§ 434 I Var.1, II S. 1 Nr. 1, 437 Nr. 2 BGB ergeben. Dazu müsste der Pkw mangelhaft i.S.v. § 434 BGB gewesen sein. Ob eine Sache mangelhaft ist, bestimmt sich nach §§ 434, 435 BGB. Hier könnte ein Sachmangel nach § 434 I, II S. 1 Nr. 1 BGB vorliegen, wenn der Pkw bei Gefahrübergang nicht die vereinbarte Beschaffenheit gehabt hat.

hemmer-Methode: In § 434 I Var.1, II BGB wird ausdrücklich der subjektive Mangelbegriff kodifiziert. Maßgeblich für das Vorliegen eines Mangels ist demnach in erster Linie, ob die Sache den subjektiven Anforderungen entspricht.

Seit 2002 ist der subjektive dem objektiven Mangelbegriff nicht mehr vorrangig. In gleicher Weise muss die Sache den objektiven Anforderungen gem. § 434 I Var.2, III BGB entsprechen, um mangelfrei zu sein.

Entscheidend ist in erster Linie, welche Beschaffenheit der Pkw nach dem Vertrag zwischen K und V haben sollte, § 434 I Var.1, II S. 1 Nr. 1 BGB.

Der Gesetzgeber hat auf eine Definition des Merkmals „Beschaffenheit" verzichtet und ausdrücklich offengelassen, ob der Begriff nur Eigenschaften umfasst, die der Kaufsache unmittelbar anhaften, oder auch solche Umstände, die in der Beziehung der Sache zu ihrer Umwelt liegen.

Gleichwohl entspricht es mittlerweile einhelliger Meinung, dass der subjektive Mangelbegriff weit reicht und durch Vereinbarung auch mittelbare Beziehungen der Sache zur Umwelt zur geschuldeten Beschaffenheit der Sache gemacht werden können.

Fraglich ist, ob vorliegend eine entsprechende Vereinbarung stattgefunden hat.

Da V selbst bei dem Vertragsschluss gar nicht aufgetreten ist, kommt hier nur eine Vertretung durch A in Betracht. V müsste sich die durch A erfolgte Zusage gem. § 164 I S. 1 BGB zurechnen lassen, wenn die Stellvertretungsvoraussetzungen vorliegen.

A ist als Verkaufsangestellter im Laden des V aufgetreten, hatte mithin Vertretungsmacht gem. § 56 HGB. Ob A ausdrücklich im Namen des V gehandelt hat, kann dahinstehen, da sich dies jedenfalls aus den Umständen ergab, § 164 I S. 2 BGB.

Die Unfallfreiheit des Wagens ist daher wirksam vereinbart geworden.

Dem entsprach der Pkw aber im Zeitpunkt der Übergabe, also des Gefahrüberganges gem. § 446 BGB, nicht, so dass er nicht mangelfrei war, weil er nicht den subjektiven Anforderungen entsprach, § 434 I Var.1, II S. 1 Nr. 1 BGB vor.

hemmer-Methode: Selbst wenn eine Vereinbarung vorliegend nicht stattgefunden hätte, ergäbe sich letztlich das Vorliegen eines Mangels zumindest aus § 434 I, Var.2, III S. 1 Nr. 1 BGB. Denn die Unfallfreiheit hat für die Parteien entscheidende Bedeutung für die Äquivalenz von Leistung und Gegenleistung. Auch beim Weiterverkauf beeinflusst die Unfallfreiheit den Preis erheblich. Daher gehört es bereits zu der gewöhnlichen Verwendung, dass ein Pkw unfallfrei ist. Übrigens ist eine vertragliche vorausgesetzte Verwendung i.S.d. § 434 II S. 1 Nr. 2 BGB nach BGH nur bezogen auf eine konkrete Nutzungsart denkbar, konkrete Eigenschaften genügen hier nicht, BGH, Life&LAW 10/2019.

b) Aus dem Regelungszusammenhang der §§ 437 Nr. 2, 440, 323 BGB ergibt sich, dass ein Rücktritt vom Kaufvertrag grundsätzlich erst nach Ablauf einer Frist zur Nacherfüllung i.S.d. § 439 BGB möglich ist. K hat V aber bislang keine Frist zur Nacherfüllung gesetzt.

Gem. § 326 V BGB wäre der Rücktritt für K jedoch auch ohne Fristsetzung möglich, wenn V gem. § 275 I BGB von seiner Pflicht zur Nacherfüllung befreit wäre. Beim Kauf eines Gebrauchtwagens scheidet die Nacherfüllung durch Neulieferung aus (vgl. BGH, Life&LAW 2006, 725 ff.). Nachdem das Fahrzeug Totalschaden erlitten hat, ist auch eine Nachbesserung in Gestalt einer Reparatur durch V nicht mehr möglich.

hemmer-Methode: Abgesehen von dem hier relevanten Fall der Unmöglichkeit der Nacherfüllung müssen Sie im Rahmen eines Verbrauchsgüterkaufs für die Entbehrlichkeit der Fristsetzung die besondere Bestimmung des § 475d BGB beachten, der als speziellere Norm die §§ 323 II, 440 BGB verdrängt!

Beide Modalitäten der Nacherfüllung aus § 439 BGB sind somit unmöglich i.S.v. § 275 I BGB. Das Setzen einer Nachfrist wäre hier deshalb sinnlos, sodass K gem. § 326 V BGB sofort vom Kaufvertrag zurücktreten konnte.

c) Damit K die Rückzahlung des gesamten Kaufpreises gegen Rückgabe der Sache fordern kann, dürfte die Pflichtverletzung nach § 323 V S. 2 BGB nicht unerheblich sein. Die Erheblichkeitsprüfung fordert eine umfassende Interessenabwägung. Da K allerdings ausdrücklich zu erkennen gab, ein unfallfreies Fahrzeug erstehen zu wollen und der mangelbedingte Minderwert bei einem Kaufpreis von 7.500,- € immerhin 800,- € betrug, kann von Unerheblichkeit keine Rede sein.

d) Entgegen der Auffassung des V war dieses Rücktrittsrecht auch nicht durch die von K verschuldete Zerstörung des Wagens ausgeschlossen.

hemmer-Methode: Die u.U. schuldhafte Zerstörung durch den Käufer selbst ändert ja an der Mangelhaftigkeit als Anlass für den Rücktritt nichts.
Die Frage nach einer schuldhaften Zerstörung wird erst bei den Rücktrittsfolgen relevant, wenn es um die Frage geht, ob der Käufer Wertersatz für die zerstörte Sache leisten muss.

e) Als Rücktrittserklärung des K i.S.v. § 349 BGB kann gem. §§ 133, 157 BGB die Rückforderung des Kaufpreises ausgelegt werden. Sie erfolgte in der Person des V auch gegenüber dem richtigen Adressaten.

2. Die Voraussetzungen des Rücktritts liegen vor. K kann Rückerstattung des Kaufpreises aus § 346 I BGB i.V.m. §§ 434, 437 Nr. 2, 326 V BGB verlangen.

3. Der Anspruch auf Rückzahlung des Kaufpreises könnte jedoch durch Aufrechnung erloschen sein, § 389 BGB.

hemmer-Methode: Sollten Sie in einer Klausur mit der bereicherungsrechtlichen Rückabwicklung eines gegenseitigen Vertrages konfrontiert werden, müssen Sie im Hinblick auf den Aufbau die Saldotheorie berücksichtigen. Bei gleichartigen Ansprüchen, welche sich gegenüberstehen, findet eine automatische (!) Saldierung statt; d.h. auf die Frage, ob eine (konkludente) Gestaltungserklärung abgegeben wurde, kommt es nicht an. Sie müssen dann also an dieser Stelle inzident einen eventuellen Gegenanspruch prüfen, auch wenn nach dessen Bestehen nicht unmittelbar gefragt wurde.

Eine Aufrechnungserklärung des V nach § 388 BGB kann gem. §§ 133, 157 BGB in der Zurückweisung der von K erhobenen Ansprüche unter Berufung auf „seine Rechte" gesehen werden. Die Erklärung der Aufrechnung zeitigt aber nur dann Wirkung, wenn V gegen K ein erfüllbarer Gegenanspruch zustünde, § 387 BGB.

a) Ein Gegenanspruch des V könnte sich zunächst aus § 346 II S. 1 Nr. 3 BGB ergeben. Nach dieser Vorschrift wäre K als Rückgewährschuldner zum Wertersatz verpflichtet, weil der zurückzugewährende Pkw untergegangen ist.

hemmer-Methode: Überprüfen Sie sich immer wieder selbst, ob Sie nicht ein in der Klausur verstecktes Problem übersehen haben. Gehen Sie schon beim ersten Lesen assoziativ an den Fall heran. Nur wer sein Problembewusstsein schärft, schreibt die gute Klausur. Da nach dem Sachverhalt der Wagen zerstört wurde, müssen sie auf das Problem des § 346 II S. 1 Nr. 3 BGB kommen, indem Sie sich fragen: Warum hat der Ersteller der Klausur den Wagen bei K untergehen lassen? Wo kann sich das auswirken?

Da die Pflicht zum Wertersatz in § 346 II BGB verschuldensunabhängig konzipiert ist, kommt es auf das Verschulden des K am Unfall zunächst nicht an.

Die Wertersatzpflicht könnte jedoch nach § 346 III S. 1 Nr. 3 BGB ausgeschlossen sein.

Nach dieser Vorschrift haftet der Rücktrittsberechtigte im Falle eines gesetzlichen Rücktrittsrechts nicht, wenn der Untergang eingetreten ist, obwohl er diejenige Sorgfalt beachtet hat, die er in eigenen Angelegenheiten anzuwenden pflegt.

Zwar handelt es sich bei dem Rücktrittsrecht, das K aus § 326 V BGB zusteht, um ein gesetzliches. Nach h.M. ist aber der Haftungsmaßstab des § 277 BGB ohnehin nach seinem Sinn und Zweck auf die Teilnahme im Straßenverkehr gar nicht anwendbar.[1]

Der öffentliche Straßenverkehr gewährt keinen Raum für die Beschränkung der Haftung auf die Verletzung eigenüblicher Sorgfalt.

Demnach würde K das Privileg aus § 346 III S. 1 Nr. 3 BGB nicht zugutekommen.

Überdies ist auch der nach § 277 BGB Privilegierte nicht von der Haftung für Vorsatz und grobe Fahrlässigkeit befreit. Den Vorwurf grober Fahrlässigkeit muss sich K vorliegend gefallen lassen.

[1] Vgl. BGHZ 46, 313; 53, 352; 63, 57 = **juris**byhemmer (Wenn dieses Logo hinter einer Fundstelle abgedruckt wird, finden Sie die Entscheidung online unter „juris by hemmer": www.hemmer.de.).

Das Fahrzeug hat bei dem Unfall einen Totalschaden erlitten. Dazu kam es nur deshalb, weil K ein alkoholbedingter Fahrfehler unterlaufen ist. In seinem Zustand hätte K aber bei Wahrung pflichtgemäßer Sorgfalt am Straßenverkehr gar nicht teilnehmen dürfen.

Somit entfällt eine Wertersatzpflicht nicht gem. § 346 III S. 1 Nr. 3 BGB.

Problematisch ist jedoch die Höhe des Anspruchs auf Wertersatz. Nach § 346 II S. 2 BGB ist, soweit eine Gegenleistung bestimmt ist, diese bei der Berechnung des Wertersatzes zugrunde zu legen. Hinter dieser Vorschrift steht die Idee, auch bei Rückabwicklungen an der vertraglichen Bewertung festzuhalten. Das bedeutet jedoch nicht, dass generell Wertersatz in Höhe der Gegenleistung zu zahlen wäre. Denn dies würde zu unbilligen Ergebnissen führen, wenn die zurückzugewährende Leistung mangelhaft war.

So müsste sonst K vorliegend trotz der mangelhaften Leistung Wertersatz in Höhe des vollen Kaufpreises von 7.500,- € zahlen, obwohl der Pkw nur 6.700,- € wert war.

Abweichend vom Gesetzeswortlaut in § 346 II S. 2 RegE sieht § 346 II S. 2 BGB daher nur noch vor, dass bei der Berechnung des Wertersatzes die Gegenleistung „zugrunde zu legen“ ist (zur Frage, ob die Norm auch beim Rücktritt wegen Zahlungsverzugs gilt vgl. hemmer/wüst, Skript Schuldrecht AT, Rn. 560a).

Wie nun dieser Begriff auszulegen ist, lässt der Gesetzgeber ausdrücklich offen.[2]

Berücksichtigt man aber die Ratio des Gesetzes, den Wertersatz für eine mangelhafte Leistung an der Gegenleistung zu orientieren, so kann man einen entsprechend § 441 III BGB geminderten Kaufpreis als Wertersatz ansetzen. Da der objektive Wert des von K gekauften Pkw in mangelfreiem Zustand dem Kaufpreis entsprach, kann V von K danach auch nur Wertersatz in Höhe des Werts des mangelhaften Fahrzeugs in Höhe von 6.700,- € verlangen.

b) Ein Gegenanspruch des V könnte sich daneben aus § 346 II S. 1 Nr. 1 BGB ergeben, wenn K aus dem Wagen Nutzungen gezogen hat, die er nicht in Natur herausgeben kann. Unter den Begriff der Nutzung i.S.d. § 100 BGB fallen außer Früchten auch Gebrauchsvorteile aus einer Sache. K muss V deshalb für die Nutzung des Pkw den objektiven Wert einer marktüblichen Mietgebühr ersetzen. Da K das Auto aber nur einen Tag gefahren und es sich dabei um ein älteres Modell mit hoher Laufleistung gehandelt hat, dürfte dieser Ersatzanspruch eher zu vernachlässigen sein.

hemmer-Methode: An dieser Stelle war natürlich auch ein anderes Ergebnis gut vertretbar. Wichtig ist aber wie immer nicht das Ergebnis als solches, sondern der Weg dorthin.

c) Ein Gegenanspruch des V könnte schließlich aus §§ 346 IV, 280 I BGB resultieren. Nach § 346 IV BGB kann der Gläubiger wegen Verletzung einer Pflicht aus § 346 I BGB nach §§ 280 – 283 BGB Schadensersatz verlangen.

K könnte gem. § 346 IV BGB i.V.m. §§ 280 I, III, 283 BGB zum Schadensersatze verpflichtet sein, da er die Unmöglichkeit der Herausgabe des Pkw verschuldet hat.

Problematisch ist jedoch, dass diese Unmöglichkeit bereits vor der durch die Erklärung des Rücktritts ausgelösten Entstehung des Rückgewährschuldverhältnisses eingetreten war.

2 Vgl. BT-Drs. 14/6857, 22.

Bestand aber die Verpflichtung des K zur Rückgabe noch gar nicht, kann K auch keine Pflicht zur Rückgewähr verletzt haben (str., a.A. vertretbar, vgl. Grüneberg, § 346 BGB, Rn. 15 ff. m.w.N.).

Ein Schadensersatzanspruch nach den §§ 280 ff. BGB käme aber dennoch in Betracht, wenn man annimmt, dass K durch sein Verhalten schuldhaft gegen eine vor Erklärung des Rücktritts bestehende Verpflichtung zum sorgfältigen Umgang mit dem Leistungsgegenstand verstoßen hat. Wie bereits nach altem Recht wird man aber auch zukünftig davon ausgehen müssen, dass beim gesetzlichen Rücktrittsrecht eine derartige Pflicht erst ab Kenntnis des Rücktrittsgrundes bestehen kann.[3]

Dies zeigt auch der vorliegende Fall: Vor Kenntnis von der Vorgeschichte des Pkw musste K nicht damit rechnen, dass dieser wieder an V zurückgehen werde. Er durfte im Gegenteil sogar davon ausgehen, dass der Pkw endgültig Bestandteil seines Vermögens geworden ist (auch str., vgl. Grüneberg, § 346, Rn. 17).

Da der Pkw zerstört wurde, bevor K von den früheren Unfällen, also dem Rücktrittsrecht erfuhr, kommt ein Schadensersatzanspruch des V aus § 280 I BGB nicht in Betracht.

hemmer-Methode: Sorgfaltspflichten i.S.d. § 280 I BGB hat der Rücktrittsberechtigte auch beim gesetzlichen Rücktrittsrecht schon vor der Rücktrittserklärung ausnahmsweise dann, wenn er sein Rücktrittsrecht kannte oder grob fahrlässig nicht kannte.
Die fahrlässige Unkenntnis vom Rücktrittsrecht muss für die Entstehung von Pflichten deshalb ausreichen, weil anderenfalls eine nicht zu rechtfertigende Privilegierung des nachlässigen Rücktrittsberechtigten einträte: Während der sorgfältige Rücktrittsberechtigte ab Kenntnis des Rücktrittsgrundes haftet, wäre der Sorglose von der Haftung aufgrund seiner Unkenntnis frei gestellt. Es kann aber nicht dem Willen des Gesetzgebers entsprechen, den sorgfältig Handelnden schlechter zu stellen als den Sorglosen. Beim vertraglichen Rücktrittsrecht muss die Vertragspartei von Anfang an damit rechnen, dass möglicherweise eine Pflicht zur Rückgewähr der empfangenen Leistung entstehen kann.
Sie muss daher sorgfältig mit dem Leistungsgegenstand umgehen. Die Entstehung eines Schadensersatzanspruches aus §§ 346 IV, 280 I BGB ist hier deshalb nicht davon abhängig, ob der Verstoß gegen die Sorgfaltspflicht vor oder nach Erklärung des Rücktrittes erfolgt.

4. Zwischenergebnis

K hat aus § 346 I BGB i.V.m. §§ 437 Nr. 2, 434, 326 V BGB einen Anspruch gegen V auf Rückzahlung des Kaufpreises in Höhe von 800,- €. In Höhe von 6.700,- € ist sein Anspruch gem. § 389 BGB erloschen.

II. Anspruch auf Schadensersatz statt der ganzen Leistung aus §§ 311a II, 437 Nr. 3, 434 BGB

In Betracht kommt ein Schadensersatzanspruch des K wegen anfänglicher Unmöglichkeit.

1. Fraglich ist, ob hier anfängliche Unmöglichkeit vorliegt. Daran könnten Zweifel bestehen, weil V den Pkw an K schließlich übereignet und übergeben hat.

Der Wagen ist „nur“ mangelhaft. Gem. § 433 I S. 2 BGB ist allerdings die Mangelfreiheit Teil der Leistungspflicht des V.

[3] Vgl. BT-Drs. 14/6040, 194.

Da der Pkw schon bei Vertragsschluss als Unfallwagen einen unbehebbaren Mangel hatte, konnte V seiner Verpflichtung zur mangelfreien Leistung von vorneherein nicht nachkommen. Die Übereignung des ausgesuchten Pkw in mangelfreiem Zustand war somit von Anfang an unmöglich, die Leistungspflicht des V entfiel, § 275 I BGB.

hemmer-Methode: Vergegenwärtigen Sie sich noch einmal die Konstruktion des Gesetzes: Ein anfänglich unbehebbarer Mangel der Kaufsache stellt wegen § 433 I S. 2 BGB eine Teilunmöglichkeit der Verkäuferpflicht dar, weil dieser zur mangelfreien Leistung verpflichtet ist. Deshalb verweist § 437 Nr. 3 BGB gerade auch auf § 311a II BGB. Für den Fall der anfänglichen Unmöglichkeit stellt demzufolge § 311a II BGB eine Spezialregelung gegenüber §§ 280 ff. BGB dar.

2. Der Anspruch nach § 311a II BGB ist allerdings dann ausgeschlossen, wenn der Schuldner beweisen kann, dass er das bestehende Leistungshindernis nicht kannte und er dies auch nicht zu vertreten hat. Da hier der V bei Vertragsschluss durch seinen Angestellten A vertreten wurde, ist gem. § 166 I BGB auf dessen Kenntnis von der Vorgeschichte des Pkw abzustellen. A war aber jedenfalls der zweite Unfall des Wagens bekannt.

Darüber hinaus gehen selbst die Zweifel hinsichtlich des ersten Unfalls zulasten des V. Der Ausschlusstatbestand des § 311a II S. 2 BGB stellt eine für ihn günstige Regelung dar, für deren Voraussetzungen er die Darlegungs- und Beweislast trägt.

hemmer-Methode: Denken Sie stets an die Zurechnungsnormen, z.B. §§ 31, 164, 166, 278 BGB. Nur wer erkennt, dass der Dritte in der Klausur Zurechnungsprobleme aufwirft, schreibt die gute Klausur.

Machen Sie sich die Unterschiede zwischen den einzelnen Zurechnungsnormen klar. § 164 I BGB rechnet Willenserklärungen, § 166 I BGB Wissen und § 278 BGB Verschulden eines Dritten zu. Voraussetzung für § 278 BGB ist allerdings das Vorliegen einer schuldrechtlichen Sonderverbindung, woran i.R.d. § 823 BGB eine Zurechnung regelmäßig scheitert. Der Gläubiger eines deliktischen Anspruchs muss deshalb auf § 831 BGB zurückgreifen.

§ 831 BGB stellt zunächst eine eigene Anspruchsgrundlage dar. Gehaftet wird hier nicht wie bei § 278 BGB für zurechenbares fremdes Verschulden, sondern für eigenes Überwachungs- oder Auswahlverschulden.

Vermeiden Sie den Kardinalfehler, bei § 831 BGB von Verschuldenszurechnung zu sprechen. Trotzdem stellt § 831 BGB nicht nur eine eigene Anspruchsgrundlage, sondern auch eine Zurechnungsnorm im weiteren Sinne dar. Zugerechnet wird nämlich eine tatbestandsmäßige und rechtswidrige (nicht notwendigerweise schuldhafte) unerlaubte Handlung eines Verrichtungsgehilfen. § 831 BGB bietet dem Gläubiger oft nur schwachen Schutz. Schuld daran ist zum einen die Exkulpationsmöglichkeit des § 831 I S. 2 BGB.

Daneben fehlen aber häufig bereits die Merkmale eines Verrichtungsgehilfen.

Vor allem Führungskräfte von Gesellschaften sind regelmäßig nicht weisungsgebunden.

In einem solchen Fall können Sie dem Gläubiger nur weiterhelfen, wenn Sie die handelnde Person der Gesellschaft als Organ über § 31 BGB zurechnen und dem Gläubiger damit einen Anspruch aus §§ 823, 31 BGB gegen die Gesellschaft selbst geben.

3. Nachdem die Voraussetzungen der §§ 311a II, 437 Nr. 3, 434 BGB vorliegen, kann K Schadensersatz statt der Leistung verlangen.

Damit K die Rückzahlung des gesamten Kaufpreises gegen Rückgabe der Sache fordern kann, muss er aber Schadensersatz statt der **gesamten** Leistung verlangen. Dafür dürfte die Pflichtverletzung nach §§ 311a II S. 3, 281 I S. 3 BGB nicht unerheblich sein. Die entsprechende Prüfung wurde bereits i.R.d. Rücktrittsrechts durchgeführt. Die Unerheblichkeit ist zu verneinen. K kann somit Schadensersatz statt der ganzen Leistung verlangen.

hemmer-Methode: Unterscheiden Sie immer zwischen dem (kleinen) Schadensersatz statt der Leistung und dem (großen) Schadensersatz statt der ganzen Leistung. Beim Schadensersatz statt der Leistung behält der Gläubiger die mangelhafte Sache und muss vom Schuldner so gestellt werden, als ob ordnungsgemäß erfüllt worden wäre.
Der Anspruch richtet sich also auf Ersatz des Wertunterschiedes zwischen mangelfreier und mangelhafter Sache, alternativ kann der Minderwert auch nach den erforderlichen Reparaturkosten berechnet werden. Beim Schadensersatz statt der ganzen Leistung stellt der Gläubiger hingegen die Sache zur Verfügung und verlangt den Ersatz seines positiven Interesses.
Als Mindestschadensersatz ist dabei stets die Erstattung des Kaufpreises zu leisten. Verglichen mit dem Rücktritt bekommt der Gläubiger hier nun zwar den vollen Schaden ersetzt. Anders als beim Rücktritt ist aber für den Schadensersatzanspruch auch das Verschulden des Schuldners Tatbestandsvoraussetzung.

4. Aus §§ 311a II, 437 Nr. 3, 434 BGB hätte K nunmehr ebenfalls einen Zahlungsanspruch in Höhe von 7.500,- €.

Allerdings greift der Aufrechnungseinwand des V auch diesbezüglich.

Gem. § 389 BGB ist somit der Anspruch des K in Höhe von 6.700,- € erloschen. K verbleibt wiederum ein Anspruch in Höhe von 800,- €.

III. Anspruch auf Vertragsaufhebung und Rückzahlung aus §§ 280 I, 311 II, 241 II BGB i.V.m. § 249 I BGB (c.i.c.)

K könnte ein Schadensersatzanspruch aus §§ 280 I, 311 II, 241 II BGB (c.i.c.) zustehen, der gemäß § 249 I BGB auf Aufhebung des Vertrages und Rückzahlung des Kaufpreises gerichtet wäre.

Das arglistige Verschweigen des zweiten Unfalls stellt eine schuldhafte Verletzung einer Vertragspflicht durch A dar, die sich V über § 278 BGB zurechnen lassen muss.

Problematisch ist aber, ob neben §§ 434 ff. BGB auf das subsidiäre Rechtsinstitut der c.i.c. zurückgegriffen werden darf.

Sowohl über die Regeln des Rücktritts als auch die der c.i.c. wäre eine Loslösung vom Vertrag möglich.

Da die Voraussetzungen für den (spezielleren) Rücktritt aber viel strenger sind (insbes. Vorrang der Nacherfüllung, kürzere Verjährungsfrist), besteht die Gefahr, dass die strengeren Voraussetzungen der Mängelrechte bei Anwendung der c.i.c. unterlaufen würden.

Gegen die parallele Anwendung wird weiter angeführt, dem Käufer stünde (auch) bei Vorsatz des Verkäufers gem. §§ 437 Nr. 3, 281 I S. 3 BGB ein Anspruch auf kleinen oder großen Schadensersatz zu.

Da es sich schwerlich rechtfertigen ließe, ihm unabhängig von den Voraussetzungen dieser Vorschriften einen Anspruch auf Rückgängigmachung des Vertrages zu geben, solle die c.i.c. grds. keine Anwendung neben dem Mängelrecht finden.[4]

Hingegen sprechen die besseren Argumente wohl dafür, zumindest bei Arglist des Verkäufers weiterhin den Anspruch aus §§ 280 I, 311 II, 241 II BGB neben den Mängelrechten zuzulassen.

Das Argument, es würde hierdurch die besondere Gewährleistungsregelung aus § 438 I BGB unterlaufen werden, trägt nicht.

Ist nämlich Arglist des Verkäufers im Spiel, unterliegen die Rechte des Käufers aus § 437 BGB gem. § 438 III BGB ohnehin der Regelverjährung.

Dass der Gesetzgeber in Fällen eines geringeren Vorwurfs nun einen zusätzlichen Anspruch schafft, kann nicht zu dem Schluss führen, dass er damit die Haftung desjenigen ausschließen wollte, dem vom Käufer ein Betrug nachgewiesen werden kann.

Es spricht somit einiges dafür, dem Käufer bei arglistigem Handeln des Verkäufers trotz grundsätzlichen Vorrangs der §§ 434 ff. BGB den Anspruch aus §§ 280 I, 311 II, 241 II BGB zu geben (so auch der BGH: Life&LAW 2009, 433 ff.).

hemmer-Methode: An dieser Stelle wäre gewiss auch die andere Ansicht gut vertretbar gewesen. Wichtig war hier, das Ergebnis nicht einfach in den Raum zu stellen, sondern eine Argumentationslinie aufzubauen.
Die Punkte werden in der Regel nicht auf das Ergebnis vergeben, sondern auf den Weg dorthin. Im Übrigen wurde die Anwendung der §§ 280 I, 311 II, 241 II BGB (c.i.c.) durch Schaffung des § 284 BGB in manchen Fällen nun tatsächlich entbehrlich gemacht. Betrachten Sie folgenden Beispielsfall: V verkauft dem K ein „Stundenhotel" als gut geführtes, renommiertes Hotel. K renoviert dieses. Als er anschließend von der Vorgeschichte seines Hotels erfährt, verlangt er von V Rückgängigmachung des Vertrages und Erstattung der Renovierungskosten. Nach alter Rechtslage konnte K über die kaufrechtlichen Vorschriften nur sein Erfüllungsinteresse ersetzt verlangen. Dieses erfasst aber nicht die Renovierungskosten, da diese auch dann angefallen wären, wenn V ordnungsgemäß erfüllt, also K ein renommiertes Hotel übereignet hätte. Die Renovierungskosten stellten einen Vertrauensschaden dar, den K alleine über die c.i.c. hätte fordern können.
Merken Sie sich diesen Unterschied zwischen negativem und positivem Interesse: Beim negativen Interesse wird der Gläubiger so gestellt, wie wenn das zum Schadensersatz verpflichtende Ereignis nicht eingetreten wäre, während er beim Nichterfüllungsschaden die Herstellung des Zustandes verlangen kann, der bei ordnungsgemäßer Erfüllung jetzt bestehen würde.
Nach neuem Recht kann man nun gem. § 311a II BGB i.V.m. § 437 Nr. 3 BGB wahlweise den Nichterfüllungsschaden oder Ersatz seiner Aufwendungen ersetzt verlangen.
Probleme des Schadensersatzrechts lassen sich mit fast jedem Problem aus dem BGB kombinieren und finden sich deshalb sehr häufig in Examensklausuren.
Daher ist es besonders wichtig, die Grundstrukturen des Schadensersatzrechts zu verstehen.

[4] Vgl. Grüneberg, § 311 BGB, Rn. 14.

Weitere wichtige Begriffe hierbei sind neben Vertrauens- und Nichterfüllungsschaden das Prinzip der Naturalrestitution, das Integritäts- und das Wertinteresse, der mittelbare und der unmittelbare sowie der materielle und der immaterielle Schaden.

Im Ergebnis wirkt sich die Anwendung des Anspruches aus §§ 280 I, 311 II, 241 II BGB auf das Ergebnis des Falles nicht aus. Der Anspruch aus c.i.c. wäre als Naturalrestitution nach § 249 I BGB wie der Schadensersatzanspruch aus §§ 311a II, 437 Nr. 3, 434 BGB auf Aufhebung des Vertrages gerichtet, hätte also ebenfalls Rücktrittswirkung. Eine Rückzahlung wird auf §§ 346 ff. BGB analog gestützt.

Dem Rückzahlungsanspruch des K in Höhe von 7.500,- € stünde somit wiederum der Aufrechnungseinwand des V entgegen. Gem. § 389 BGB wäre ein Anspruch des K aus §§ 280 I, 311 II, 241 II BGB somit erloschen.

IV. Anspruch auf Rückzahlung gem. §§ 831 I, 249 I BGB

K könnte ein Rückzahlungsanspruch gegen den V gem. §§ 831 I, 249 I BGB zustehen.[5]

1. Rechtsfolge dieses Schadensersatzanspruchs ist grundsätzlich Naturalrestitution, § 249 I BGB. Der betrogene Käufer muss demnach so gestellt werden, wie er ohne die arglistige Täuschung gestanden hätte, d.h. der Verkäufer schuldet die Wiederherstellung des alten Zustandes und somit Rückabwicklung des Kaufvertrages. Damit geht der Anspruch auf Rückzahlung des Kaufpreises.

hemmer-Methode: Zeigen Sie dem Korrektor gleich zu Beginn der Prüfung, dass Sie § 831 BGB aus dem Gesichtspunkt der Rückzahlung prüfen. Stellen Sie die Rechtsfolge ruhig voran. Da K Rückzahlung verlangt, müssen Sie alle Anspruchsgrundlagen „durchchecken“, die als Rechtsfolge die Rückzahlung ermöglichen. Denken Sie immer auch an die Naturalrestitution im Schadensersatzrecht!
Auch diese kann auf Herausgabe einer Sache bzw. Rückzahlung von Geld gerichtet sein. Dem wird durch die Systematik unserer Skripten Rechnung getragen. Diese vermitteln Ihnen das Examenswissen von der Rechtsfolgenseite her. Eine Zusammenstellung aller möglichen Herausgabeansprüche finden Sie z.B. in unserem Skript Hemmer/Wüst, Herausgabeansprüche.

2. A müsste als Verkaufsangestellter Verrichtungsgehilfe i.S.d. § 831 BGB gewesen sein.

Hier war A von V, von dessen Weisungen er abhängig war, die Verkaufstätigkeit übertragen worden. Es ist auch davon auszugehen, dass A Zeit und Umfang seiner Tätigkeit nicht selbst bestimmen konnte. Er war damit „zu einer Verrichtung bestellt“.

3. A hat K auch in Ausführung der Verrichtung einen Schaden zugefügt und nicht nur bei Gelegenheit der Verrichtung.

4. Indem er den K über die Unfallfreiheit des Fahrzeugs getäuscht hat, müsste A eine tatbestandsmäßige und rechtswidrige unerlaubte Handlung begangen und damit widerrechtlich i.S.d. § 831 I BGB gehandelt haben. Die Rechtswidrigkeit i.R.d. § 831 BGB wird dann indiziert.

In Betracht kommt hier als unerlaubte Handlung des A neben § 826 BGB auch § 823 II BGB i.V.m. § 263 StGB.

---

5 Zu § 831 BGB vgl. Hemmer/Wüst, Deliktsrecht I, Rn. 178 ff.

§ 823 I BGB scheidet aus, da dort das bloße Vermögen nicht geschützt ist.[6]

Die Täuschung über die Unfallfreiheit stellt einen Betrug gem. § 263 StGB dar.

5. Insoweit würde V für vermutetes Eigenverschulden haften, falls ihm die Exkulpation nicht gelingt, § 831 S. 2 BGB. Dafür enthält der Sachverhalt hier aber keine Anhaltspunkte.

hemmer-Methode: Unproblematisches knapp behandeln! Der Betrug konnte schnell abgehakt werden, da er völlig unproblematisch ist. In Zivilrechtsklausuren wird darüber hinaus nicht von Ihnen erwartet, dass Sie tiefergehende Strafrechtskenntnisse offenbaren. Darin liegt hier sicher nicht der Schwerpunkt!

6. Fraglich ist aber, ob ein adäquat kausaler Zusammenhang zwischen arglistiger Täuschung (Handlung) und dem Schaden besteht:

hemmer-Methode: Üben Sie sich im „Schwerpunkte setzen"! Hier handelt es sich um ein Hauptproblem der Klausur! Dazu mussten sie etwas breitere Ausführungen machen.

Dies ist nach richtiger Ansicht zu bejahen:

a) Die Handlung war für den Schaden kausal.

Hätte der Verkäufer (hier vertreten durch A) den Käufer nicht arglistig getäuscht, wäre dieser Wagen nicht gekauft worden und der Käufer hätte keinen Unfall erlitten (conditio sine qua non-Formel). Damit ist der Unfall noch Folge der Täuschung.

b) Der Schaden war auch adäquat kausal, da nur ganz unwahrscheinliche Schadensfolgen ausscheiden.

(1) Der Unfall eines getäuschten Käufers mit dem fehlerhaften Fahrzeug liegt nicht außerhalb der Wahrscheinlichkeit („nicht ganz außerhalb des zu erwartenden Verlaufs der Dinge"[7]).

Wer durch Täuschung veranlasst, dass sich jemand ein Fahrzeug anschafft, das er ohne Täuschung nicht erworben hätte, ist in adäquater Weise mitursächlich dafür, wenn dieses bei der Benutzung durch den Käufer einen Unfallschaden erleidet.

(2) Nach a.A.[8] fehlt die Adäquanz. Diese wäre danach nur zu bejahen, wenn der Unfall gerade auf den Mangel zurückginge, über den K getäuscht worden ist. Für alle übrigen Unfallursachen habe die Täuschung das Risiko nicht erhöht. Zumindest aber solle das Verbot von Täuschungen nicht vor Unfällen schützen, die mit der Täuschung nichts zu tun haben.

(3) Dem ist nicht zu folgen. Es handelt sich nicht um ein Problem der adäquaten Kausalität, denn es ist nicht gänzlich unwahrscheinlich, dass jemand, der ein Auto benutzt, mit diesem Auto einen Unfall erleidet. Ob der Unfall auf den Mangel zurückgeht, ist i.R.d. Adäquanz unerheblich.

hemmer-Methode: Denken Sie klausurtaktisch! Wenn Sie einen Anspruch bereits an der Adäquanz scheitern lassen, schneiden Sie sich das Folgeproblem des Schutzzwecks der Norm ab.

c) Fraglich aber ist, ob die Unfallfolge überhaupt noch innerhalb des Schutzbereichs des § 823 II BGB liegt.

6 Zu § 823 II BGB, Hemmer/Wüst, Deliktsrecht I, Rn. 117 ff.

7 Vgl. BGHZ 57, 137 = jurisbyhemmer.

8 Vgl. Medicus, Rn. 230; MüKo, § 818 BGB, Rn. 106.

Der entstandene Schaden kann dem Schädiger nur dann zugerechnet werden, wenn der Schaden sich innerhalb des Schutzbereichs der verletzten Norm verwirklicht (auch Rechtswidrigkeitszusammenhang genannt).

Dies ist nur dann der Fall, wenn ein innerer Zusammenhang mit der durch den Schädiger geschaffenen Gefahrenlage und nicht nur eine bloß zufällige äußere Verbindung besteht.[9]

Erscheint der Folgeschaden nur als Verwirklichung eines „eigenen allgemeinen Lebensrisikos" des Geschädigten, das sich nur zufällig aus Anlass der unerlaubten Handlung realisiert hat, dann fällt der Schaden nicht mehr in den Schutzbereich der Norm.

aa) Der BGH bejaht im Fall die Zurechenbarkeit:

Die Unfallfolge liege innerhalb des Schutzbereichs. Der Käufer solle grundsätzlich keinen Nachteil daraus erleiden, dass ihm durch die arglistige Täuschung seine Leistung an den Verkäufer „entwunden" worden ist.

Darüber hinaus solle der Käufer aber auch keinen Nachteil daraus haben, dass ihm die Sache „aufgeschwatzt" worden sei.

Es dürfe nicht zu seinen Lasten gehen, wenn die Kaufsache in seiner Besitzsphäre später zu Schaden komme.

bb) Nach anderer Ansicht wird der hier in Frage stehende Schaden nicht mehr vom Schutzzweck der Norm umfasst.

Danach kann die zivilrechtliche Haftung nicht weiter reichen, als es die strafrechtliche Schutznorm des § 263 StGB angibt.

Der spezifische Unrechtsgehalt des Betrugs liege aber darin, dass jemand durch Täuschung veranlasst wird, auf Kosten seines Vermögens eine Verfügung zum Vorteil des Täuschenden vorzunehmen.

Der Betrug ist damit grundsätzlich ein Vermögensverschiebungsdelikt, gekennzeichnet durch die Veranlassung zur unbewussten Selbstschädigung. § 263 StGB schützt also nicht vor solchen Vermögensschäden, die sich nicht bei dem anderen Teil als Vorteil niederschlagen und die der Betroffene, wenn auch infolge der Täuschung unabhängig von dieser, erleidet, sich also selbst zuzieht.

Soweit also eine Schadenshaftung in Frage steht, darf der Täuschende nach dieser Ansicht nicht mit den Folgen des Unfalls belastet werden.

Der Käufer war sich über die Risiken des Straßenverkehrs, denen der gekaufte Wagen ausgesetzt sein würde, völlig im Klaren.

Aus daraus entstehenden Nachteilen wollte der Verkäufer aber sicherlich keine Vorteile ziehen.

Damit erfasst der Schutzzweck der Norm nicht den späteren Unfallschaden. Ein innerer Zusammenhang zwischen Betrug und Schaden in der vorliegenden Art besteht nicht.

Anders wäre es nur, wenn der Unfallschaden mit der Arglist zu tun gehabt hätte.

d) Nach letzterer Ansicht besteht damit keine Haftung. Dieser Ansicht ist auch zu folgen. Die Argumentation des BGH wirkt gekünstelt und lässt sich dogmatisch nicht halten.

hemmer-Methode: Auch dies war ein Hauptproblem der Klausur.[10] Da die Auseinandersetzung mit dem Schutzbereich der Norm beim BGH völlig fehlt, hat die Literatur hier Ansatzpunkte zur Kritik.

[9] BGH, NJW 2012, 3372, 2013, 1679 = **juris**byhemmer.

[10] Vgl. dazu Hemmer/Wüst, Deliktsrecht I, Rn. 130.

Dem BGH wird eine antiquierte Art der Betrachtung des Bedingungszusammenhangs vorgeworfen. Für den germanistischen Zusammenhang lesenswert zur Bedingungstheorie: „Die Panne" von Dürrenmatt, wo uralte Leute als Richter nach einer reinen Bedingungstheorie handeln!

Denkt man den vom BGH gewählten Lösungsweg konsequent weiter, so müsste der täuschende Verkäufer auch für alle sonstigen Schäden aufkommen, die der Käufer mit dem Auto im Straßenverkehr erleidet (z.B. Körperschäden wie etwa Einklemmen der Hand in der Tür, sonstige Sachschäden, Entstehung von Haftpflichten gegenüber Dritten). Soweit will der BGH aber selbst nicht gehen und gibt in einem obiter dictum zu erkennen, dass er solche Schäden nicht mehr zurechnen würde („Notbremse" des BGH).

Allerdings kommt auch der BGH nicht zu einem vollen Schadensersatzanspruch: Ist der Untergang der Sache vom Käufer verschuldet, so sei der Anspruch grundsätzlich gem. § 254 BGB zu kürzen.

hemmer-Methode: Also nicht Klausurtaktik um jeden Preis! Wer dem BGH gefolgt ist, muss hierzu weitere Ausführungen machen. Klausurtaktisch gesehen wäre es eigentlich geschickter gewesen, dem BGH zu folgen, um sich so das weitere Problem der Erörterung des § 254 BGB zu eröffnen. Da es aber nicht mehr vertretbar erscheint, mit dem BGH den Schutzzweck der Norm zu bejahen, musste die Klausur hier abgebrochen werden.
Der BGH führt zu § 254 BGB aus, dass für den Fall des verschuldeten Untergangs der Kaufsache beim Käufer eine sach- und zweckgerechte Lösung über eine angemessene Abwägung des beiderseitigen mitursächlichen schuldhaften Verhaltens gem. § 254 BGB möglich sei.

Der Umfang des zu leistenden Schadensersatzes hängt damit von dem Umstand ab, inwieweit der Schaden vorwiegend von dem einen oder dem anderen Teil verursacht worden ist. Dabei ist unschädlich, dass K im Zeitpunkt des Unfalls von der Täuschung noch keine Kenntnis hatte und deswegen auch noch nicht wusste, dass demnächst eine Rückgabe an den Verkäufer V in Betracht kommt. Es ist nämlich zur Anwendung des § 254 BGB nicht erforderlich, dass der Handelnde sich bewusst ist, eine Rechtspflicht gegenüber einem anderen zu verletzen. Es genügt vielmehr, dass er gegen sein eigenes wohlverstandenes Interesse handelt, dass ihm ein „Verschulden gegen sich selbst" zur Last fällt, er also eine sich selbst gegenüber bestehende Obliegenheit verletzt.
Die vorsätzliche Täuschung wird i.d.R. gegenüber dem fahrlässigen Verhalten des K so schwer ins Gewicht fallen, dass in derartigen Fällen der gesamte Schaden vom vorsätzlich Handelnden zu tragen sein wird. Dies ist aber nicht notwendigerweise so. Vielmehr ist auf den Einzelfall abzustellen. Im vorliegenden Fall ist die Quotelung also Tatfrage. Der BGH weist insbesondere darauf hin, dass die Ursächlichkeit hinsichtlich der weiteren Schadensfolgen überwiegend beim Kläger lagen und die Täuschungshandlung nicht besonders schwerwiegend gewesen sei. § 254 BGB gestattet es dem BGH, unter Außerachtlassung von dogmatischen Gesichtspunkten Einzelfallgerechtigkeit zu betreiben.
§ 254 BGB ist damit ähnlich wie § 242 BGB Einfalltor für Wertungsgesichtspunkte und richterliche Rechtsfortbildung.

V. §§ 826, 249 I BGB

Die direkte Anwendung scheidet aus, da V selbst keine vorsätzlich sittenwidrige Handlung begangen hat.

VI. Anspruch auf Rückzahlung gem. § 812 I S. 1 Alt. 1 BGB

Ein Anspruch auf Rückzahlung könnte sich alternativ auch aus § 812 I S. 1 Alt.1 BGB ergeben.

hemmer-Methode: Warum alternativ? Ist der Vertrag nichtig („ohne Rechtsgrund"), scheiden vertragliche Ansprüche denknotwendig aus. Insoweit muss der Käufer in Fällen wie diesem gut überlegen, ob er tatsächlich von einer Anfechtungsmöglichkeit Gebrauch macht, oder vom Vertrag zurücktritt. Zwar führen beide Rechte zur Möglichkeit, den Kaufpreis zurückzuverlangen. Mit der Anfechtung nimmt sich der Käufer aber die Möglichkeit, Schadensersatz zu verlangen!

1. V müsste etwas erlangt haben. Hier hat K dem V die Kaufpreissumme gezahlt. Damit hat V Eigentum und Besitz am Geld erlangt.

hemmer-Methode: Der Eigentumserwerb an Geld richtet sich grundsätzlich nach §§ 929 ff. BGB, da es sich bei Geld um bewegliche Sachen handelt. Um die Umlauffähigkeit des Geldes und damit den Geschäftsverkehr zu schützen, ermöglicht das Gesetz dabei sogar gemäß § 935 II BGB den gutgläubigen Erwerb von gestohlenem oder sonst abhandengekommenem Geld.

2. Dies erfolgte auch durch Leistung des K. Dieser hat bewusst und zweckgerichtet zur Erfüllung seiner Verbindlichkeit geleistet.

3. Fraglich ist, ob für die Zahlung ein Rechtsgrund bestand.

Dies ist dann nicht der Fall, wenn eine wirksame Anfechtung möglich ist, § 142 I BGB.

Wegen der ex-tunc-Wirkung der Anfechtung ist auch § 812 I S. 1 Alt. 1 BGB die richtige Anspruchsgrundlage (strittig, a.A. § 812 I S. 2 Alt. 1 BGB).

a) Die Anfechtungserklärung müsste gegenüber dem Vertragspartner erfolgen, hier dem V, § 143 I, II BGB.

b) Anfechtungsgründe:

aa) In Betracht kommt eine Anfechtung gem. § 119 II BGB.

(1) Die Unfallfreiheit ist eine verkehrswesentliche Eigenschaft i.S.d. § 119 II BGB, da es sich um einen wertbildenden Faktor handelt. Der Wert der Sache selbst ist aber keine Eigenschaft i.S.d. § 119 II BGB.[11]

(2) Eine Anfechtung des Käufers gem. § 119 II BGB scheidet aber aus: §§ 437 ff. BGB sind leges speciales für die Rechte des Käufers bezüglich Eigenschaften einer Sache, die einen Mangel darstellen.[12]

Die Zulassung einer Anfechtung des Käufers würde diesem die sofortige Lösung vom Kaufvertrag ermöglichen, was sowohl der Regelung des § 439 BGB widerspricht als auch die Verjährung nach § 438 BGB unterläuft.

hemmer-Methode: Stellen Sie klar, dass diese abschließende Regelung des Gewährleistungsrechts grundsätzlich nur für den Käufer gilt! Rechte des Verkäufers sind dort nicht geregelt.[13]

---

11 Vgl. Grüneberg, § 119 BGB, Rn. 27.

12 Vgl. Grüneberg, § 437 BGB, Rn. 53.

13 Vgl. Leibl-Fall, Irrtum über den Maler eines Bildes: BGH, NJW 1988, 2597 = **juris**byhemmer.

Einstieg zu dieser Problematik sind deshalb regelmäßig die §§ 812 ff. BGB. Der Verkäufer, der sich über eine Eigenschaft der Sache geirrt hat, will sich mittels Anfechtung vom Vertrag lösen und die Sache gemäß §§ 812 ff. BGB vom Käufer kondizieren.
Hier müssen Sie sich i.R.d. Prüfungspunktes „wirksame Anfechtung" fragen, ob der Irrtum über die Sache unter § 119 II BGB fällt und ob ein Anfechtungsrecht des Verkäufers nicht nach §§ 437 ff. BGB ausgeschlossen ist. Da dort aber nur Gewährleistungsrechte des Käufers geregelt sind, werden Anfechtungsrechte des Verkäufers regelmäßig nicht beeinträchtigt.
Eine Ausnahme gilt nach h.M. allerdings dann, wenn der Verkäufer sich durch seine Anfechtung möglichen Gewährleistungsrechten des Käufers entziehen will und damit nur nach § 122 BGB haften würde.

bb) K könnte aber gem. § 123 I BGB anfechten:

(1) Eine Anfechtung gem. § 123 I BGB wegen arglistiger Täuschung ist neben den Vorschriften des Gewährleistungsrechts möglich.[14]

(2) Eine arglistige Täuschung seitens des A liegt auch vor.

(3) Die Anfechtung könnte aber möglicherweise gem. § 123 II BGB ausgeschlossen sein.

Dazu müsste der A Dritter i.d.S. sein. Aber ein Vertreter ist gerade sog. Nicht-Dritter.[15] Damit besteht eine uneingeschränkte Anfechtbarkeit des Kaufvertrages.

hemmer-Methode: Auch hier lassen sich Punkte sammeln. Denken Sie bei der Prüfung des § 123 BGB immer an den Absatz II.
Es handelt es sich dabei wiederum um ein Zurechnungsproblem. Allerdings wird § 166 BGB hier nicht zitiert. Die Frage, wann zugerechnet wird, hat der Gesetzgeber in § 123 II BGB selbst geregelt.
Merken Sie sich den Soundsatz: Der Vertreter ist immer Nichtdritter! Auf diese Weise verkürzen Sie sich im Kopf das Problemfeld.

(4) V müsste jedoch die Anfechtungsfrist des § 124 BGB einhalten.

Zwischenergebnis

Wegen § 142 BGB entfiele der Kaufvertrag und damit der Rechtsgrund für die Leistung.

Allerdings gilt es Folgendes zu beachten:

Die Gewährleistungsrechte des Käufers entfallen mit Vernichtung des Vertrages. Besteht kein Vertrag, kann der Käufer schon begriffsnotwendig nicht mehr davon zurücktreten. Die Rückabwicklung geschieht dann nicht nach Rücktritts-, sondern nach Bereicherungsrecht.

Beide Rückabwicklungsvorschriften schließen sich aus, da der Rücktritt einen wirksamen Vertrag voraussetzt, die Anfechtung diesen aber „ex tunc" beseitigt, § 142 I BGB. Der Käufer muss sich also entscheiden, welche Rechtsfolgen er herbeiführen will. Ficht K wirksam an, so verliert er sein Rücktrittsrecht.

4. Umfang des Bereicherungsanspruchs:

a) Der Anspruch aus § 812 I S. 1 Alt. 1 BGB geht grundsätzlich auf Herausgabe des Erlangten, d.h. hier Rückübereignung des Geldes, wenn dieses noch konkret vorhanden ist.

---

[14] Vgl. Grüneberg a.a.O., Rn. 54.

[15] Vgl. dazu Hemmer/Wüst, BGB AT III, Rn. 436 ff.

b) Hier ist jedoch von einer Vermengung (nicht Vermischung!) des Geldes in der Kasse bzw. von einer Einzahlung des Geldes auf ein laufendes Konto auszugehen.

In beiden Fällen ist die Herausgabe dieses Geldes nicht mehr möglich, vielmehr ist Wertersatz gem. § 818 II BGB zu leisten.

hemmer-Methode: Beachten Sie, dass bei einer arglistigen Täuschung häufig auch das dingliche Rechtsgeschäft anfechtbar ist, sog. Fehleridentität. Der Anfechtende erhält auf diese Weise den stärkeren Anspruch aus § 985 BGB.

Für denjenigen, der Geld übereignet hat, bringt die Anfechtung des dinglichen Rechtsgeschäfts aber keinen Gewinn, da der Anfechtungsgegner Eigentum an dem Geld regelmäßig kraft Gesetzes (§§ 948, 947 II BGB) erworben haben wird. Über § 951 BGB erhält der Anfechtende dann doch wieder nur einen Bereicherungsanspruch.

Aber Achtung: Zum Alleineigentumserwerb kommt es nach § 947 II BGB nur dann, wenn eine der miteinander vermengten Sachen als Hauptsache anzusehen ist. Nach Verkehrsanschauung wird dies i.d.R. bei Geld in einer Kasse der Fall sein. Andernfalls käme es nämlich mit jedem Cent, der in die Kasse eingezahlt wird, zu wechselnden Eigentumsverhältnissen. Ein unzumutbarer Zustand!

c) Folgt man der Zweikondiktionentheorie, hat K einen selbstständigen Anspruch auf Wertersatz.

Daneben hätte V zwar grundsätzlich ebenfalls einen selbstständigen Anspruch aus § 812 I S. 1 Alt. 1 BGB auf Herausgabe des Fahrzeugs (Verknüpfung der beiden Ansprüche grundsätzlich über ein Zurückbehaltungsrecht gem. § 273 BGB bzw. eine Aufrechnungsmöglichkeit gem. §§ 387 ff. BGB).

Hier ist aber ein Totalschaden am herauszugebenden Fahrzeug eingetreten, sodass der Anspruch des V ins Leere geht. Zwar ist grundsätzlich auch dafür gem. § 818 II BGB Wertersatz zu leisten. Allerdings kann sich K auf Entreicherung gem. § 818 III BGB berufen. Eine Haftung über § 819 I, 818 IV, 292, 989, 990 BGB scheidet aus, da K nicht bösgläubig i.S.d. § 819 I BGB war.

Damit könnte nach der Zweikondiktionentheorie nur K etwas verlangen.

d) Nach inzwischen h.M. gilt aber bei gegenseitigen Verträgen die sog. Saldotheorie:[16]

Danach soll statt der isolierten Rückabwicklung jeder fehlgeschlagenen Leistung von vornherein nur ein einheitlicher Bereicherungsanspruch zugunsten desjenigen bestehen, für den sich ein positiver Saldo ergibt (erste Aussage der Saldotheorie: automatische Saldierung gleichartiger Bereicherungsgegenstände).

Die Saldotheorie ist von der Rechtsprechung letztlich aus Billigkeitsgründen übernommen worden. Es handelt sich dabei um eine Gesetzeskorrektur, die dem Umstand Rechnung trägt, dass bei gegenseitigen Verträgen die eine Leistung um der anderen willen erbracht wird. Dies rechtfertigt es normalerweise, auch bei einem nichtigen Vertrag die dann entstehenden Rückgewährpflichten als voneinander abhängig anzusehen (sog. „faktisches" Synallagma, „do ut des").

Da beide Ansprüche auf Wertersatz gem. § 818 II BGB und damit auf Geld gehen, kommt eine Saldierung in Betracht.

Fraglich ist nur, wie es sich auswirkt, dass K sich auf Entreicherung berufen kann:

16 Vgl. Hemmer/Wüst, BereicherungsR, Rn. 489 ff.

Bei Entreicherung des einen Teils wird bei der Saldotheorie der Wert der Entreicherung zum Abzugsposten von seinem eigenen bereicherungsrechtlichen Anspruch (zweite und wichtigste Aussage der Saldotheorie).

Dies bedeutet hier: K steht nur ein bereicherungsrechtlicher Anspruch in Höhe von 800,- € zu. Von den gezahlten 7.500,- €, die K zurückfordern darf, wird der Wert der Entreicherung, d.h. der Wert des Fahrzeugs vor dem letzten Unfall, das sind 6.700,- € (7.500,- € abzüglich 800,- €), abgezogen.

hemmer-Methode: Beachten Sie aber, dass ein Abzug höchstens bis auf „Null" erfolgt. Ein Anspruch gegen den Entreicherten wird durch die Saldotheorie nicht begründet. Wäre z.B. das Fahrzeug 7.500,- € wert gewesen und hätte K nur 7.000,- € bezahlt, so stünde ihm kein Bereicherungsanspruch gegen den V zu, aber V gegen K auch kein Anspruch i.H.v. 500,- €.[17]

Anders als nach der Zweikondiktionentheorie kann K also nicht 7.500,- €, sondern nur 800,- € verlangen.

Nach der Rechtsprechung gilt die Saldotheorie allerdings nicht zu Lasten des arglistig Getäuschten. Es bleibt dann aus Billigkeitsgründen bei der Zweikondiktionentheorie, wonach der Käufer den Kaufpreis voll kondizieren darf.

Hier besteht aber die Besonderheit, dass die Anfechtung nach der Zerstörung des Fahrzeugs erklärt wird.

Fraglich ist, ob in diesem Fall nicht doch wieder die Saldotheorie gelten sollte.

Dies wird so von einem Teil der Literatur vertreten.[18] Ansonsten bestünde nämlich im Ergebnis ein Wertungswiderspruch zu der i.R.d. Kaufrechts geltenden, vertraglichen Risikoverteilung.

Im Fall ist K aus § 346 II S. 1 Nr. 3, III Nr. 3 BGB zum Wertersatz verpflichtet. Da es nicht von der Art der Rückabwicklung abhängen soll, wem die Folgen eines Sachmangels zur Last fallen, muss es bei der Anwendung der Saldotheorie bleiben. Nur auf diesem Weg ist die Ausstrahlung der vertraglichen Risikoverteilung in die bereicherungsrechtliche Rückabwicklung gewährleistet. Es fiele andernfalls vollkommen unter den Tisch, dass K den Wagen grob fahrlässig zerstört hat. Denn gem. §§ 346 III Nr. 3, 277 BGB entfällt die Wertersatzpflicht im Rücktrittsrecht jedenfalls nicht bei grober Fahrlässigkeit.

hemmer-Methode: Die examenstypische Problematik der Zweikondiktionentheorie-Saldotheorie im Verhältnis zu §§ 346 II, III BGB muss Ihnen bekannt sein. In der Klausur muss erörtert werden, warum die Zweikondiktionentheorie zu unbilligen Ergebnissen führt. Fassen Sie sich dabei kurz. Die griffige Formel von Medicus: „Der Wert der Entreicherung wird zum Abzugsposten vom eigenen Bereicherungsanspruch des Entreicherten" führt dann zum Zentralproblem. Achten Sie also schon beim ersten Lesen des Sachverhalts darauf, ob ein gelieferter Gegenstand verschlechtert wurde oder untergegangen ist. Achten Sie dann auf das Regel-Ausnahme-Prinzip und auf Wertungswidersprüche, die sich insbesondere im Verhältnis zu §§ 346 ff. BGB ergeben und die dann wieder zur Anwendung der Zweikondiktionentheorie führen können.
Bereicherungsrecht ist Billigkeitsrecht und soll nicht zum Wertungswiderspruch zu anderen gesetzlichen Bestimmungen führen![19]

[17] Vgl. dazu Medicus, BR, Rn. 225 a.E.

[18] Vgl. Medicus, Rn. 230.

[19] Dazu Hemmer/Wüst, Bereicherungsrecht, Rn. 489 ff.

Dem ist der BGH nicht gefolgt. Nach seiner Ansicht bleibt es im Fall der arglistigen Täuschung bei der Zweikondiktionentheorie.

Die Saldotheorie sei letztlich eine von der Rechtsprechung aus Billigkeitsgründen vorgenommene Gesetzeskorrektur, die dem Umstand Rechnung trage, dass die eine Leistung um der anderen Willen erbracht werde.

Dies rechtfertige es zwar normalerweise, auch die bei einem nichtigen Vertrag entstehenden Rückgewährpflichten als voneinander abhängig anzusehen, schließe aber nicht aus, dass bei einer arglistigen Täuschung des Käufers durch den Verkäufer - abweichend von der Saldotheorie - der Untergang der Kaufsache beim Käufer zu Lasten des Verkäufers gehe. Der Betrüger ist nämlich regelmäßig nicht schutzwürdig.

Deshalb ist die Zweikondiktionentheorie anzuwenden, und zwar unabhängig davon, ob der Untergang der Kaufsache vom Käufer verschuldet ist oder nicht. Auf den Rechtsgedanken des § 346 III Nr. 3 BGB ist der BGH hier überhaupt nicht eingegangen.

Dennoch kann nach Ansicht des BGH der Anspruch nicht in voller Höhe begründet sein:

Die Anwendbarkeit der Zweikondiktionentheorie bedeute nicht, dass der Verkäufer unter allen Umständen zur Rückzahlung des vollen Kaufpreises verpflichtet sei.

Aus Billigkeitsgründen ergebe sich, dass bei der Bemessung der Höhe des Bereicherungsanspruchs des Käufers die fahrlässige Zerstörung des Fahrzeugs mitberücksichtigt werden müsse:

Anders als im Recht der unerlaubten Handlung scheidet allerdings eine Anwendung des § 254 I BGB aus. Diese Vorschrift bezieht sich auf Schadensersatzansprüche und ist bei der Bereicherungshaftung nicht anwendbar.[20]

Allerdings sei gem. § 242 BGB eine Abwägung vorzunehmen.

Dabei ist die Täuschungshandlung des V (A) einerseits und das schuldhafte Verhalten des K andererseits zu berücksichtigen. Die Gewichtung ist Tatfrage. Es erscheint gerecht, von einem Verhältnis von 50 : 50 auszugehen. Danach wäre der Anspruch des K um die Hälfte zu kürzen.

hemmer-Methode: § 242 BGB ist die Allzweckwaffe des BGH! Diese Vorschrift ermöglicht es dem BGH, sich nicht eindeutig auf eine bestimmte Position festlegen zu müssen. Anders als der Literatur geht es dem BGH oft nicht um dogmatische Exaktheit, sondern um Einzelfallgerechtigkeit.
§ 242 BGB erlaubt es dem BGH, dogmatischen Erklärungsversuchen der Literatur die kalte Schulter zu zeigen und den Einzelfall nach seinem Gerechtigkeitsempfinden zu entscheiden.

Die Ansicht des BGH ist abzulehnen. Es erscheint vorzugswürdig, der Literatur[21] zu folgen, da dann kein Wertungswiderspruch zu § 346 II, III BGB entsteht. Der Käufer hätte auch bei Rücktritt vom Vertrag nur einen Rückgewähranspruch in Höhe von 800,- € gehabt, dies muss sich auch im Bereicherungsrecht auswirken. Gegen den BGH spricht auch, dass er i.R.d. § 242 BGB gerade die Abwägung vornimmt, die § 254 BGB zugrunde liegt. Damit wird auf diesem Umweg doch § 254 BGB angewandt.

Für den BGH spricht nur, dass eine arglistige Täuschung vorliegt und der Täuschende der weniger Schutzwürdige ist.

[20] BGH, NJW 72, Seite 40 ff. m.w.N.
[21] Vgl. Medicus, a.a.O.

hemmer-Methode: Die Lösung der Literatur ist nicht nur dogmatisch genauer, sondern führt darüber hinaus auch zu sachgerechten Ergebnissen. Der Käufer, der den Untergang der Sache verschuldet hat, erhält i.E. nur das zurück, was er zu viel gezahlt hat. Es kommt zu der für das Bereicherungsrecht typischen Wertabschöpfung!

Ergebnis

Nach richtiger Ansicht besteht ein Bereicherungsanspruch nur in Höhe von 800,- €.

VII. Anspruch aus § 985 BGB

Ein Anspruch auf Herausgabe des Geldes gem. § 985 BGB scheidet aus. Zwar wäre auch eine Anfechtung des dinglichen Übereignungsgeschäfts gem. § 123 BGB möglich. Das Geld ist aber nicht mehr konkret und identifizierbar bei V vorhanden. Eine Geldwertvindikation ist abzulehnen.[22]

B) Ansprüche des K gegen A

I. §§ 280 I, 311 III, 241 II BGB

Ansprüche aus §§ 280 I, 311 III, 241 II BGB entfallen, da eine Eigenhaftung des Vertreters aus c.i.c. nur dann in Betracht kommt, wenn ein eigenes wirtschaftliches Interesse vorliegt oder ein besonders persönliches Vertrauen in Anspruch genommen wurde.[23]

[22] A.A. früher Westermann, vgl. dazu Grüneberg, § 985 BGB, Rn. 8 m.w.N.

[23] Vgl. Sie zur Eigenhaftung des Vertreters BGH, Life&LAW 2011, 223 ff. Unser Service-Angebot an Sie: kostenlos hemmer-club-Mitglied werden (www.hemmer-club.de) und Entscheidungen der Life&LAW lesen und downloaden.

II. § 823 II BGB, § 263 StGB i.V.m. § 249 I BGB

Wie oben entfällt die Haftung, da der Schaden nicht vom Schutzbereich des Betrugs umfasst wird (a.A. BGH!)

Das Verbot von Täuschungen soll nicht vor Unfällen schützen, die mit der Täuschung nichts zu tun haben.

III. §§ 826, 249 I BGB

Bei § 826 BGB muss sich der Vorsatz auch auf den entstehenden Schaden beziehen.

Hier erscheint problematisch, ob der eingetretene Schaden vom dolus eventualis erfasst ist.

Vom BGH wird dies bejaht. Richtigerweise ist dies wohl zu verneinen.

Aber jedenfalls entfällt der Anspruch deshalb, weil der Schaden nicht in den Schutzbereich der Norm fällt:

Das Risiko des Straßenverkehrs, das der Käufer bewusst eingeht, wird nicht vom Haftungszweck des § 826 BGB gedeckt.[24]

IV. Anspruch aus § 812 I S. 1 Alt. 1 BGB

Ein Anspruch gem. § 812 I S. 1 Alt. 1 BGB auf Rückzahlung scheidet aus. A hat schon nichts erlangt. Das Geld ist nicht an ihn ausbezahlt worden, sondern an V.

hemmer-Methode: Wir hoffen, die Klausur hat Ihnen Spaß gemacht!
Es handelt sich um einen Klassiker im Spannungsfeld von § 346 BGB und der Saldotheorie sowie Kausalitätsprobleme i.R.d. Deliktsrechts. Dieser Themenbereich war bereits mehrfach Gegenstand von Examensklausuren.

[24] Vgl. NJW 72, 1779.

Zusammenfassung

A) Ansprüche des K gegen den V

I. Rückzahlung des Kaufpreises aus § 346 I BGB i.V.m. §§ 434, 437 Nr. 2, 326 V BGB

1. Voraussetzungen des Rücktritts:

a) Sachmangel gem. § 434 I Var.1, II S. 1 Nr. 1 BGB (+)

b) Frist zur Nacherfüllung entbehrlich, § 326 V BGB

c) Rücktritt nicht wegen Zerstörung des Wagens ausgeschlossen

2. Rechtsfolge gem. § 346 I BGB: Anspruch auf Rückzahlung des Kaufpreises

3. Anspruch gem. § 389 BGB i.H.v. 6.700,- € erloschen, da Aufrechnung des V mit Anspruch aus § 346 II S. 1 Nr. 3 BGB; § 346 III Nr. 3 BGB (-).

4. Zwischenergebnis: Anspruch auf Rückzahlung von 800,- € (+)

II. Schadensersatz statt der ganzen Leistung aus §§ 311a II, 434, 437 Nr. 3 BGB

1. Anfängliche Unmöglichkeit (+) da Pkw erfüllungsuntauglich, § 433 I S. 2 BGB

2. Kenntnis des V (+), Zurechnung des A

3. Schadensersatz statt der ganzen Leistung gem. §§ 311a II S. 3, 281 I S. 3 BGB (+), da Pflichtverletzung nicht unerheblich

4. Im Ergebnis wegen § 389 BGB Anspruch i.H.v. 800,- €

III. Anspruch auf Rückzahlung aus §§ 280 I, 311 II, 241 II BGB i.V.m. § 249 I BGB (c.i.c.)

1. Anwendbarkeit problematisch

2. Anspruch wegen § 389 BGB jedenfalls nur i.H.v. 800,- €.

IV. Anspruch auf Rückzahlung gem. §§ 831, 249 I BGB (-)

1. A Verrichtungsgehilfe (+)

2. Tatbestandsmäßige und rechtswidrige unerlaubte Handlung des A: jedenfalls § 823 II BGB, § 263 StGB: Betrug (+);

(P): Schaden vom Schutzzweck erfasst?
⇨ im Ergebnis (-)

V. §§ 826, 249 I BGB (-), keine sittenwidrige Handlung des V

VI. § 812 I S. 1 Alt. 1 BGB (a.A. Alt. 2, str.)

1. etwas erlangt (+)

2. durch Leistung des K (+)

3. ohne Rechtsgrund (+), da Anfechtung, § 142 BGB. Anfechtung nach § 123 I BGB.

4. Umfang: grds. Herausgabe des Erlangten bzw. Wertersatz gem. § 818 II BGB. Saldotheorie gilt nicht zu Lasten des arglistig Getäuschten ⇨ Zweikondiktionentheorie, Schadensteilung nach § 242 BGB (BGH).

VII. § 985 BGB (-)

B) Ansprüche des K gegen A

I. §§ 280 I, 311 III, 241 II BGB

Anspruch entfällt, weil kein eigenes wirtschaftliches Interesse vorliegt und kein besonderes persönliches Vertrauen in Anspruch genommen wurde.

II. § 823 II BGB, § 263 StGB i.V.m. § 249 I BGB

Haftung entfällt, da Schaden nicht vom Schutzbereich des Betrugs umfasst wird (a.A. BGH!)

Verbot von Täuschungen soll nicht vor Unfällen schützen, die mit der Täuschung nichts zu tun haben.

III. §§ 826, 249 I BGB (-)

Schutzbereich der Norm (-): Das Risiko des Straßenverkehrs, das der Käufer bewusst eingeht, wird nicht vom Haftungszweck des § 826 BGB gedeckt

IV. § 812 BGB (-), nichts erlangt

Fall 2:

Sachverhalt:

Arm ist Vater von zwei Söhnen, B und C. B ist knapp zwei Jahre und C fünf Jahre alt. Für B war A nicht sorgeberechtigt.

Als A mit B im Rahmen seines Umgangsrechtes einen Spaziergang machte, besuchten sie auch einen öffentlichen Spielplatz, der von der Stadt München unterhalten wurde und den diese schon seit 1964 betrieb. Am Eingangstor war ein Schild angebracht, wonach der Spielplatz für Kinder bis zwölf Jahre freigegeben war. Da B unbedingt die hölzerne Rutsche benutzen wollte, stellte A ihn auf das Rutschenpodest, das sich 1,70 m über dem Boden befand. A stellte sich rechts neben das Podest, wurde aber für einen kurzen Moment durch ein hupendes Fahrzeug abgelenkt und schaute von seinem Sohn weg. Dieser wollte sich gerade zum Rutschen hinsetzen, kippte aber nach links hinten seitwärts weg, rutschte dabei unter dem Geländer des Podests durch, und fiel auf den unter der Rutsche befindlichen Betonboden. Dabei zog sich B eine schwere Kopfverletzung zu und musste in ärztliche Behandlung gebracht werden.

B verlangt, vertreten durch seine Eltern, von der Stadt München Schadensersatz. Diese macht geltend, dass in der Vergangenheit noch nie ein solcher Unfall vorgekommen sei. Deshalb habe sie den Boden auch nicht gegen einen aufprallhemmenden Belag ausgetauscht. Sie räumt aber ein, dass gemäß den DIN-Normen ein Betonboden nicht dem Stand der Technik entspricht. Dass die Rutsche von Kindern unter drei Jahren benutzt werde und deshalb der Zwischenraum am Geländer zu breit sei, damit habe sie nicht gerechnet. Weiter sei A der Verantwortliche gewesen, er habe sich eben nicht ablenken lassen dürfen. Dies müsse sich auswirken. Außerdem sei das Geld für die ärztlichen Behandlungskosten schon von der Mutter des B bezahlt worden.

Der fünfjährige C wohnt bei A und hat von ihm zu seinem Geburtstag ein Kinderfahrrad geschenkt bekommen. A verbietet C, damit auf die Straße zu fahren, und ermahnt ihn immer wieder, nur im Hof des Grundstücks zu bleiben. Eines Tages hält sich C jedoch nicht daran und fährt hinter einigen älteren Kindern durch das Hoftor direkt auf die Straße, ohne auf den Verkehr zu achten. Der Pkw-Fahrer S kann sein Fahrzeug nicht rechtzeitig stoppen und auch nicht ausweichen. C wird angefahren und fällt auf die Straße, wo er von D, der hinter S gefahren ist, überrollt wird. C trägt Verletzungen an seinem Bein davon. Es lässt sich nicht feststellen, ob die Verletzungen des C durch den ersten oder den zweiten Unfall herbeigeführt worden sind. C verlangt von S und D Schadensersatz.

Bearbeitervermerk:

Wie ist die Rechtslage?

Lösung

Teil 1:

Ansprüche des B gegen die Stadt München

I. Anspruch aus § 280 I BGB i.V.m. §§ 89, 31 BGB

In Betracht kommt zunächst ein Schadensersatzanspruch des B gegen die Stadt München aus § 280 I BGB i.V.m. §§ 89, 31 BGB.

Ein solcher Anspruch setzt allerdings ein vertragliches oder gesetzliches Schuldverhältnis voraus.

hemmer-Methode: Beachten Sie die Feinheiten des Anspruchs: Vom Begriff der Pflichtverletzung in § 280 I BGB wird nicht nur positives Tun, sondern auch ein Unterlassen erfasst. Außerdem muss nicht immer ein Vertragsverhältnis Grundlage der Pflichtverletzung sein.
§ 280 I BGB findet ebenso Anwendung auf gesetzliche Schuldverhältnisse, sodass auch Schadensersatz gem. § 280 I BGB wegen Pflichtverletzung i.R.d. berechtigten GoA, bzw. des Grunddienstbarkeitsverhältnisses denkbar ist. Im Examen wird häufig der atypische Aufhänger gewählt. Die inhaltlichen Probleme sind aber stets dieselben!

1. Hier könnte möglicherweise durch die Benutzung des Spielplatzes ein solches Schuldverhältnis begründet worden sein.

a) Ein Benutzungsverhältnis mit schuldrechtlichen Wirkungen käme zum einen dann in Betracht, wenn die Benutzung des Spielplatzes vertragliche Beziehungen zwischen B und der Stadt München begründen würde.

Ein Angebot auf Abschluss eines Benutzungsvertrages könnte möglicherweise im Aufstellen des am Eingang befindlichen Schildes gesehen werden. Auf diesem Schild ist der auf dem Spielplatz zugelassene Personenkreis bezeichnet worden.

Allerdings ist das Aufstellen eines solchen Schildes allein nicht geeignet, eine vertragliche Beziehung zu begründen. Regelmäßig soll durch ein solches Schild nur auf die allgemeine deliktische Haftung eingewirkt werden, nicht aber ein Benutzungsvertrag geschlossen werden. Insbesondere ist nichts für eine besondere Interessenlage ersichtlich, die Anlass zu einer derartigen gesteigerten Rechts- und Pflichtenstellung für beide Seiten hätte geben können.[25]

Der Gemeinde fehlt es damit hinsichtlich eines Vertragsangebots am erforderlichen Rechtsbindungswillen. Vertragliche Beziehungen kamen somit zwischen B und der Stadt München nicht zustande.

b) Über solche „echten" Vertragsbeziehungen hinaus wird im Bereich der Staatshaftung eine schuldrechtliche Sonderbeziehung aber auch zum Teil dann angenommen, wenn zwischen Bürger und Staat eine besondere Nähebeziehung besteht, die Anlass zu einer gesteigerten Rechts- und Pflichtenstellung gibt, die über die allgemeinen deliktischen Beziehungen hinausgeht.

Durch die Benutzung eines allgemein zugänglichen Spielplatzes entsteht aber genauso wenig wie durch die Benutzung öffentlicher Straßen ein solches besonders enges Verhältnis des Benutzers zum Staat.

[25] Vgl. dazu BGH, NJW 1988, 2667.

Ergebnis

Da kein vertragliches oder gesetzliches Schuldverhältnis begründet worden ist, sondern lediglich eine tatsächliche Nutzung des Spielplatzes vorlag, scheidet ein Anspruch aus § 280 I BGB aus.

hemmer-Methode: Die Prüfung des § 280 I BGB stellt nicht den Schwerpunkt der Arbeit dar. Dennoch war es geschickt, mit diesem Gesichtspunkt wenigstens in knapper Form zu beginnen:
Vertragliche oder vertragsähnliche Ansprüche sind grundsätzlich vor anderen in Betracht kommenden Anspruchsgrundlagen zu prüfen (z.B. Problem Haftungsmaßstab: vertragliche Haftungsmilderungen können auf deliktische Ansprüche ausstrahlen). Daneben ist es auf diese Weise möglich, sich von dem „normalen" Bearbeiter einer Klausur positiv abzuheben, indem man zusätzliche Problemkreise anspricht. Breite Ausführungen waren hier aber nicht gefragt.
Wer hier das Problem des § 280 I BGB gesehen hat, muss dann aber auch die §§ 89, 31 BGB zitieren! Diese sind als Zurechnungsnormen unbedingt erforderlich.

II. Anspruch aus § 839 I BGB i.V.m. Art. 34 GG

Die Stadt München könnte möglicherweise gemäß § 839 I BGB i.V.m. Art. 34 GG auf Schadensersatz haften.

Hier konstituiert § 839 BGB eine Haftung des Beamten, die nach Art. 34 GG auf den Staat übergeht.

hemmer-Methode: Art. 34 GG stellt damit einen gesetzlich geregelten Fall der befreienden Schuldübernahme und keine eigene Anspruchsgrundlage dar. Deshalb ist es wichtig, dass Sie § 839 BGB und Art. 34 GG zusammen zitieren, wenn nach einem Anspruch gegen den Staat gefragt ist.
§ 839 BGB spielt in einer zivilrechtlichen Klausur nur selten eine Rolle. Von großer Bedeutung ist er allerdings im Öffentlichen Recht für die Frage der Staatshaftung, sodass Sie die wesentlichen Probleme kennen müssen.

Voraussetzung dafür ist jedoch, dass ein hoheitliches Handeln der Gemeinde vorliegt, gleichgültig, ob ein Beamter im staatsrechtlichen Sinn oder ein sonstiger Bediensteter tätig geworden ist.

Bei dem Betreiben des Spielplatzes scheidet aber ein hoheitliches Handeln grundsätzlich aus. Begründet wird dies damit, dass die von einem Gegenstand, hier dem Spielplatz, ausgehende Gefährdung Dritter haftungsrechtlich nicht anders behandelt werden kann, als wenn dieser Gegenstand anstelle eines Privaten einem Hoheitsträger zuzurechnen ist.[26]

Von einem hoheitlichen Handeln könnte deshalb hier nur dann die Rede sein, wenn die Stadt München die Benutzung des Spielplatzes in einer Satzung ausdrücklich öffentlich-rechtlich ausgestaltet hätte.

Ergebnis

Da dies hier aber nicht der Fall ist, besteht keine Haftung aus § 839 BGB i.V.m. Art. 34 GG.

hemmer-Methode: Auch wenn diese Anspruchsgrundlage sicherlich nicht der Schwerpunkt des Falles war, ist es dennoch ratsam, Problemkreise aufzuzeigen, die andere nicht behandeln.

---

[26] Vgl. Hemmer/Wüst, Deliktsrecht II, Rn. 266.

Ein "Verdrängen" von möglichen Anspruchsgrundlagen erleichtert zwar die Arbeit, schadet aber bei der Benotung. Wegzulassen sind nur völlig außer Frage stehende Anspruchsgrundlagen. Dies ist aber bei § 839 BGB i.V.m. Art. 34 GG nicht der Fall.

III. Anspruch aus § 823 I BGB i.V.m. §§ 31, 89 BGB

B könnte ein Schadensersatzanspruch gem. § 823 I BGB i.V.m. §§ 31, 89 BGB zustehen.

Die Gemeinde als Gebietskörperschaft ist nach § 89 I BGB i.V.m. § 31 BGB für den Schaden verantwortlich, der durch zum Schadensersatz verpflichtende Handlungen ihrer verfassungsmäßigen Vertreter verursacht worden ist.

Dabei sind die Voraussetzungen und Grundlagen der Haftung über § 89 BGB die gleichen wie in § 31 BGB.

hemmer-Methode: Verfassungsmäßig berufener Vertreter i.S.d. § 31 BGB ist jeder, dem durch die Betriebsregelung wesentliche Funktionen der juristischen Person zur selbstständigen, eigenverantwortlichen Erfüllung zugewiesen sind. Verschulden des einfachen Angestellten kann damit nicht über § 31 BGB, sondern nur über § 278 BGB zugerechnet werden. Eine Konkurrenz von § 278 BGB und § 31 BGB besteht aber bei Handlungen des gesetzlichen Vertreters. Die h.M. nimmt hier einen Vorrang der Zurechnung nach § 31 BGB gegenüber § 278 BGB an. Ein wesentlicher Unterschied zwischen beiden Zurechnungsnormen besteht darin, dass § 278 BGB eine schuldrechtliche Sonderbeziehung voraussetzt, während dies bei § 31 BGB nicht erforderlich ist. Auswirkungen hat dies insbesondere im Bereich der deliktischen Haftung. Während eine juristische Person deliktische Schädigungen eines Organs nach §§ 823, 31 BGB als eigene Schädigungen zu vertreten hat, muss sie für Schädigungen eines „einfachen" Angestellten nur unter den Voraussetzungen des § 831 BGB einstehen.
Die Unterscheidung zwischen § 31 BGB und § 278 BGB kann außerdem unter dem Gesichtspunkt der vertraglichen Haftungsprivilegierung von entscheidender Bedeutung sein. Während es sich bei § 31 BGB um Haftung für eigenes Verschulden handelt und damit eine Haftung der juristischen Person bei vorsätzlichem Handeln des Organs nicht ausgeschlossen werden kann (vgl. § 276 III BGB), handelt es sich bei der Zurechnung nach § 278 BGB um die Zurechnung fremden Verschuldens.
Hier ist ein Ausschluss der Haftung bei vorsätzlichem Handeln des Erfüllungsgehilfen (zumindest theoretisch) möglich (vgl. § 278 S. 2 BGB).

Da es hier um Handeln im privaten Rechtsverkehr geht, ist § 89 BGB i.V.m. § 31 BGB auch einschlägig.

Die Haftung der Gemeinden für Verletzungen von Kindern auf Spielplätzen richtet sich nach bürgerlichem Recht (vgl. oben).

1. Eine Rechtsgutsverletzung liegt vor.

Beim Sturz von dem Rutschenpodest hat sich B eine schwere Kopfverletzung zugezogen. Dies ist ein Eingriff in die körperliche Unversehrtheit und damit eine Körper- und Gesundheitsverletzung.

hemmer-Methode: Eine genaue Differenzierung zwischen Körper- und Gesundheitsverletzung braucht nicht vorgenommen zu werden. Dies wird auch in Kommentaren nicht getan, vgl. dazu nur Grüneberg § 823 BGB, Rn. 3 f.
Da dieser Prüfungspunkt keine Probleme enthält, konnte auch vom sonst unbedingt zu beachtenden Gutachtenstil zum Urteilsstil übergewechselt werden.

Vergeuden Sie Ihre Zeit nicht damit, Problemloses zu breit auszutreten. Sie laufen ansonsten Gefahr, bei den wesentlichen Problemen der Klausur in Zeitnot zu geraten.

2. Fraglich ist, worin die Verletzungshandlung der Stadt M gesehen werden kann.

In Betracht kommen hier sowohl positives Tun als auch das Unterlassen von Sicherungsmaßnahmen. Auf welches von beiden letztlich abzustellen ist, bestimmt sich dann nach dem Schwerpunkt der Vorwerfbarkeit.

a) Als relevantes Tun kommt hier das Betreiben des Spielplatzes in Betracht, also das Aufstellen der (mangelhaften) Spielgeräte und das Ermöglichen des Zugangs zu diesen.

b) Als relevantes Unterlassen ist an das Nichtbeseitigen des nicht geeigneten Bodenbelags anzuknüpfen.

Der Schwerpunkt des vorwerfbaren Verhaltens liegt hier wohl in dem Unterlassen der Sicherungsmaßnahmen.

Der Vorwurf der Untätigkeit führt aber nur dann zur Haftung wegen der Nichtabwendung des Erfolges, wenn eine Rechtspflicht zum Handeln besteht. Eine allgemeine Pflicht, andere durch positives Tun vor Schaden zu bewahren, gibt es allerdings nicht. Eine derartige Pflicht wäre uferlos und praktisch nicht durchsetzbar. In bestimmten Situationen kann aber eine Pflicht zur Gefahrenabwehr bestehen. Solche Gefahrabwendungspflichten sind z.B. durch die sog. Verkehrssicherungspflichten anerkannt und konkretisiert worden.

Die Stadt M, bzw. nach §§ 89, 31 BGB ihre Organe, müsste also eine ihr obliegende Verkehrssicherungspflicht verletzt haben.

Dabei gilt, dass derjenige, der Gefahren schafft und einen Verkehr eröffnet, auch die notwendigen Vorkehrungen zur Sicherheit Dritter zu treffen hat. Damit musste M Sicherungsmaßnahmen ergreifen, die der Verkehr für diesen Gefahrenkreis für erforderlich hält. Dabei ergeben sich Inhalt und Umfang der Verkehrssicherungspflichten aus der Notwendigkeit, den Spielplatz möglichst gefahrlos zu halten. Damit war die Stadt M verpflichtet, alles Mögliche und Zumutbare zu tun, um evtl. eintretende Verletzungen zu verhindern. Zu berücksichtigen ist dabei auch das Alter der Kinder, die als Benutzer des Spielplatzes in Frage kommen.

Da hier auch kleinere Kinder die Rutsche benutzen und bei diesen ein sicherer Halt auf dem Rutschenpodest nicht immer gewährleistet ist, musste der Boden unter diesem Spielgerät eine aufprallhemmende Eigenschaft aufweisen.

Gerade bei kleineren Kindern kann Übermut, Neugier oder Unerfahrenheit zu einem gefahrvollen Fehlverhalten führen. Aber auch sonst sind Stürze von einem solchen Spielgerät infolge einer unglücklichen Bewegung, einer Gleichgewichtsstörung oder aber durch Einwirkung anderer Kinder nicht auszuschließen.

Insoweit sind an Spielgeräte eines öffentlichen Spielplatzes besonders strenge Anforderungen zu stellen. Eltern und Kinder müssen darauf vertrauen können, dass insbesondere so schwere Verletzungen wie hier vermieden werden.

Das heißt allerdings nicht, dass die Spielgeräte frei von allen Risiken sein müssen. Es geht nur um überschaubare und kalkulierbare Risiken. Dazu zählt aber die Beschaffenheit des Bodens unter einem Spielgerät von 1,70 m Höhe.

Als Beurteilungskriterium können hier auch die maßgeblichen DIN-Normen herangezogen werden, obwohl es sich dabei nur um private Verlautbarungen eines Vereins handelt.

Diese geben wieder, was nach dem Urteil von Fachleuten dem Stand der Technik entspricht.

Die Verkehrssicherungspflichten könnten aber eingeschränkt sein, weil die Stadt M nicht mit der Benutzung der Rutsche durch Kleinkinder rechnete. Dies ist aber jedenfalls dann nicht der Fall, wenn die Stadt die Spielgeräte nicht nur für Kinder ab einem bestimmten Alter freigeben hat. Eine Beschränkung auf ein Mindestalter war hier nicht verfügt, sondern der Spielplatz generell für Kinder bis zum Alter von zwölf Jahren freigegeben. Eine nach außen nicht erkennbare Erwartung der M, der Spielplatz würde erst von Kindern ab drei Jahren benutzt, beschränkt ihre Verkehrssicherungspflicht nicht.[27]

Somit liegt eine objektive Verletzung einer Verkehrssicherungspflicht vor.[28]

Das Unterlassen der erforderlichen Sicherheitsmaßnahmen stellt damit eine tatbestandsmäßige Handlung i.S.d. § 823 I BGB dar.

3. Weiter müsste die haftungsbegründende Kausalität vorgelegen haben, d.h. die Verletzungshandlung müsste für das Eintreten des Verletzungserfolgs adäquat kausal gewesen sein.

Hier ist das Verhalten der M nicht hinwegdenkbar, ohne dass der Erfolg entfiele (sog. conditio sine qua non-Formel). Es liegt auch nicht außerhalb jeder Wahrscheinlichkeit (Adäquanztheorie), dass ein Kleinkind auf einem mangelhaft betriebenen Spielplatz zu Schaden kommt.

hemmer-Methode: Ein Eingehen auf den Schutzzweck der Norm als weiteres Korrektiv der conditio sine qua non - Klausel neben der Adäquanz war hier nicht erforderlich, da der Fall insoweit unproblematisch war. Also dort knapp bleiben, wo keine Probleme angesiedelt sind! Ein schematisches „Herunterbeten“ der möglichen Prüfungspunkte verärgert den Korrektor. Erfahrungsgemäß wird die Klausur im vorderen Teil auch zu breit, was dann wegen Zeitnot dazu führt, dass oftmals ganze Teile der Arbeit nicht oder nur stichpunktartig behandelt werden. Es war hier sogar vertretbar, zum Problem der haftungsbegründenden Kausalität nur einen Satz zu schreiben, etwa: „Die Verletzungshandlung war für die Rechtsgutverletzung auch kausal.“

4. Die Verletzung des B müsste des Weiteren auch rechtswidrig gewesen sein.

Nach der Theorie vom Erfolgsunrecht indiziert die Tatbestandsverwirklichung die Rechtswidrigkeit. Die Rechtswidrigkeit fehlt also nur ausnahmsweise dann, wenn ein Rechtfertigungsgrund vorliegt, wofür allerdings der Schädiger die Beweislast trägt.

Anders dagegen die Lehre vom Handlungsunrecht.

Sie knüpft das Rechtswidrigkeitsurteil nicht an den tatbestandsmäßigen Erfolg, sondern an die zu diesem Erfolg führende Handlung an. Diese ist bei nicht vorsätzlichem Handeln nur dann rechtswidrig, wenn sie gegen eine spezielle Verhaltensregel oder gegen die allgemeinen Verkehrssicherungspflichten verstößt.

---

[27] BGH, NJW 88, 2667.

[28] Zu den Verkehrssicherungspflichten des Betreibers einer Freizeitanlage mit Sportgeräten vgl. BGH, Life&LAW 2008, 594 ff. Hier hat der BGH klargestellt, dass die fachgerechte Ausgestaltung der Anlagen nicht genügt. Vielmehr besteht auch die Pflicht, auf drohende, intensive Gesundheitsbeeinträchtigungen hinzuweisen (hier: Querschnittslähmung bei Trampolinnutzung).

Vermittelnde Ansichten differenzieren nach Art der Verursachung der Rechtsgutverletzung, bei unmittelbaren Verletzungen soll wie bei der Lehre vom Erfolgsunrecht die Rechtswidrigkeit indiziert sein, während sie bei nur mittelbaren Verletzungen positiv festgestellt werden muss.[29]

hemmer-Methode: In der Regel wird dieser Theorienstreit in der Klausur ohne große Bedeutung sein, da Sie meist nach allen vertretenen Ansichten zum selben Ergebnis kommen. Stellen Sie deshalb den Streit - soweit genügend Zeit besteht - nur kurz dar!
Führen Sie eine Scheindiskussion, deren Ergebnis Sie dann offen lassen.

Ähnlich wie bei diesen mittelbaren Verletzungen wird auch bei Rechtsgutverletzungen durch Unterlassen von der h.M. eine positive Feststellung der Rechtswidrigkeit erfordert.[30] Ein Unterlassen ist demnach nur rechtswidrig, wenn der Schädiger gegen eine Rechtspflicht zum Handeln verstoßen hat, insbesondere wenn er eine Verkehrssicherungspflicht verletzt hat.

Da hier die M objektiv eine Verkehrssicherungspflicht verletzt hat, ist demnach die Rechtswidrigkeit zu bejahen.

hemmer-Methode: Die Verletzung einer Verkehrssicherungspflicht ist also nach h.M. sowohl Voraussetzung dafür, dass ein Unterlassen eine tatbestandsmäßige Handlung i.S.d. § 823 I BGB darstellt, als auch für die Rechtswidrigkeit des Unterlassens. Diese doppelte Prüfung der Verkehrssicherungspflicht wird z.T. als überflüssig kritisiert.

Nach der überzeugenden Ansicht von Medicus[31] haben die Verkehrssicherungspflichten sowohl beim Unterlassen als auch bei mittelbaren Rechtsgutverletzungen die Funktion, die Zurechenbarkeit des Verletzungserfolgs zu einer bestimmten Person zu ermöglichen. Dieser zurechenbare Erfolg indiziert dann auch bei nur mittelbaren Verletzungen oder im Fall des Unterlassens die Rechtswidrigkeit.
In der Klausur erfolgt die Prüfung aber jedenfalls nur einmal ausführlich; im Übrigen kann dann auf die bereits getätigten Ausführungen verwiesen werden.

5. Weiter müsste M ein Verschulden treffen, § 276 BGB.

Dazu müsste sie gem. § 276 I BGB gegen die im Verkehr erforderliche Sorgfalt verstoßen haben. Maßstab des gem. § 276 I BGB im Verkehr Erforderlichen können auch die Verkehrssicherungspflichten sein.

hemmer-Methode: Der Begriff der Fahrlässigkeit, also die Verletzung der im Verkehr erforderlichen Sorgfalt, ist weitestgehend deckungsgleich mit der Verletzung einer Verkehrssicherungspflicht.
Die Prüfung des Verschuldens erscheint deshalb auf den ersten Blick überflüssig, wenn man bereits zuvor auf Tatbestands- oder Rechtfertigungsebene die Verletzung einer Verkehrssicherungspflicht festgestellt hat. Der wesentliche Unterschied zwischen dieser objektiven Verletzung einer Verkehrssicherungspflicht und dem Verschulden besteht aber darin, dass erst auf der Verschuldensebene gefragt wird, aus welchen subjektiven Gründen die Verkehrssicherungspflicht objektiv nicht erfüllt wurde.

29 Vgl. hierzu Hemmer/Wüst, Deliktsrecht I, Rn. 80 ff.

30 Vgl. m.w.N. Hemmer/Wüst, Deliktsrecht I, Rn. 86.

31 Vgl. Medicus, BR, Rn. 646 f.

I.R.d. Fahrlässigkeit müssen Sie also prüfen, inwieweit dem Schädiger die objektive Verletzung einer Verkehrssicherungspflicht subjektiv vorgeworfen werden kann. Liegen hier keine besonderen Umstände vor, indiziert die Verletzung der Verkehrssicherungspflicht das Verschulden.
Die Verkehrssicherungspflichten tauchen damit in der Prüfung des § 823 I BGB an drei Stellen auf:
Ihre Verletzung ist bei einem Unterlassen sowie bei nur mittelbaren Rechtsgutsverletzungen Voraussetzung dafür, dass die Verletzung der Handlung zugerechnet werden kann.
Nach wohl h.M. müssen die Verkehrssicherungspflichten in diesen Fällen darüber hinaus auch zur Begründung der Rechtswidrigkeit herangezogen werden. Letztlich spielen Sie eine Rolle auf der Verschuldensebene, da die objektive Verletzung der Verkehrssicherungspflichten regelmäßig den Fahrlässigkeitsvorwurf indiziert.

Eine objektive Verletzung der Verkehrssicherungspflichten durch M wurde bereits oben festgestellt.

Da hier keine besonderen Umstände ersichtlich sind, ist diese objektive Verletzung der M auch subjektiv vorwerfbar.

Damit handelte die Stadt M zumindest leicht fahrlässig, Verschulden i.S.d. §§ 276, 89, 31 BGB ist somit gegeben.

hemmer-Methode: Die Frage des Mitverschuldens ist richtigerweise an dieser Stelle noch nicht zu prüfen. Da sich aufgrund des Mitverschuldens eine Anspruchskürzung ergibt, ist das Mitverschulden erst beim Anspruchsumfang zu prüfen.
Die richtige Einordnung der Probleme in die Klausurlösung ist mindestens genauso wichtig wie das fachliche Wissen.
Allein mit Wissen werden Sie keine gute Examensklausur schreiben können. Ein wesentlicher Schwerpunkt unserer Haupt- und Klausurenkurse ist es von daher, Ihnen das nötige Rüstzeug für eine gute Klausurlösung - ein schlüssiger Aufbau und eine knappe verständliche Sprache - mit auf den Weg zu geben.

6. B ist auch ein Schaden entstanden.

Fraglich ist allerdings, wie es sich auswirkt, dass die ärztlichen Behandlungskosten von der Mutter des B übernommen wurden.

Es könnten die Grundsätze des Vorteilsausgleichs eingreifen, mit der Folge, dass der Schaden entfiele.

Dies gilt allerdings dann nicht, wenn der Schädiger dadurch unbillig entlastet würde. Dies ist letztlich eine Wertungsfrage.

Sollte es sich hier um eine freiwillige Zuwendung der Mutter des B handeln, so liegt keine Zahlung i.S.d. § 267 BGB vor.

Die Mutter wollte nicht eine fremde Schuld tilgen, sondern ihr Kind unterstützen, wozu sie gem. §§ 1601 ff. BGB auch verpflichtet war. Außerdem greift hier § 843 IV BGB ein. Diese Vorschrift ist Ausdruck des allgemeinen Rechtsgedankens, dass auf den Schaden keine Leistungen anzurechnen sind, die nach ihrer Natur dem Schädiger nicht zugute kommen sollen. § 843 IV BGB bezieht sich auch auf die Heilungskosten.

Damit bleiben die Leistungen der Mutter unberücksichtigt.

hemmer-Methode: Die Vorteilsausgleichung ist ein beliebtes Problem in Klausuren, weil sie sich leicht in einen Sachverhalt einbauen lässt und weil der Bearbeiter hier seine Fähigkeit zu juristischer Wertung und Argumentation unter Beweis stellen kann.

Eine Vorteilsausgleichung findet nämlich nur dann statt, wenn

1. ein und dasselbe Ereignis für den Geschädigten sowohl Nachteile als auch Vorteile mit sich bringt,

2. zwischen Vorteil und dem Schadensereignis ein adäquat kausaler Zusammenhang besteht und

3. eine Anrechnung dem Zweck des Schadensersatzes entspricht und nicht zu einer unbilligen Entlastung des Schädigers führt.

Zahlt die Mutter - wie hier - die Arztkosten für ihr Kind, lässt sich § 843 IV BGB entnehmen, dass diese Zahlung dem Schädiger nicht zugute kommen soll, eine Anrechnung dieses Vorteils würde ihn unbillig entlasten. Das verletzte Kind muss sich aber die infolge eines Krankenhausaufenthalts ersparten Unterhaltsleistungen der Eltern anrechnen lassen. Letztlich sind nämlich die Eltern die tatsächlich wirtschaftlich Geschädigten, sodass auch nach ihrem Vorteil zu fragen ist.[32]

Die Tatsache, dass letztlich die Eltern die eigentlich Geschädigten sind, führt zu einer weiteren klausurrelevanten Frage: Können die Eltern, die die Arztkosten gezahlt haben, beim Schädiger dafür Regress nehmen?

Letztlich ist diese Frage zu verneinen. Ein Anspruch aus § 426 I BGB scheitert daran, dass die Eltern und der Schädiger keine Gesamtschuldner sind.

§ 843 IV BGB führt ja gerade dazu, dass die Zahlung durch die Eltern dem Schädiger nicht zugute kommt, es fehlt also an der für die Gesamtschuld charakteristischen wechselseitigen Tilgungswirkung, § 422 I S. 1 BGB. Auch ein Anspruch aus GoA gemäß §§ 677, 683, 670 BGB scheitert an der Wertung des § 843 IV BGB. Ein Geschäft des Schädigers läge nämlich nur dann vor, wenn er durch die Zahlung der Eltern gegenüber dem Geschädigten frei würde.

Aus dem gleichen Grund besteht auch kein Anspruch aus Rückgriffskondiktion nach § 812 I S. 1 Alt. 2 BGB.

Der Schädiger hat aufgrund § 843 IV BGB durch die Zahlung der Eltern keine Befreiung von einer Verbindlichkeit erlangt.

Die Eltern haben also keine direkte Regressmöglichkeit gegen den Schädiger. Das Kind muss deshalb den Anspruch gegen die Stadt M aufgrund einer entsprechenden Anwendung des § 255 BGB (nach a.A. § 242 BGB) an die Mutter, die die Behandlungskosten ersetzt hat, abtreten.

7. Die haftungsausfüllende Kausalität liegt vor.

8. Der Umfang des Schadensersatzes richtet sich grundsätzlich nach §§ 249 ff. BGB. Zu beachten sind aber die besonderen Vorschriften des Rechts der unerlaubten Handlung, insbesondere § 842 BGB.

Fraglich ist, ob ein anspruchsminderndes Mitverschulden gem. § 254 BGB vorliegt.

a) Zunächst kommt ein mitwirkendes Verschulden des B selbst in Betracht. Dabei geht es um die Frage der Zurechnung eigenen Fehlverhaltens. Da hier aber ein Anknüpfungspunkt für ein Fehlverhalten fehlt, scheidet ein eigenes Mitverschulden des B schon deshalb aus.

hemmer-Methode: Dies gilt unbeachtlich der Frage, ob auch für das Mitverschulden eigene Verschuldens- und Deliktsfähigkeit Voraussetzung ist. Deshalb konnte die Diskussion um diesen Punkt hier knapp gehalten werden. Es war aber auch vertretbar, schon hier auf die generelle Problematik der Zurechenbarkeit eigenen Fehlverhaltens einzugehen.

---

[32] Vgl. Medicus, BR, Rn. 861.

Eleganter wirkt es aber, auf Probleme erst an der Stelle in der Klausurlösung vertieft einzugehen, an der sie sich tatsächlich auf das Ergebnis auswirken können.

b) In Betracht kommt aber ein Mitverschulden des A:

aa) Dabei könnte eine Zurechnung des Mitverschuldens des A an der Schadensentstehung gem. §§ 254 I, II S. 2, 278 BGB in Betracht kommen.

§ 254 II S. 2 BGB ist entgegen seiner Stellung als „dritter Absatz“ des § 254 BGB zu lesen, kommt also auch zur Anwendung, wenn es um ein Mitverschulden bei der Schadensentstehung gem. § 254 I BGB geht.

Dabei handelt es sich bei der Verweisung auf § 278 BGB nach h.M. um eine Rechtsgrundverweisung.

Voraussetzung für die Anwendung des § 278 BGB ist daher, dass zwischen den Parteien, hier B und M, eine vertragliche Beziehung oder eine sonstige rechtliche Sonderverbindung (schuldrechtsähnliche Beziehung) besteht. Ist eine solche nicht gegeben, so ist nicht § 278 BGB, sondern § 831 BGB, evtl. auch § 31 BGB entsprechend anzuwenden.

hemmer-Methode: Merken Sie sich also zu § 254 II S. 2 BGB:
§ 254 II S. 2 BGB ist in zweifacher Hinsicht zu modifizieren.
Einmal ist er als selbstständiger dritter Absatz zu lesen, zum anderen ist die Verweisung auf § 278 BGB nicht abschließend, sondern es kommen auch §§ 831, 31 BGB in Betracht. Bedeutung hat diese zweite Modifikation insbesondere i.R.d. deliktischen Haftung. Eine Zurechnung Dritter über § 254 II S. 2 BGB wird hier regelmäßig an der fehlenden schuldrechtlichen Sonderverbindung scheitern.

Hier kommt allenfalls eine Sonderverbindung bei Schadenseintritt aufgrund eines Benutzerverhältnisses in Betracht (dazu auch schon oben i.R.d. § 280 I BGB). Allerdings ist das Aufstellen des Schildes kein Umstand, der geeignet wäre, über die allgemeine deliktische Haftung hinausgehende besondere schuldrechtliche oder schuldrechtsähnliche Beziehungen zwischen M und B entstehen zu lassen.

hemmer-Methode: Anders ist die Rechtslage, wenn zwischen Eltern und Schädiger ein Vertrag oder ein vorvertragliches Schuldverhältnis besteht, in dessen Schutzbereich das geschädigte Kind nach den Grundsätzen des Vertrags mit Schutzwirkung zugunsten Dritter einbezogen wurde. Typischerweise Drittschutz zugunsten des Kindes entfalten z.B. Mietverträge zwischen den Eltern einerseits und dem Vermieter andererseits. Hier muss sich das Kind ein Mitverschulden seiner Eltern als gesetzliche Vertreter nach §§ 254 II S. 2, 278 BGB jedenfalls i.R.d. vertraglichen Anspruchs zurechnen lassen.

Wer die Vorteile des Vertrags mit Schutzwirkung hat, muss auch die Nachteile in Kauf nehmen.
Fraglich ist dann aber, ob das Mitverschulden der Eltern auch im Rahmen eines deliktischen Anspruchs des Kindes nach §§ 254 II S. 2, 278 BGB zuzurechnen ist. Der BGH bejaht dies, indem er den Vertrag mit Schutzwirkung auch hier als schuldrechtliche Sonderverbindung heranzieht. Dagegen spricht aber, dass das geschädigte Kind somit bei Vorliegen eines Vertrages mit Schutzwirkung schlechter stehen würde, als ohne eine solche vertragliche Beziehung. Es ist aber gerade Aufgabe des Vertrags mit Schutzwirkung, die Stellung des Einbezogenen zu verbessern, nicht sie zu verschlechtern.

Deshalb kann das Mitverschulden der Eltern im Rahmen eines deliktischen Anspruchs auch dann nicht zugerechnet werden, wenn zwischen den Eltern und dem Schädiger ein Vertrag mit Schutzwirkung zugunsten des Kindes bestand.

bb) Fraglich ist noch, ob nicht die Zurechnung eines Mitverschuldens des A bei der Schadensminderung in Frage kommt, §§ 254 II S. 2, 278 BGB:

Dazu muss die unerlaubte Handlung des Schädigers, hier der M, die Schadensentwicklung schon auf den Weg gebracht haben.[33] Nur dann besteht zwischen Schädiger und Geschädigtem ein (gesetzliches) Schuldverhältnis, innerhalb dessen eine Zurechnung des Verschuldens des Erfüllungsgehilfen möglich ist.

Damit scheidet § 254 II S. 2 BGB schon aus diesem Grund aus.

Eine Anspruchsminderung gem. § 254 BGB greift nicht ein.

9. Fraglich ist weiter, ob nicht eine Anspruchskürzung über die Grundsätze des gestörten Gesamtschuldnerausgleichs möglich ist.

a) Hier hat A durch seine Unachtsamkeit die Körperverletzung mitverursacht. Grundsätzlich könnte er deshalb dem B aus §§ 823 I, 823 II BGB i.V.m. § 229 StGB sowie aus § 1664 BGB ersatzpflichtig sein.

hemmer-Methode: Bei § 1664 BGB handelt es sich nach h.M. entgegen seinem Wortlaut nicht nur um eine Haftungsprivilegierung, sondern auch um eine selbstständige Anspruchsgrundlage.[34] Bedeutung hat dies insbesondere im Bereich der Vermögenssorge, vgl. § 1626 I S. 2 Alt. 2 BGB.

Schließen die Eltern als gesetzliche Vertreter des Kindes (vgl. § 1629 BGB) einen unvorteilhaften Vertrag, so scheiden deliktische Ansprüche regelmäßig aus, da es für § 823 I BGB an der Verletzung eines absoluten Rechtsguts, für § 823 II BGB i.V.m. § 266 StGB, § 826 BGB meist an der Schädigungsabsicht fehlt. Es verbleibt dem Kind somit nur ein Anspruch aus § 1664 BGB!

A und M wären damit gemäß § 840 BGB Gesamtschuldner, sodass M im Innenverhältnis von A gemäß § 426 I BGB Regress verlangen könnte. Bei Vorliegen einer „normalen" Gesamtschuld ergibt sich demnach keine Auswirkung für die Haftung im Außenverhältnis zum Geschädigten.

hemmer-Methode: Beachten Sie, dass sich der Ausgleich zwischen mehreren Gesamtschuldnern nach § 426 I BGB richtet.
§ 426 II BGB hat daneben nur die Bedeutung, diesen Ausgleichsanspruch dadurch zu sichern, dass mit der Forderung des Gläubigers gemäß §§ 412, 401 BGB auch eventuell bestehende Sicherheiten mit übergehen. Die Forderung des Gläubigers gegen die übrigen Gesamtschuldner geht deshalb auf den zahlenden Gesamtschuldner nur in der Höhe über, in der er nach § 426 I BGB Ausgleich verlangen kann.

b) Für die Haftung des A kommt jedoch der Haftungsmaßstab des § 1664 BGB in Betracht.

Danach haben die Eltern bei der Ausübung der elterlichen Sorge nur für die Sorgfalt einzustehen, die sie in eigenen Angelegenheiten anzuwenden pflegen.

---

[33] BGHZ 5, 378 ff.

[34] Grüneberg, § 1664 BGB, Rn. 1.

Damit ist ihre Sorgfaltspflicht im Vergleich zu den Schädigern, die nach § 276 BGB haften, wegen der familienrechtlichen Verbundenheit zu dem Geschädigten (Familiengemeinschaft ist Haftungsgemeinschaft) eingeschränkt, vgl. § 277 BGB.

aa) Der Haftungsmaßstab der §§ 1664, 277 BGB könnte aber schon deshalb ausscheiden, weil A für B nicht sorgeberechtigt ist.

Allerdings ist § 1664 BGB jedenfalls dann analog anzuwenden, wenn der nicht sorgeberechtigte Elternteil im Rahmen seines Umgangsrechts (vgl. § 1684 BGB) faktisch Personensorge für sein Kind ausübt.

Ein Grund, ihn in dieser Zeit schlechter zu stellen als den sorgeberechtigten Elternteil, ist nicht ersichtlich.[35]

bb) § 1664 BGB scheidet auch nicht deshalb aus, weil es (auch) um deliktische Verhaltenspflichten geht (Schutz der Gesundheit des Kindes).

Wollte man dies nicht bejahen, würde dies auf eine unzulässige Einschränkung des § 1664 BGB hinauslaufen, die mit dem Wortlaut dieser Vorschrift nicht vereinbar wäre. Zudem sind gesetzliche Haftungserleichterungen i.d.R. auf eine umfassende Wirkung angelegt und nicht auf bestimmte Anspruchsgrundlagen begrenzt.

hemmer-Methode: Hier war auch eine andere Ansicht vertretbar. Begründet wird diese z.T. damit, dass § 1664 BGB eine Sonderbestimmung ist, die die besondere Abhängigkeit des Kindes gegenüber den Eltern außer Acht lässt, sodass eine restriktive Auslegung und Beschränkung auf die Anspruchsgrundlage des § 1664 BGB geboten ist.[36]

Schon aus klausurtaktischen Gründen empfiehlt es sich hier aber, das Haftungsprivileg des § 1664 BGB auch auf deliktische Ansprüche zu erstrecken, da andernfalls das Problem der gestörten Gesamtschuld entfällt.

Ihre Lösung wäre dann zwar juristisch vertretbar, sie hätten aber dennoch leichtfertig die Möglichkeit verspielt, weitere „Punkte zu sammeln"! Merken Sie sich aber, dass § 1664 BGB nicht für die Aufsichtspflichten nach § 832 BGB und nach h.M. auch nicht für Schädigungen im Straßenverkehr gilt, da hier für die Anwendung eines eigenverantwortlichen Sorgfaltsmaßstabs kein Raum ist.

Zwischenergebnis

Da A eine grob fahrlässige Verhaltensweise nicht vorgeworfen werden kann, greift für ihn die Haftungserleichterung des § 1664 BGB ein.

A ist damit nicht neben M Gesamtschuldner.

Die Haftungsbeschränkung des § 1664 BGB geht somit scheinbar zu Lasten der M, die bei A keinen Rückgriff gem. § 426 I BGB nehmen kann. Dies erscheint aber unbillig, da somit unberücksichtigt bleibt, dass A den Schaden mitverursacht hat.

hemmer-Methode: Beachten Sie aber, dass §§ 1664, 277 BGB keinesfalls eine grundsätzliche Beschränkung der Haftung auf grobe Fahrlässigkeit darstellen. § 277 BGB stellt vielmehr in Abweichung von § 276 BGB einen subjektiven Verschuldensmaßstab dar. Verschuldensmaßstab ist das gewohnheitsmäßige Verhalten und die Veranlagung des Handelnden. Verfährt der Handelnde in eigenen Angelegenheiten besonders sorgfältig, so haftet er auch i.R.d. § 277 BGB für die erforderliche Sorgfalt i.S.d. § 276 I S. 2 BGB.

---

[35] Grüneberg, § 1664 BGB, Rn. 2.

[36] So MüKo, § 1664 BGB, Rn. 2, 6.

c) Aus diesem Grund vertritt der BGH im Rahmen **vertraglicher** Haftungsbeschränkungen, der rechtlich verantwortliche Schädiger könne trotz der Haftungsbeschränkung beim Mitschädiger aufgrund eines fingierten Gesamtschuldverhältnisses Rückgriff nehmen. Begründet wird dies vom BGH damit, dass die vertragliche Haftungsbeschränkung regelmäßig keinen Vertrag zugunsten Dritter darstellt und deshalb dem Schädiger nicht zugute kommen soll.

Andererseits kann die Haftungsbeschränkung aber auch nicht zum Nachteil des Dritten wirken. Verträge zu Lasten Dritter sind dem Deutschen Recht unbekannt.

hemmer-Methode: Somit wirkt eine vertragliche Haftungsbeschränkung nur inter partes und nicht gegenüber einem außenstehenden Dritten, sodass dieser aufgrund des fingierten Gesamtschuldverhältnisses vom Mitschädiger Rückgriff nehmen kann.[37]
Wird der privilegierte Schädiger allerdings tatsächlich nach § 426 I BGB in Anspruch genommen, so steht ihm seinerseits aufgrund der vertraglichen Haftungsprivilegierung ein Ausgleichsanspruch gegen den Geschädigten zu. Andernfalls stünde er schlechter, als wenn er den Schaden allein verursacht hätte. Letztlich trägt damit der Geschädigte das Risiko der Haftungsprivilegierung.
Dieser Lösungsweg - Rückgriff des Schädigers beim privilegierten Mitschädiger und Rückgriff dann von diesem beim Geschädigten - erscheint umständlich und ist für den privilegierten Schädiger zudem riskant, da er nun das Insolvenzrisiko des Geschädigten trägt.

d) Vorliegend geht es jedoch nicht um eine vertragliche Privilegierung.

Die Literatur erachtet es generell für überzeugender, den Ersatzanspruch des Geschädigten um den Anteil des freigestellten Mitschädigers zu kürzen. Auch hier geht die Haftungsprivilegierung zu Lasten des Geschädigten. Diese Ansicht, die von der h.L. (und grds. auch vom BGH für gesetzliche Haftungsbeschränkungen vertreten wird,[38]) kommt also zum gleichen Ergebnis wie der BGH bei vertraglichen Privilegierungen, vermeidet aber den Umweg über einen doppelten Rückgriff und ist von daher überzeugender.

e) Auf den vorliegenden Fall übertragen bedeutet dies, dass B die M nur auf den Anteil des Schadens in Anspruch nehmen kann, mit dem diese im Innenverhältnis zu dem aufgrund § 1664 BGB freigestellten A belastet bliebe.

B muss sich m.a.W. seinen Anspruch in der Höhe kürzen lassen, in der M von A nach § 426 I BGB ohne die Haftungsprivilegierung Rückgriff nehmen könnte.

f) Nach Ansicht des BGH[39] ist eine solche Anspruchskürzung im Falle des § 1664 BGB aber nicht vorzunehmen:

In den Fällen des § 1664 BGB habe der Mitschädiger einen Schaden schon gar nicht zurechenbar gesetzt.

An der Zurechenbarkeit fehlt es, wenn und solange die Pflichtverletzung nicht über die eigenübliche Sorgfalt hinausgeht bzw. sich nicht als grobfahrlässig darstellt, § 277 BGB. Unterhalb dieser Schwelle besteht die Verantwortung des Elternteils für die Setzung eines Schadensbeitrags nicht.

Damit wächst der privilegierte Mitschädiger gar nicht in die Regelung des § 840 I BGB hinein. Es fehlt schon an den Grundlagen für ein Gesamtschuldverhältnis.

[37] BGH, NJW 1989, 2386, 2387 = **juris**byhemmer.

[38] Vgl. BGH, NJW 87, 2669 = **juris**byhemmer.

[39] NJW 88, 2668 = **juris**byhemmer.

Scheitert ein Ausgleich zwischen Mitschädigern bereits am Fehlen einer zurechenbaren Mitbeteiligung des Ausgleichsschuldners, so ist das Folge des Ausgleichssystems, die i.R.d. Deliktshaftung grundsätzlich allen Schädigern zugemutet wird.

Dieses Ergebnis stellt auch keine unbillige Sonderbelastung des Schädigers dar, da auch bei vergleichbaren Fällen wie z.B. der Deliktsunfähigkeit des Mitschädigers ein Ausgleich ausscheidet.

hemmer-Methode: Diese BGH-Begrifflichkeit verwirrt: Wegen des Haftungsausschlusses entsteht regelmäßig keine Gesamtschuld! Dies ist geradezu Voraussetzung für die Konstellation der gestörten Gesamtschuld. Gegen die Lösung des BGH spricht zudem, dass kein Grund besteht, zwischen den verschiedenen Arten der Haftungsprivilegierung zu differenzieren.
Für die Ansicht des BGH sprechen vor allem Wertungsgesichtspunkte. Nach der Lösung der h.M. würde das geschädigte Kind bei einem Verhalten seiner Eltern, das als leicht fahrlässig die Schwelle des § 277 BGB noch nicht erreicht hat, eine Kürzung seines Ersatzanspruchs hinnehmen müssen, bei grobem Verschulden seiner Eltern dagegen nicht. Außerdem entspricht die Lösung des BGH letztlich dem Gesetzestext: Wenn die Voraussetzungen für eine Kürzung gem. §§ 254 II S. 2, 278 BGB nicht vorliegen, besteht der Anspruch ungekürzt. Andernfalls würde der Tatbestand des § 278 BGB aus den Angeln gehoben.

10. Ergebnis

Es besteht ein voller Anspruch aus § 823 I BGB gegen die M.

hemmer-Methode: Hier war es durchaus möglich, eine Kürzung zu bejahen. Letztlich ist es eine „willkürliche" Differenzierung, die der BGH hier vornimmt. Wer also mit guter Begründung zu einem anderen Ergebnis gekommen ist und das Problem dargestellt hat, wird nicht schlechter beurteilt. Selbst wer die BGH-Entscheidung nicht kannte, aber wenigstens die Problematik aufgezeigt hat, konnte noch Punkte sammeln.

IV. Anspruch auch aus § 823 II BGB, § 229 StGB i.V.m. §§ 89, 31 BGB

Ebenfalls gestützt werden kann der Anspruch auf § 823 II BGB. Der Tatbestand der fahrlässigen Körperverletzung gem. § 229 StGB als Schutzgesetz ist verwirklicht worden.

hemmer-Methode: Keine Schutzgesetze i.S.d. § 823 II BGB stellen dagegen nach h.M. die allgemeinen Verkehrssicherungspflichten dar.
Andernfalls würde der Tatbestand des § 823 II BGB aufgrund der Weite der Verkehrssicherungspflichten zu einer deliktischen Generalklausel ausgedehnt und es käme, entgegen der gesetzgeberischen Absicht, zu einem umfassenden Vermögensschutz.
Allgemein gilt: Lernen Sie die Probleme nicht auswendig, sondern versuchen Sie die dahinterstehende Systematik zu durchschauen. Das Problem des gestörten Gesamtschuldverhältnisses stellt sich immer dann, wenn einer von mehreren Schädigern (vertraglich oder gesetzlich) privilegiert ist.
Denken Sie an die Problematik der gestörten Gesamtschuld auch in anderem Zusammenhang, sobald im Fall die Haftungsprivilegierung eines Mitschädigers nach §§ 690, 708, 1359, 1664, 2131 BGB auftaucht!

Teil 2:

A) Ansprüche des C gegen S

I. § 823 I BGB

1. Bei dem Unfall hat C eine Körperverletzung erlitten. Da S den C auch angefahren hat, lag auch eine Verletzungshandlung vor. Fraglich ist allerdings, ob diese Verletzungshandlung auch haftungsbegründend kausal für die Rechtsgutverletzung gewesen ist.

Laut Sachverhalt kann nicht festgestellt werden, ob die Verletzungsfolge auf dem Anfahren durch D oder S beruht. Fraglich ist, ob dies i.R.d. juristischen Kausalitätsprüfung entscheidend ist.

Jedenfalls war das Anfahren des S adäquat kausal, denn es liegt nicht außerhalb jeglicher Lebenserfahrung, dass der bei einem Unfall Verletzte auf die Straße geschleudert wird und dort von jemand anderem erneut erfasst wird.

Entscheidend ist daher, ob S das Dazwischentreten des D zugerechnet werden kann. Sollte dem so sein, könnte naturwissenschaftlich offen bleiben, wessen Anfahren die Verletzung herbeigeführt hat, weil das Anfahren durch S dann jedenfalls kausal im juristischen Sinne gewesen wäre.

Für die Frage der Zurechnung kommt es darauf an, ob ein neuer Kausalverlauf durch den Zweitschädiger in Gang gesetzt wird, oder ob sich eine Gefahr realisiert, die im Fehlverhalten des Erstschädigers bereits angelegt war. Von letzterem ist vorliegend auszugehen. Die Gefahr des Anfahrens wird erheblich dadurch erhöht, dass ein unkontrollierbares Geschehen in Gang gesetzt wird wie vorliegend durch das Anfahren durch S. Daher wird der Kausalverlauf vorliegend nicht durchbrochen.

hemmer-Methode: Wer hier die Kausalität mit der Begründung verneint, dass nicht festgestellt werden könne, von wem die Verletzung stammt, macht einen Denkfehler: Dadurch, dass S den C angefahren hat, hat er eine adäquat kausale Bedingung gesetzt, dass die Verletzung eingetreten ist. Auch ist ihm die Verletzung zuzurechnen. Die juristische Kausalitätsprüfung ist nicht identisch mit der Frage nach der naturwissenschaftlichen Verantwortlichkeit. Eine Haftung ist auch denkbar aufgrund einer wertenden Betrachtung. Dies nämlich dann, wenn dem Erstschädiger das Verhalten eines Zweitschädigers zugerechnet werden kann!

2. Fraglich ist aber das Verschulden des S: Dazu müsste er zumindest fahrlässig gehandelt haben.

Da der Sachverhalt nichts Näheres darüber aussagt, ist davon auszugehen, dass er die im Verkehr erforderliche Sorgfalt, also diejenige Sorgfalt, die nach dem Urteil gewissenhafter und besonnener Angehöriger des betreffenden Verkehrskreises von dem Handelnden zu verlangen ist, eingehalten hat.

3. Ergebnis

Ein Anspruch aus § 823 I BGB scheidet demnach aus. Von diesem Ausschluss erfasst ist damit zwingend auch ein Anspruch auf Schmerzensgeld auf Rechtsfolgenseite, § 253 II BGB.

II. § 823 II BGB i.V.m. § 229 StGB

§ 229 StGB stellt zwar ein Schutzgesetz i.S.d. § 823 II BGB dar, da dort nicht nur das Allgemeininteresse, sondern auch das Interesse Einzelner geschützt ist. Aber auch dieser Anspruch scheidet mangels Verschuldens des S aus.

III. § 7 I StVG i.V.m. § 11 StVG

Fraglich ist aber, ob nicht die Gefährdungshaftung des § 7 StVG eingreift.

hemmer-Methode: Die Gefährdungshaftung nach § 7 StVG ist unabhängig von Rechtswidrigkeit und Verschulden und von daher für den Geschädigten die „einfachere", da leichter zu beweisende Norm. Gerade in der Praxis wird sich von daher der Richter häufig mit der Erörterung des § 7 StVG begnügen und auf die §§ 823 ff. BGB, wenn überhaupt, nur am Rande eingehen.
Anders im studentischen Gutachten i.R.d. Ersten Staatsexamens. Hier ist Vollständigkeit gefragt, sodass Sie auch letztlich nicht einschlägige Anspruchsgrundlagen erörtern und deren Ablehnung begründen müssen.
Hinzu kommt, dass der Umfang der Ersatzpflicht bei § 7 StVG nach § 12 StVG der Höhe nach beschränkt ist. Die Haftung nach dem allgemeinen Deliktsrecht der §§ 823 ff. BGB kann also im Einzelfall weitergehen als die Haftung nach § 7 StVG und muss auch aus diesem Grund im Gutachten geprüft werden.

1. S als Halter hat C beim Betrieb seines Fahrzeugs angefahren. Dies war auch kausal für die Körperverletzung und den später eingetretenen Schaden. Eine Unterbrechung des Kausalverlaufs durch das nochmalige Überfahren durch D liegt nicht vor.

hemmer-Methode: Voraussetzung für die Zurechenbarkeit einer Rechtsgutverletzung i.R.d. § 7 StVG ist lediglich, dass er „bei Betrieb" des Kfz entstanden ist. „Bei Betrieb" ist nach h.M. weit zu verstehen und verwirklicht letztlich den allgemeinen Gedanken vom Schutzzweck der Norm.
Erforderlich ist deshalb die Verwirklichung der betriebsspezifischen Gefahr.[40]
Wichtig ist, dass Sie neben dieser betriebsspezifischen Gefahr nicht die Vorhersehbarkeit der Rechtsgutverletzung prüfen dürfen. I.R.d. Gefährdungshaftung geht es nicht um Vorhersehbarkeit des Schadens. Gehaftet wird hier nur deshalb, weil der Gesetzgeber ein bestimmtes Verhalten als besonders gefährlich einstuft. Korrektiv der Gefährdungshaftung ist deshalb allein der Schutzzweck der Norm, also die Frage, inwieweit sich hier auch tatsächlich diese besondere Gefahr im konkreten Schaden niedergeschlagen hat.

2. Bei § 7 I StVG ist ein Verschulden nicht erforderlich, sog. Gefährdungshaftung.

3. Die Haftung dürfte nicht wegen höherer Gewalt ausgeschlossen sein, § 7 II StVG.

Unter höherer Gewalt versteht man ein nicht zum Betriebsrisiko des Kfz gehörendes, von außen durch elementare Naturkräfte oder durch Handlungen dritter Personen herbeigeführtes Ereignis, das nach menschlicher Einsicht und Erfahrung unvorhersehbar ist und mit wirtschaftlich erträglichen Mitteln auch durch die äußerste, nach der Sachlage vernünftigerweise zu erwartende Sorgfalt nicht verhütet oder unschädlich gemacht werden kann und auch nicht wegen seiner Häufigkeit vom Betriebsunternehmer in Kauf zu nehmen ist.[41] Diese Merkmale müssen kumulativ vorliegen.

Vorliegend scheidet der Tatbestand bereits deshalb aus, weil es an einem von außen in den Straßenverkehr hineinwirkendem Ereignis mangelt.

[40] Vgl Hemmer/Wüst, Deliktsrecht II, Rn. 324.
[41] Vgl. BT-Drs. 14/7752, S. 30.

hemmer-Methode: Eine nicht erkennbare Ölspur auf der Fahrbahn oder eine unerwartete Glatteisstelle, die zu einem unabwendbaren Ereignis i.S.d. § 17 III StVG führen können (der für die Haftung der Halter untereinander gilt), bewirken keinen Haftungsausschluss i.R.d. § 7 II StVG. Die Anforderungen an höhere Gewalt sind höher als an ein unabwendbares Ereignis.

4. Der Umfang des Anspruchs richtet sich nach § 11 StVG, begrenzt durch § 12 StVG.

Gem. § 11 S. 2 StVG, § 253 II BGB kann C auch ein angemessenes Schmerzensgeld verlangen.

5. Fraglich ist aber, ob nicht ein anspruchsminderndes Mitverschulden des C in Betracht kommt, § 9 StVG, § 254 I BGB.

hemmer-Methode: Die Sonderregelung des § 9 StVG gilt nur für den verletzten Fußgänger, Radfahrer oder Halter eines langsamen Fahrzeugs nach § 8 StVG. Sobald der Verletzte Halter oder Fahrer eines Kfz ist, wird § 9 StVG durch den spezielleren § 17 I StVG verdrängt.
Zudem enthält § 9 StVG gegenüber § 254 BGB eine Erweiterung: Der Ersatzanspruch wegen Sachbeschädigung gegenüber Ansprüchen aus dem StVG (und zwar nur gegenüber solchen![42]) wird durch das Mitverschulden nicht nur des Eigentümers, sondern auch des Gewahrsamsinhabers (sog. „Bewahrgehilfen") gekürzt, ohne dass es – wie im Rahmen des § 278 BGB – auf eine Sonderbeziehung ankommt.

a) Begrifflich handelt es sich dabei um ein „Verschulden gegen sich selbst".

Grundsätzlich setzt ein Verschulden ein rechtswidriges Verhalten voraus.

[42] Vgl. BGH, NJW 1965, 1273 = jurisbyhemmer; BGH, Life&LAW 2007, 817 ff.

Da die Selbstschädigung grds. nicht verboten ist, kommt ein mitwirkendes Verschulden des Verletzten eigentlich nicht in Betracht. Man behilft sich deshalb damit, das in § 254 BGB geforderte Verschulden als sog. untechnisches Verschulden zu deuten. Dabei ist ein Mitverschulden dann anzunehmen, wenn der Geschädigte diejenige Sorgfalt außer Betracht lässt, die jedem ordentlichen und verständigen Menschen obliegt, um sich selbst vor Schaden zu bewahren.

Hier hat C, als er mit dem Fahrrad direkt auf die Straße gefahren ist, diejenige Sorgfalt außer Acht gelassen, die jemandem in den eigenen Angelegenheiten obliegt.

b) Fraglich ist, ob zum Mitverschulden auch die Zurechenbarkeit gem. § 828 I BGB analog gehört.

Nach h.M. ist C hier für seinen Mitverursachungsanteil nicht verantwortlich, da es darauf ankommt, ob er die Fähigkeit zur Einsicht hatte, dass man sich selbst vor Schaden zu bewahren hat.

Es ist nicht ersichtlich, warum die §§ 827 ff. BGB nicht zumindest entsprechend auch für das anspruchsmindernde Verhalten gelten sollen.

Gem. § 254 BGB verlangt das Gesetz Mitverschulden des Verletzten. Dieses Verschulden ist aber als über die bloße Mitverursachung hinausgehende Verantwortlichkeit zu deuten. Der noch nicht sieben Jahre alte Mensch trägt aber nach der Wertung des Gesetzes keine Verantwortung für sein Tun.

Diese Situation hat auch der Gesetzgeber bei Schaffung des § 828 II BGB vor Augen gehabt.

Daraus geht hervor, dass selbst ein grobes Mitverschulden des Kindes unter zehn Jahren an der vollen Haftung des Kfz-Fahrers oder Halters nichts ändert.

Deshalb ist die Mitverursachung des 5-jährigen C hier erst recht außer Betracht zu lassen.

6. Fraglich ist aber auch hier die Zurechnung eines Mitverschuldens des A.

a) §§ 254 II S. 2, 278 BGB sind auch bei § 254 I BGB anwendbar (dazu näher oben).

b) § 254 II S. 2 BGB stellt nach richtiger Ansicht eine Rechtsgrundverweisung dar.

c) Dies kann hier aber dahinstehen, da ein Verschulden des A nicht gegeben ist. A hat C mehrfach darauf hingewiesen, dass er nicht aus dem Hof fahren dürfe.

Fraglich könnte höchstens sein, ob nicht schon das Zurverfügungstellen des Fahrrads ein Verschulden begründet. Dies ist aber abzulehnen.

hemmer-Methode: Eine a.A. war hier gut vertretbar. Konsequenterweise musste man dann prüfen, ob die Voraussetzungen für die Anwendbarkeit des § 278 BGB, insbesondere eine schuldrechtliche Sonderverbindung, vorliegen, wenn man bei § 254 II S. 2 BGB mit der ganz h.M. von einer Rechtsgrundverweisung ausgeht.

d) Da auch die Voraussetzungen der §§ 31, 831 BGB nicht vorliegen, scheidet eine Zurechnung gem. § 254 II S. 2 BGB im Ergebnis jedenfalls aus.

hemmer-Methode: Ein häufiges Problem i.R.d. Haftungsumfangs ist die Anrechnung der Betriebsgefahr.
Diese führt über § 254 BGB bzw. bei einem Unfall zwischen zwei Pkw über § 17 I, II StVG zu einer Kürzung des Anspruchs des geschädigten Pkw-Inhabers.
Der wesentliche Unterschied zwischen dem „normalen“ Mitverschulden nach § 254 BGB und der Anrechnung der Betriebsgefahr besteht darin, dass bei dem Mitverschulden der Maßstab des objektiven „Durchschnittsmenschen“ angelegt wird, während die Betriebsgefahr nur dann unberücksichtigt bleibt, wenn für den Geschädigten ein unabwendbares Ereignis i.S.d. § 17 III StVG vorlag, der Unfall also auch von einem Idealfahrer nicht vermieden werden konnte.[43]
Komplizierter wird es aber, wenn zur allgemeinen Betriebsgefahr auch noch verschuldete Fahrfehler hinzukommen. Nach der Rechtsprechung des BGH werden dann die objektiven Betriebsgefahren erhöht, ohne dass die Halter sich entlasten können. Auch hier erfolgt also eine Kürzung des Haftungsumfanges gem. § 17 I, II StVG.

Merke also: Das Verschulden eines Kfz-Halters/Führers erhöht die objektive Betriebsgefahr!

7. Ergebnis

C steht gegen S ein Anspruch auf vollen Schadensersatz zu.

IV. § 18 StVG

Ein Anspruch aus § 18 StVG scheidet mangels Verschuldens des S aus.

B) Ansprüche des C gegen D

I. § 823 I BGB

Ein Anspruch des C gegen D gem. § 823 I BGB scheidet aus.

[43] Vgl. zur Betriebsgefahr Hemmer/Wüst, Deliktsrecht II, Rn. 332.

Anders als bei S fehlt es an der Äquivalenz. Es ist nicht feststellbar, ob die Beinverletzung Folge des ersten oder des zweiten oder beider Unfälle war.

Insofern kann nicht gesagt werden, dass das Anfahren des C durch D Bedingung für den Verletzungserfolg war.

Da es schon am Ursachenzusammenhang fehlt, kommt es auf die Adäquanz nicht mehr an.

hemmer-Methode: Letztlich scheitert ein Anspruch aus § 823 I BGB daran, dass es C nicht gelingen wird, die Kausalität der Handlung des D für die Rechtsgutverletzung zu beweisen.
Als Anspruchsteller trägt er aber i.R.d. § 823 I BGB grundsätzlich die Beweislast für alle anspruchsbegründenden Tatsachen.[44] Eine Beweislastumkehr ist hier nur in den Bereichen des Arzthaftungsrechts und der Produzentenhaftung denkbar.

II. § 823 II BGB, § 229 StGB; §§ 7, 18 StVG

Ansprüche aus den § 823 II BGB, § 229 StGB; §§ 7, 18 StVG scheiden aus dem gleichen Grund wie § 823 I BGB ebenfalls aus.

III. § 830 I S. 2 BGB

In Betracht kommt aber ein Anspruch des C gegen D aus § 830 I S. 2 BGB.

1. Dabei handelt es sich um eine eigene Anspruchsgrundlage und nicht lediglich um eine Beweislastregelung.[45]

2. § 7 StVG gilt als unerlaubte Handlung i.S.d. § 830 I S. 2 BGB, da die gleiche Beweisnot für den Geschädigten vorliegt.

3. S und D sind auch Beteiligte i.S.d. § 830 I S. 2 BGB, obwohl die Handlungen des S und D unabhängig voneinander erfolgten. Es genügt ein tatsächlicher, einheitlicher, örtlicher und zeitlicher Zusammenhang.[46]

4. Weiter ist aber für § 830 I S. 2 BGB erforderlich, dass sich nicht mehr feststellen lässt, welcher von den Beteiligten den Schaden tatsächlich ganz oder teilweise verursacht hat.

Hier aber lässt sich bei S die Kausalität nachweisen. Damit liegt kein Fall der Beweisnot vor.

hemmer-Methode: § 830 I S. 2 BGB will den Geschädigten nur davor schützen, dass er leer ausgeht, ihm aber nicht einen zusätzlichen Anspruchsgegner bieten.
Merken Sie sich zu § 830 I S. 2 BGB, dass nicht jede Unklarheit im Schadensverlauf zu einem Nichtfeststehen der Kausalität i.S.d. § 830 I S. 2 BGB führt.
Denken Sie daran, dass eine Anwendung von § 830 I S. 2 BGB entfällt, sobald der eingetretene Schaden einem von mehreren (möglichen) Schädigern zuzurechnen ist.

Eine Haftung gem. § 830 I S. 2 BGB scheidet damit grundsätzlich aus.

5. Eine Haftung des D kann auch aus Billigkeitsgründen nicht bejaht werden. Es besteht kein Anlass, von den Vorgaben des Gesetzes abzuweichen, da C gem. § 11 StVG bereits S umfassend in Anspruch nehmen kann. Eine Haftung des D würde demgegenüber nicht maßgeblich weiter reichen, da S insbesondere auch Schmerzensgeld leisten muss.

[44] Vgl. zum BeweisR Hemmer/Wüst, ZPO I, Rn. 489 ff.

[45] Vgl. Hemmer/Wüst, Deliktsrecht I, Rn. 165 ff.

[46] Hemmer/Wüst, Deliktsrecht I, Rn. 168.

Ergebnis

C steht gegen D kein Schadensersatzanspruch zu.

hemmer-Methode: Schwerpunkt der Klausur war sicherlich der erste Teil und hier insbesondere das Problem des gestörten Gesamtschuldnerausgleichs.
Diesen Problembereich müssen Sie als Examenskandidat kennen. Denken Sie im Falle einer Haftungsprivilegierung immer daran. An dieser Stelle der Klausur wurden die entscheidenden Punkte vergeben. Wer hier durch guten Aufbau und Begründung überzeugt, ist auf der sicheren Seite.
Vernachlässigen Sie neben diesem Schwerpunkt aber nicht die anderen Probleme der Klausur. Eingehende Ausführungen wurden hier von den Bearbeitern noch zu der Abgrenzung Tun-Unterlassen und der (Mit-)Verschuldenszurechnung Dritter erwartet.
In unseren Hauptkursen lernen Sie nicht nur die maßgeblichen Examensprobleme kennen, sondern wir vermitteln Ihnen vor allem auch ein Gespür für die richtige Schwerpunktbildung und Gewichtung der Klausur. Fünf Stunden sind keine Ewigkeit. Umso wichtiger ist es, Unbedeutendes knapp abzuhandeln und sich auf die wesentliche Probleme zu konzentrieren!

Zusammenfassung

Teil 1:

Ansprüche des B gegen die Stadt München

I. § 280 I BGB i.V.m. §§ 89, 31 BGB (-)

keine Sonderverbindung vertraglicher/gesetzlicher Art

II. § 839 I BGB i.V.m. Art. 34 GG (-)

kein hoheitliches Handeln

III. § 823 I BGB i.V.m. §§ 31, 89 BGB (+)

1. Körper- und Gesundheitsverletzung (+)

2. Verletzungshandlung

a) Tun oder Unterlassen, Schwerpunkt der Vorwerfbarkeit? ⇒ hier wohl Unterlassen (+)

b) tatbestandsmäßig, da Verkehrssicherungspflicht verletzt

3. Haftungsbegründende Kausalität (+), adäquat kausal

4. Rechtswidrigkeit (+)

5. Verschulden (+), subj. vorwerfbarer Verstoß gegen Verkehrssicherungspflichten

6. Schaden (+), keine Vorteilsanrechnung (aber § 255 BGB!)

7. Haftungsausfüllende Kausalität (+)

8. Mitverschulden

a) kein Mitverschulden des B

b) Mitverschulden des A:

aa) bei Schadensentstehung: §§ 254 II S. 2, 278 BGB (-)

bb) bei Schadensminderung (-)

9. Gestörter Gesamtschuldnerausgleich
⇨ Kürzung?

a) Haftung des A aus § 823 I BGB grds. (+)

b) Haftungsprivileg des § 1664 BGB?

aa) A zwar nicht sorgeberechtigt, aber analog (+)

bb) § 1664 BGB auf deliktische Verhaltenspflichten anwendbar

c - e) grundsätzlich Kürzung des Anspruchs bei gestörtem Gesamtschuldnerausgleich

f) aber hier (-), schon kein Gesamtschuldverhältnis, da keine Zurechnung

10. Ergebnis: Voller Anspruch aus § 823 I BGB gegen M

IV. § 823 II BGB, § 229 StGB i.V.m. §§ 89, 31 BGB (+)

Teil 2:

A) Ansprüche C gegen S

I. § 823 I BGB (-)

1. zwar Kausalität (+)

2. aber wohl kein Verschulden

3. damit auch kein Schmerzensgeld, § 253 II BGB

II. § 823 II BGB i.V.m. § 229 StGB (-)

kein Verschulden

III. § 7 I StVG i.V.m. § 11 StVG (+)

1. Haftungstatbestand (+)
2. Verschulden nicht erforderlich, Gefährdungshaftung
3. § 7 II StVG (-)
4. Umfang: § 11 StVG, auch Schmerzensgeld, vgl. § 11 S. 2 StVG, § 253 II BGB
5. Mitverschulden des C, § 9 StVG, § 254 I BGB

a) „Verschulden gegen sich selbst"

b) Zurechenbarkeit, § 828 I BGB analog

6. Zurechnung eines Mitverschuldens des A?

a) §§ 254 II S. 2, 278 BGB auch bei § 254 I BGB anwendbar

b) nach richtiger Ansicht Rechtsgrundverweisung

c) kann aber dahinstehen, da wohl kein Verschulden des A

d) auch §§ 31; 831 BGB (-)

7. Ergebnis: Anspruch auf vollen Schadensersatz

IV. § 18 StVG (-), kein Verschulden des S

B) Ansprüche des C gegen D

I. § 823 I BGB (-), es fehlt an Äquivalenz, nicht feststellbar

II. § 823 II BGB i.V.m. § 229 StGB; §§ 7, 18 StVG ebenfalls (-)

III. § 830 I S. 2 BGB (-)

1. eigene Anspruchsgrundlage (+)
2. § 7 StVG gilt als unerlaubte Handlung i.S.d. § 830 I S. 2 BGB
3. S und D sind Beteiligte i.S.d. § 830 I S. 2 BGB
4. aber bei S ist Zurechenbarkeit zu bejahen

   ⇒ § 830 I S. 2 BGB grds. (-)

5. Haftung des D (-)

Fall 3:

Sachverhalt:

Balduin schloss am 02.03. mit dem Kfz-Händler Vaust einen Kaufvertrag über einen Neuwagen Marke Lauda zum Preis von 14.000,- €. Weiter wurde vereinbart, dass B seinen alten Lauda zum Verkehrswert von 4.000,- € bei Lieferung des Neuwagens in Zahlung geben sollte. Ein Vermittlungsvertrag wurde nicht geschlossen. Im Vertrag war aber eine Klausel enthalten, dass B den Altwagen Dritten ab sofort nicht mehr überlassen dürfe.

Schon am 03.03. klingelte Balduins Nachbar Alfons an der Tür und bat B um die Überlassung des Wagens, da er dringend seine Mutter im Nachbarort besuchen müsse. Entgegen der Vereinbarung mit V überließ B dem A das Fahrzeug, da er dessen Bitte nicht abschlagen wollte.

Da es A eilig hatte, versuchte er auf der anschließenden Fahrt in einer unübersichtlichen Kurve noch einen Möbelwagen zu überholen. Dies gelang ihm nicht. In der Kurve kam ihm das Kfz des C entgegen, wodurch A sich gezwungen sah, auf der schmalen Straße in den Straßengraben auszuweichen. Dabei streifte er noch den Wagen des C, schleuderte in den Graben und überschlug sich. Der Lauda des B wurde dabei völlig zerstört, am Wagen des C entstand ein Blechschaden in Höhe von 500,- €. C hatte seinerseits den Wagen vom Händler K unter Eigentumsvorbehalt gekauft und die letzte Rate noch nicht bezahlt.

B verlangt trotz der guten Freundschaft mit A Schadensersatz für den zerstörten Wagen. Außerdem ist er der Ansicht, dass A auch für den Verlust des bisherigen Schadensfreiheitsrabatts aufkommen müsse für den Fall, dass die Haftpflichtversicherung H dem C den Schaden begleicht.

B seinerseits wird nach der Lieferung des Neuwagens von V auf Zahlung von 14.000,- € in Anspruch genommen. B ist der Ansicht, in dieser Höhe schon gar nicht verpflichtet zu sein. Im Übrigen sei der Wagen mangelhaft. Bereits zwei Wochen nach der Übergabe des Wagens (20.03.) habe er Lackfehler an der Motorhaube festgestellt und von V Nachbesserung sogleich verlangt. Daraufhin habe V diese am 06.04. zwar gegen eine neue Haube ausgetauscht. Diese schließe aber seitdem nicht mehr richtig und klappere im Fahrbetrieb.

Mit Schreiben vom 07.09. hat B den Rücktritt vom Vertrag erklärt und die Rückgabe des Fahrzeugs angeboten. Bereits am Tag darauf wies V das Rücktrittsbegehren des B zurück und bot an, einen weiteren Reparaturversuch zu unternehmen. Außerdem sei B zwischenzeitlich schon 10.000 km mit dem Pkw gefahren, diese müssten berücksichtigt werden.

Schließlich beansprucht auch C von A Schadensersatz für seinen inzwischen reparierten Pkw. A meint, C sei nicht allein berechtigt, den Schadensersatz geltend zu machen. Außerdem fordere er von C Freistellung von einem eventuellen Schadensersatzverlangen des B. Schließlich habe er durch sein geschicktes Ausweichmanöver den C vor größerem Schaden bewahrt.

Bearbeitervermerk:

Nehmen Sie zu den angesprochenen Rechtsfragen in einem ausführlichen Gutachten Stellung!

Lösung

A) Ansprüche des B gegen A

I. § 604 I BGB i.V.m. §§ 280 I, III, 283 BGB

B könnte gegen A möglicherweise ein Schadensersatzanspruch hinsichtlich des zerstörten Pkw in Höhe von 4.000,- € gem. §§ 604 I, 280 I, III, 283 BGB zustehen.

Voraussetzung dafür wäre, dass A gem. § 604 I BGB als Entleiher verpflichtet gewesen wäre, den Pkw zurückzugeben und ihm diese Rückgabe in zu vertretender Weise unmöglich geworden ist, § 280 I, III, 283 BGB.

1. Fraglich ist jedoch schon, ob zwischen B und A überhaupt ein Leihvertrag i.S.d. §§ 598 ff. BGB zustande gekommen ist. Nur dann wäre A gem. § 604 I BGB zur Rückgabe verpflichtet gewesen.

a) Leihe ist gem. § 598 BGB die unentgeltliche Überlassung einer Sache zum Gebrauch für bestimmte oder unbestimmte Zeit.

Bei der Leihe als unvollkommen zweiseitig verpflichtender Vertrag ist zunächst der Verleiher einseitig zur Gebrauchsüberlassung verpflichtet, für den Entleiher entsteht erst nach Überlassung die Pflicht aus § 604 BGB.[47]

Hier hat A den B um die Überlassung des Pkw für eine bestimmte Zeit gebeten, ein Entgelt sollte dafür nicht entrichtet werden.

Als B in die Überlassung einwilligte, könnte damit ein Leihvertrag gem. §§ 598 ff. BGB zustande gekommen sein.

hemmer-Methode: Entgegen der früher h.M. ist der Leihvertrag ein Konsensualvertrag und kein Realvertrag, der erst durch Überlassung der Sache zustande käme.[48] Beachten Sie auch die gleichgelagerte Konstellation beim Darlehensvertrag.

b) Allerdings ist zu beachten, dass es sich bei der Überlassung eines Pkw unter Nachbarn und Freunden häufig um eine Gefälligkeit des täglichen Lebens und damit ein Gefälligkeitsverhältnis ohne vertragliche Bindung handelt.

Bei den (reinen) Gefälligkeitsverhältnissen fehlt es am Rechtsbindungswillen.

hemmer-Methode: Dieser, auch Rechtsfolgewillen genannt,[49] ist nach e.A. ein weiteres Element des subjektiven Tatbestandes der Willenserklärung neben Handlungswillen, Erklärungsbewusstsein und Geschäftswillen, während die a.A. ihn als Bestandteil des Erklärungsbewusstseins behandelt.
In der Klausur ist diese Unterscheidung unbeachtlich. Der Rechtsbindungswille ist im Zusammenhang mit dem objektiven Tatbestand einer Willenserklärung zu prüfen, da dieser nur bei einer Äußerung vorliegt, die den Willen zum Ausdruck bringt, der auf die Begründung, inhaltliche Änderung oder Beendigung eines privaten Rechtsverhältnisses abzielt.

[47] Grüneberg, vor § 598 BGB, Rn. 1.

[48] Grüneberg, a.a.O. Rn. 2.

[49] Grüneberg, Einf. vor § 116 BGB, Rn. 4.

Anders: Das Verhalten muss für einen objektiven Betrachter den Schluss auf den Willen zu einer rechtlichen Bindung zulassen. Maßgeblich ist also insoweit nicht der innere Wille des Handelnden, sondern die Frage, wie sich sein Verhalten objektiv darstellt.
Ob der Erklärungsempfänger nach der Verkehrsauffassung und den Umständen des Einzelfalles die Erklärung als rechtlich verbindlich ansehen durfte, ist im Wege der Auslegung gem. §§ 133, 157 BGB festzustellen (dazu unten näher, insbesondere zu den Gefälligkeitsverhältnissen).

Damit ist der Rechtsbindungswille entscheidendes Abgrenzungskriterium gegenüber den sogenannten Gefälligkeitsverträgen (Leihe, Verwahrung, Schenkung, Auftrag).

c) Fraglich ist, ob hier ein Rechtsbindungswille der Parteien und damit Leihe gem. §§ 598 ff. BGB vorgelegen hat.

aa) Problematisch ist, wie sich feststellen lässt, ob ein Rechtsbindungswille vorgelegen hat oder nicht. Regelmäßig wird, wie hier, dieser Wille nicht ausdrücklich geäußert und die Beteiligten machen sich darüber keine Gedanken.

Damit kann der Rechtsbindungswille nur aus dem Vorliegen objektiver Kriterien gefolgert werden.

Dazu werden von der h.M.[50] eine Reihe von Indizien herangezogen:

Das Verhalten der Parteien ist nach Treu und Glauben unter Berücksichtigung der Verkehrssitte gem. § 242 BGB zu würdigen. Nach der Art der Gefälligkeit, ihrem Grund und Zweck, sowie ihrer wirtschaftlichen und rechtlichen Bedeutung ist im konkreten Fall zu fragen, ob für den objektiven Beobachter der Schluss auf eine gewollte rechtliche Bindung möglich und zwingend ist.

Entscheidend ist also, ob der Leistungsempfänger unter den gegebenen Umständen auf einen solchen Willen schließen musste.[51]

Nicht ausreichend ist aber die Unentgeltlichkeit allein, da diese auch bei Gefälligkeitsverträgen gegeben ist.

bb) Dabei ist zu beachten, dass es den Parteien offen steht (Vertragsfreiheit gem. § 311 I BGB), hinsichtlich der Erbringung einer Gefälligkeit einerseits und den daraus entstehenden Haftungsfragen andererseits einen jeweils unterschiedlichen Verpflichtungswillen zu haben.

Der Rechtsbindungswille ist daher getrennt für die Verpflichtung zur „Leistung“ selbst und den damit verbundenen Haftungsfolgen zu prüfen. Selbst dann, wenn eine Leistungsverpflichtung nicht gewollt war, kann daraus nicht zwingend der Schluss gezogen werden, dass auch die Haftung rechtsgeschäftlichen Charakter entbehren soll.[52]

cc) Dies bedeutet, dass ein Rechtsbindungswille des A hinsichtlich einer Rückgabepflicht i.S.d. § 604 BGB unabhängig davon vorliegen kann, ob auch ein Rechtsbindungswille des B zur Überlassung des Fahrzeugs vorlag.

Fraglich ist im vorliegenden Fall allein der Rechtsbindungswille des B hinsichtlich einer Leistungsverpflichtung. Dass A nach Auslegung (§§ 133, 157 BGB) des Parteiverhaltens das überlassene Fahrzeug nach Gebrauch wieder zurückgeben sollte, ist eindeutig.

B wollte dem A das Fahrzeug nicht auf unbestimmte Dauer zum freien Gebrauch überlassen oder es ihm gar schenken, sondern ihm nur den Besuch seiner Mutter im Nachbarort ermöglichen. Nach diesem Besuch sollte A das Fahrzeug B wieder zurückgeben.

---

50 Grundlegend: BGHZ 21, 102 = **juris**byhemmer.

51 BGHZ, a.a.O., 107.

52 BGHZ, a.a.O., 106.

Unabhängig von der Frage, ob auch B mit Rechtsbindungswillen hinsichtlich der Überlassung des Pkw handelte und damit ein echter Leihvertrag i.S.d. §§ 598 ff. BGB zustande kam, lässt sich damit dem Parteiverhalten zumindest ein Rechtsbindungswille hinsichtlich einer Rückgabepflicht des A entnehmen.

dd) Bei dieser Rückgabeverpflichtung handelt es sich nicht lediglich um die gesetzliche Herausgabepflicht (etwa aus § 985 BGB), sondern um eine rechtsgeschäftliche Verpflichtung, da sie auf einem Rechtsbindungswillen beruht. Diese rechtsgeschäftliche Verpflichtung lässt sich gesetzlich entweder in § 311 I BGB (Vertragsfreiheit) oder in einer analogen Anwendung des § 604 BGB (analog deswegen, weil es für einen „echten" Leihvertrag möglicherweise am Rechtsbindungswillen des B fehlt) verankern.

2. Diese Pflicht müsste A infolge eines von ihm zu vertretenden Umstandes unmöglich geworden sein, § 280 I, III, 283 BGB.

a) Der Pkw des B wurde bei dem Unfall völlig zerstört, damit liegt Unmöglichkeit wegen Untergangs der Sache vor.

Dass möglicherweise das Schrottauto zurückgegeben werden kann, führt nicht zur Annahme von Teilunmöglichkeit.[53]

b) Den Beweis fehlenden Vertretenmüssens i.S.d. § 280 I S. 2 BGB kann A nicht führen.

aa) Hier hat A gegen die Gebote der §§ 1 II, 5 II S. 1 StVO verstoßen, indem er versuchte, in der unübersichtlichen Kurve auf schmaler Straße zu überholen. Damit handelte er fahrlässig i.S.d. § 276 II BGB.

bb) Möglicherweise greift jedoch ein gemilderter Haftungsmaßstab ein.

[53] Dazu Grüneberg, § 275 BGB, Rn. 7.

Zu denken wäre an eine Analogie zu den §§ 521, 599, 690 BGB.

Danach würde nur Vorsatz und grobe Fahrlässigkeit schaden. Ob A allerdings grob fahrlässig handelte, kann offen bleiben, da das Haftungsprivileg nur zugunsten des uneigennützig Handelnden gilt. Für den „Entleiher" bleibt es dagegen bei den §§ 276, 278 BGB.[54]

3. Danach hat A dem B Schadensersatz wegen Unmöglichkeit entsprechend §§ 604 I, 280 I, III, 283 S. 1 BGB zu leisten.

Der Anspruch geht auf Schadensersatz gem. § 249 II S. 1 BGB. Geschuldet ist der Betrag, der zur Beschaffung einer vergleichbaren Ersatzsache erforderlich ist.

a) Bei der Zerstörung eines Pkw ist nicht der Preis maßgeblich, den der Eigentümer bei Verkauf erzielt hätte, sondern der, der bei Kauf eines gleichwertigen gebrauchten Kfz an einen seriösen Händler zu zahlen wäre, sog. Wiederbeschaffungswert.[55]

Dieser liegt etwa 20 % über dem Zeitwert des Fahrzeugs, dabei entspricht der Zeitwert dem Verkehrswert.[56]

hemmer-Methode: Es wird von Ihnen in der Klausur wohl nicht erwartet, dass sie sich in diesen Feinheiten des Schadensersatzrechts voll auskennen. Aber gerade im Ersten Staatsexamen, das zu einem Großteil bereits von Praktikern korrigiert wird, kann man durch detaillierte Ausführungen zum Schadensumfang Punkte „sammeln".

Die Höhe des Schadensersatzes beläuft sich damit auf 4.800,- € (20 % über Zeitwert).

[54] Grüneberg, § 599 BGB, Rn. 5.

[55] Vgl. Grüneberg, § 249 BGB, Rn. 15 f.

[56] Sanden/Völtz, Sachschadensrecht des Kraftverkehrs, Rn. 80.; ausführlich zur Abwicklung eines Verkehrsunfalls vgl. d'Alquen, Life&LAW 2005, 346 ff.

b) Als weiterer Schadensposten kommt der Verlust des Schadensfreiheitsrabatts in Betracht.

Der Verlust des Schadensfreiheitsrabatts beruht hier aber nicht auf der Unmöglichkeit der Herausgabe des Pkw, sondern auf der Beschädigung des Fahrzeugs des C.

Es fehlt damit an der Kausalität zwischen Unmöglichkeit der Herausgabe und Verlust des Schadensfreiheitsrabatts.

Diesen Rabatt hätte B auch dann verloren, wenn sein Wagen keinen Totalschaden erlitten hätte.

II. Anspruch aus § 280 I BGB

Ein Anspruch des B gegen A auf Ersatz des Schadens, der ihm durch den Verlust des Schadensfreiheitsrabatts entstanden ist, könnte nach § 280 I BGB bestehen.

1. Schuldverhältnis

Voraussetzung für einen Anspruch aus § 280 I BGB ist zunächst das Bestehen eines Schuldverhältnisses.

a) Als solches kommt ein Leihvertrag zwischen A und B in Betracht. Das Bestehen eines Leihvertrages ist hier aber fraglich, da B dem A das Fahrzeug wohl aus reiner Gefälligkeit überließ, insoweit also ohne Rechtsbindungswillen handelte.

Allerdings ist zu beachten, dass es den Parteien offensteht, auch dann, wenn primäre Leistungspflichten nicht bestehen, hinsichtlich der Nebenpflichten eine vertragliche Haftung zu vereinbaren (zur Rückgabepflicht vgl. oben).

b) Es ist demnach zu unterscheiden zwischen „Gefälligkeitsverhältnissen mit rechtsgeschäftlichem Charakter", bei denen im Gegensatz zu den Gefälligkeitsverträgen die Verpflichtung zu einer Primärleistung zwar fehlt, aber bei Durchführung der Gefälligkeit vertragliche Schadensersatzansprüche (z.B. § 280 I BGB) entstehen, und den „reinen Gefälligkeitsverhältnissen des täglichen Lebens" ohne jeglichen Rechtbindungswillen.

Während bei letzteren Schadensersatzansprüche nur aus den gesetzlichen Schuldverhältnissen entstehen können (insbesondere §§ 823 ff. BGB[57]), darf bei ersteren eine rechtsgeschäftliche Haftung schon deshalb nicht generell ausgeschlossen werde, weil dies auch im Hinblick auf § 278 BGB im Einzelfall zu unbilligen Ergebnissen führen würde (Schwäche des § 831 BGB! = Exkulpationsmöglichkeit).

c) Grundsätzlich ist daher im Fall, unabhängig von der Frage, ob die Überlassung des Wagens rechtsgeschäftlich geschuldet war, hier allein danach zu fragen, ob und inwieweit hinsichtlich der Folgen der tatsächlichen Überlassung rechtsgeschäftliche Schutzpflichten von den Parteien vereinbart wurden, also ob (wenigstens) insoweit ein Rechtsbindungswille vorliegt.

Wichtigstes Indiz dafür ist regelmäßig die wirtschaftliche Bedeutung und die erkennbaren Interessen der Beteiligten:

Hier war das wirtschaftliche Interesse des A an der Nutzung des Wagens nicht sonderlich groß, es ging lediglich um die Ersparnis etwaiger Taxi- bzw. Buskosten für die Fahrt in den Nachbarort.

Dem könnten jedoch berechtigte wirtschaftliche Interessen des B entgegenstehen.

Diese resultieren nicht nur aus dem Wert des überlassenen Pkw, sondern auch aus den Vertragsbeziehungen mit seiner Versicherung.

---

57 Vgl. Grüneberg, vor § 241 BGB, Rn. 7 ff.

Hier drohen dem B wirtschaftliche Nachteile in Form des Verlusts des Schadensfreiheitsrabatts, wenn A mit dem überlassenen Wagen Dritte schädigt. Berechtigte Interessen des B ergeben sich zudem auch daraus, dass er sein Fahrzeug bereits an V verkauft hat und diesem gegenüber zur Sorgfalt verpflichtet ist. Auch die „Überlassungsverbotsklausel“ spricht dafür, dass ein erhebliches Interesse des B bestand, seinen Wagen unversehrt von A zurückzubekommen.

A als Begünstigter konnte nicht davon ausgehen, dass B seine Uneigennützigkeit auch auf eventuelle Schäden erstreckt und insoweit keine rechtsgeschäftliche Haftung entstehen sollte.

hemmer-Methode: Eine a.A. wäre hier mit guter Begründung haltbar. Man könnte z.B. argumentieren, dass das Gefälligkeitsverhältnis mit rechtsgeschäftlichem Charakter eine reine Fiktion sei. Der dazu erforderliche „abgestufte“ Rechtsbindungswille lässt sich in der Praxis kaum beweisen und beruht letztlich allein auf Wertungsgesichtspunkten. Aus klausurtaktischen Gründen ist es hier aber besser, ein Gefälligkeitsverhältnis mit rechtsgeschäftlichem Charakter zu bejahen. Nur so kann man hier die analoge Anwendung der §§ 604, 280 I, III, 283 BGB sowie die Probleme i.R.d. § 280 I BGB diskutieren. Verneint man nämlich mangels Rechtsbindungswillen jegliche rechtsgeschäftliche Haftung des A, so ist man auf die Diskussion der deliktischen Ansprüche beschränkt.

Im Ergebnis ist damit von einer rechtsgeschäftlichen Schadensersatzhaftung unabhängig von der Frage des zugrundeliegenden Erfüllungsanspruchs auszugehen.

d) Da die Vorschriften der Leihe auf das vorliegende Gefälligkeitsverhältnis zumindest analog anzuwenden sind (vgl. oben), müssen bei Verletzung einer vertraglichen Nebenpflicht auch die Grundsätze des § 280 I BGB Anwendung finden.

hemmer-Methode: An dieser Stelle der Klausur wäre es auch vertretbar gewesen, den Anspruch aus §§ 280 I, 311 II, 241 II BGB statt § 280 I BGB zu bejahen, da es an einem Vertrag i.S. eines durch eine Hauptleistungspflicht geprägten Rechtsverhältnisses fehlt. Für § 280 I BGB spricht allerdings, dass es nicht um ein lediglich vorvertragliches Schuldverhältnis, sondern um die Verletzung rechtsgeschäftlich vereinbarter Pflichten geht. Letztlich handelt es dabei hauptsächlich um eine Begriffsstreitigkeit ohne Unterschiede in der Sache. Die Voraussetzungen und Rechtsfolgen der Ansprüche aus §§ 280 I, 311 II, 241 II BGB und § 280 I BGB sind im vorliegenden Fall die gleichen.

2. Voraussetzung des Anspruches aus § 280 I BGB wäre außerdem, dass A eine Pflicht aus dem leihvertragsähnlichen Gefälligkeitsverhältnis schuldhaft verletzt hätte.

a) Genau wie der Entleiher gem. § 603 S. 1 BGB durfte A von dem Pkw keinen „vertragswidrigen“ Gebrauch machen.

Zu den Nebenpflichten des Begünstigten gehört auch die Wahrung der versicherungsrechtlichen Belange des Kfz-Halters B. A durfte mit dem Fahrzeug nur so umgehen, dass ein Haftungsfall nicht eintritt.

b) Diese Schutzpflicht hat A schuldhaft verletzt, indem er riskant überholte, § 276 BGB.

3. Für den Fall, dass die Versicherung zahlt und B zurückstuft, ist B auch ein Schaden entstanden.

Grundsätzlich sind höhere Versicherungsprämien, die durch ein schädigendes Verhalten verursacht werden, Teil des zu ersetzenden Schadens.[58]

Allerdings werden Einschränkungen für den Verlust des Freiheitsrabatts in der Haftpflichtversicherung gemacht.[59] Dies gilt jedoch nur für die Fälle, in denen seitens des Unfallgegners Ersatz verlangt wird, da die Rückstufung nicht auf dem Schaden am eigenen Wagen beruht, sondern darauf, dass auch dem Gegner Schäden entstanden sind.

Ist der Unfall aber durch einen Mieter, Entleiher, Arbeitnehmer oder Schwarzfahrer verursacht worden, so kann der Eigentümer des Fahrzeuges auch Ersatz für den Verlust des Schadensfreiheitsrabatts in der Haftpflichtversicherung verlangen. Bezüglich der Kaskoversicherung ist der Verlust immer als Sachfolgeschaden zu ersetzen.

Da das Verhalten des A ursächlich für den Verlust des Rabatts war, ist ihm gegenüber ein Schadensersatzanspruch des B aus § 280 I BGB zu bejahen, dessen Höhe sich aus der Differenz zwischen alter und neuer Versicherungsprämie ergibt.

III. Anspruch auf Schadensersatz gem. § 823 I BGB

1. A hat mit der Zerstörung des Wagens das Eigentum und damit ein Rechtsgut i.S.d. § 823 I BGB verletzt.

2. Dabei handelte er auch schuldhaft, § 276 BGB.

3. Damit besteht ein Anspruch auf Ersatz des Schadens, §§ 249 ff. BGB.

hemmer-Methode: Die Anspruchsgrundlage des § 823 I BGB ist unproblematisch gegeben. Zeigen Sie dem Korrektor, dass hier nicht der Schwerpunkt der Arbeit liegt, indem Sie in knapper Sprache die wesentlichen Punkte des § 823 I BGB „abhaken". Vermeiden Sie so die Anmerkung des Korrektors: „zu breit".

a) Ein Schadensposten ist hier die Zerstörung des Pkw nach § 249 II S. 1 BGB. Die Anspruchshöhe beläuft sich auf 4.800,- € (vgl. oben).

b) Als anderer Schadensposten kommt hier der Verlust des Schadensfreiheitsrabatts in Betracht.

Fraglich ist jedoch, ob der Verlust des Schadensfreiheitsrabatts eine Folge der Eigentumsverletzung ist. Dies ist eine Frage der haftungsausfüllenden Kausalität.

hemmer-Methode: Unterscheiden Sie i.R.d. § 823 I BGB genau zwischen haftungsbegründender und haftungsausfüllender Kausalität.
Die haftungsbegründende Kausalität stellt den Zusammenhang zwischen Verletzungshandlung und Rechtsgutverletzung her. Die haftungsausfüllende Kausalität muss dagegen zwischen Rechtsgutverletzung und eingetretenem Schaden bestehen. Für beide Kausalitätsprüfungen gilt nach h.M. der gleiche Maßstab, d.h. auch i.R.d. haftungsbegründenden Kausalität ist neben der Äquivalenz die Adäquanz und die objektive Zurechnung zu prüfen.[60]

I.R.d. objektiven Zurechnung ist eine der wesentlichen Fragen die nach dem Schutzzweck der Norm. Hier müssen Sie zeigen, dass Sie mit dem Gesetzeszweck und Wertungsgesichtspunkten argumentieren können.

58 Grüneberg, § 249 BGB, Rn. 55.
59 Grüneberg, a.a.O.
60 Hemmer/Wüst, Deliktsrecht I, Rn. 64.

Die maßgebliche Frage lautet: Ist es Sinn und Zweck des § 823 I BGB, vor solchen Verletzungen (i.R.d. haftungsbegründenden Kausalität) bzw. vor solchen Schäden (i.R.d. haftungsausfüllenden Kausalität) zu schützen?

Diese ist hier zu verneinen. Der Schaden ist keine Folge der Eigentumsverletzung, er knüpft nicht am eigenen Fahrzeugschaden an, sondern entsteht dadurch, dass auch dem Unfallgegner Schäden entstanden sind und dieser nun einen Anspruch gegen B und damit dessen Haftpflichtversicherung hat, § 3 PflVersG.[61]

Diese von der Rechtsprechung entwickelten Grundsätze bezogen sich zwar nur auf das Verhältnis zum Unfallgegner.

I.R.d. § 823 I BGB kann aber auch gegenüber A nichts anderes gelten, da das Problem der haftungsausfüllenden Kausalität nicht unterschiedlich behandelt werden kann.

Damit entfällt ein Schadensersatzanspruch des B gegen A aus § 823 I BGB.

IV. Anspruch aus § 823 II BGB i.V.m. einem Schutzgesetz

Möglicherweise könnte B gegen A auch ein Ersatzanspruch gem. §§ 823 II BGB i.V.m. einem Schutzgesetz zustehen.

Dazu müsste A gegen ein den Schutz eines Anderen bezweckendes Gesetz verstoßen haben.

1. Dies bestimmt sich nicht nach der Wirkung des Gesetzes, sondern danach, ob dessen Inhalt nach dem Willen des Gesetzgebers in Form eines bestimmten Ge- oder Verbotes auch einem gezielten Individualzweck dient und gegen eine Schädigung eines im Gesetz festgelegten Rechtsgutes oder Individualinteresses gerichtet ist.

2. In Betracht kommen hier die Normen der §§ 1 II, 5 II S. 1 StVO, sowie möglicherweise § 315c I Nr. 2b, III StGB.

a) Grundsätzlich sind sowohl die Gebote der StVO als auch der Straftatbestand des § 315c StGB als Schutzgesetz anzusehen.[62]

b) Fraglich ist jedoch, ob der Schaden des B in den Schutzbereich dieser Bestimmungen fällt.

Dies ist nicht der Fall. Sie bezwecken nur den Schutz des anderen unmittelbar am Verkehr Beteiligten,[63] nicht aber des Halters des Fahrzeugs und dessen Rechtsgüter.

Damit liegt der Schaden am Kfz außerhalb des Schutzbereichs der Norm.

Ergebnis

B hat gegen A auch keinen Ersatzanspruch aus § 823 II BGB, §§ 1, 5 StVO, § 315c StGB.

hemmer-Methode: Bejahen Sie hier nicht vorschnell einen Schadensersatzanspruch. Die Frage der Zurechenbarkeit von Schäden, also die Frage nach dem Schutzzweck der Norm und Zurechnungszusammenhang, ist regelmäßig Schwerpunkt von Examensklausuren und muss deshalb zu Ihrem „Standardwissen“ gehören. Geben Sie dem Korrektor in knapper Sprache zu erkennen, dass Schutzbereichsaspekte dazu führen können, dass Schadensersatzansprüche entfallen. Zeigen Sie dabei, dass es hier nicht auf Tatsachen, sondern auf rechtliche Wertungen ankommt. Der Schutzbereich dient damit als letztes Korrektiv einer wertungsgemäß zu weitgehenden Haftung.

---

61 Grüneberg, a.a.O.; BGH, MDR 77, 738.

62 Grüneberg, § 823 BGB, Rn. 69.

63 Grüneberg, a.a.O.

V. Anspruch aus §§ 7, 18 StVG

Ein Anspruch aus §§ 7, 18 StVG scheidet aus, da diese Schadensersatzansprüche nicht das in Betrieb genommene Kfz betreffen.

B) Ansprüche des V gegen B

I. Anspruch aus § 433 II BGB

V könnte ein Zahlungsanspruch in Höhe von 14.000,- € gem. § 433 II BGB zustehen.

1. Zwischen V und B wurde ein Kaufvertrag über den Neuwagen Marke Lauda geschlossen, § 433 BGB.

2. Fraglich ist, ob B daraus zur Zahlung von 14.000,- € verpflichtet ist, § 433 II BGB.

Dies könnte deshalb zweifelhaft sein, weil B seinen alten Lauda zum Verkehrswert von 4.000,- € in Zahlung geben sollte.

a) Fraglich ist, wie sich diese Vereinbarung auf den Zahlungsanspruch des V auswirkt.

aa) Für die Fälle der Inzahlunggabe bestehen grds. mehrere Möglichkeiten der rechtlichen Gestaltung. In allen Fällen schließen die Parteien einen Kaufvertrag über den Neuwagen zum vollen Kaufpreis, hier 14.000,- €.

(1) Häufig wird dieser Kaufvertrag durch einen zweiten Vertrag, einen Vermittlungsvertrag, modifiziert, aufgrund dessen der Verkäufer den Wagen des Käufers als Vermittler entgegennimmt, den Kaufpreis in Höhe eines garantierten Mindestverkaufspreises stundet und den späteren Erlös verrechnet.[64]

Diesen Weg haben B und V nach dem Sachverhalt gerade nicht gewählt.

hemmer-Methode: Der Weg über einen Vermittlungsvertrag hatte früher hauptsächlich steuerliche Gründe. Die Kfz-Händler waren nämlich in voller Höhe des Verkaufspreises umsatzsteuerpflichtig, wenn sie ein Kfz im eigenen Namen weiterverkauften.
Diese Steuerpflicht ist mittlerweile durch eine Gesetzesänderung auf den Gewinn des Händlers beschränkt worden (vgl. § 25a UStG, sog. Differenzbesteuerung), sodass es aus steuerlicher Sicht keinen Unterschied mehr macht, ob der Händler in eigenem Namen auftritt oder nur einen Vermittlungsvertrag schließt.
Problematisch ist die Variante vor dem Hintergrund des Verbrauchsgüterkaufs. Der Händler hat wegen § 476 I S. 1 BGB keine Möglichkeit, die Haftung auszuschließen. Vermittelt er aber nur einen Vertrag zwischen seinem Kunden und dem Käufer, handelt es sich hier um einen Vertrag zwischen Privaten, bei dem die Haftung ausgeschlossen werden kann.
Problematisch ist in dieser Variante, ob es sich um ein Umgehungsgeschäft i.S.d. § 476 IV BGB handelt und wenn ja, welche Konsequenzen sich daraus ergeben. Vgl. Sie dazu BGH, Life&LAW 2007, 291 ff.

(2) E.A. nimmt in einem solchen Fall, in dem der Händler keinen Vermittlungsvertrag schließt, zwei getrennte Kaufverträge an, die über eine bloße Verrechnungsabrede miteinander verbunden sind. Dies widerspricht allerdings dem Parteiwillen, nach dem beide Verträge eine wirtschaftliche Einheit bilden sollen.

(3) Vielmehr ist in der Inzahlungnahme-Vereinbarung nach h.M. eine bloße Ersetzungsbefugnis für den Käufer zu sehen, einen Teil des Kaufpreises durch Hingabe des alten Pkw zu tilgen, § 364 I BGB analog.[65]

---

[64] Grüneberg, § 480 BGB, Rn. 6.

[65] Grüneberg, a.a.O.; BGH, Life&LAW 2008, 429 ff.

Danach bleibt es in jedem Fall bei der Zahlungspflicht in voller Höhe, auch dann, wenn dem Käufer die Hingabe des Altwagens nachträglich unmöglich wird.

bb) Diese rechtliche Einordnung begünstigt jedoch in den Fällen die Interessen des Neuwagenverkäufers einseitig, in denen den Käufer an der Unmöglichkeit kein Verschulden trifft.

Der Verkäufer erhält dann den vollen Kaufpreis, auch wenn er, um den Neuwagen an den Käufer überhaupt verkaufen zu können, den Altwagen zu hoch bewertet hat. Dieser Bewertungsvorteil käme nun dem Verkäufer allein zugute. Außerdem würde unberücksichtigt bleiben, dass der Neuwagenkäufer sich gerade nicht zu einer Geldleistung in voller Höhe verpflichten wollte und dazu möglicherweise auch nicht in der Lage war.[66]

Nach anderer Ansicht soll deshalb kein reiner Kaufvertrag, sondern ein gemischter Vertrag aus Kauf- und Tauschelementen anzunehmen sein.[67]

Danach soll der Käufer nicht den vollen Kaufpreis schulden, sondern den Altwagen zuzüglich des Differenzbetrages. Es bestünde also lediglich ein Zahlungsanspruch in Höhe von 10.000,- €.

Die Hingabe des Altwagens stellt dann keine Leistung an Erfüllungs Statt dar, § 364 I BGB, sondern ist selbst Erfüllung i.S.d. § 362 BGB.

Hinsichtlich des zerstörten Altwagens würden dann über § 480 BGB die kaufrechtlichen Mängelrechte eingreifen. V stünde dann ein Anspruch auf Schadensersatz statt der Leistung gem. §§ 280 I, III, 283 BGB zu, weil B entgegen der vertraglichen Abrede dem A den Altwagen überließ und er damit die Unmöglichkeit zu vertreten hat.

[66] Honsell, Jura 83,524.
[67] Medicus, Rn. 756.

hemmer-Methode: Machen Sie sich klar, dass es hier auf ein Verschulden des A nicht ankommt. Das Verschulden des B liegt darin, dass er den Wagen entgegen der Abrede mit V an A überlassen hat. Dieses Verschulden wäre für die Unmöglichkeit auch dann kausal, wenn A kein Fahrfehler unterlaufen wäre.
Das Überlassungsverbot stellt damit eine Haftungsverschärfung dar für den zufälligen Untergang des Autos bei abredewidriger Überlassung an Dritte.

Zwischenergebnis

Wenn man der Rechtsprechung folgt, hat V gegen B einen Anspruch auf Zahlung der 14.000,- € aus § 433 II BGB. Folgt man der Gegenauffassung, so hat V aus § 433 II BGB lediglich einen Zahlungsanspruch in Höhe von 10.000,- €. Zusätzlich steht ihm allerdings aus §§ 280 I, III, 283 BGB ein Schadensersatzanspruch in Höhe von 4.000,- € zu, sodass er auch nach der Gegenansicht letztlich 14.000,- € verlangen könnte.

hemmer-Methode: An dieser Stelle der Klausur konnten Sie den Meinungsstreit im Ergebnis also offen lassen, da man sowohl über eine Ersetzungsbefugnis als auch über einen gemischten Vertrag letztlich zu einem Anspruch in Höhe von 14.000,- € gelangt. Auch wenn der Meinungsstreit damit letztlich keine klausurentscheidende Bedeutung hat, wäre es dennoch falsch, auf die verschiedenen Argumente überhaupt nicht einzugehen.
Sie würden damit wertvolle Punkte verschenken!
Stellen Sie in der Klausur den Meinungsstreit mit den verschiedenen Argumenten dar und zeigen Sie dann auf, dass die verschiedenen Ansichten zum gleichen Ergebnis gelangen und Sie deshalb den Meinungsstreit nicht zu entscheiden brauchen.

Im Examen werden Ihnen häufig Konstellationen vorgesetzt, in denen Sie den Meinungsstreit letztlich offen lassen können. Der Klausursteller vermeidet auf diese Weise, dass Sie durch eine vertretbare Ansicht den gedachten Lösungsweg verlassen.

3. Etwas anderes könnte jedoch deshalb gelten, weil B mit Schreiben vom 07.09. den Rücktritt vom Vertrag erklärt hat, § 346 I BGB i.V.m. §§ 434, 437 Nr. 2 BGB.

a) Zunächst ist fraglich, ob auch für den Fall, dass im Kaufvertrag eine Ersetzungsbefugnis hinsichtlich der Inzahlunggabe des Altwagens vereinbart war, ein Rücktritt vom Kaufvertrag möglich ist.

Da es sich nach der Rechtsprechung um einen reinen Kaufvertrag handelt, muss bei Vorliegen der Voraussetzungen auch ein Rücktritt erfolgen können.

hemmer-Methode: Zur Begründung dieses Rücktrittsrechts darf hier nicht auf § 365 BGB zurückgegriffen werden. Diese Norm ist nur einschlägig, wenn der in Zahlung gegebene Altwagen mangelhaft ist, nicht wenn der Neuwagen einen Fehler aufweist. Dieser ist Gegenstand des Kaufvertrages, sodass die §§ 434 ff. BGB direkte Anwendung finden.
Der Fall, dass nicht der Neuwagen, sondern der Altwagen mangelhaft ist, ist ebenfalls von besonderer Klausurrelevanz. Hier gelangen Sie nämlich zu unterschiedlichen Ergebnissen, je nachdem, ob Sie eine Ersetzungsbefugnis oder einen gemischten Vertrag bejahen.
Lösen Sie den Fall mit der h.M. über die Figur der Ersetzungsbefugnis, so kann der Händler nach §§ 365, 434 ff. BGB den Gebrauchtwagen zurückgeben und stattdessen in voller Höhe Geldersatz verlangen. Der Kaufvertrag über den Neuwagen bleibt davon unberührt.
Nehmen Sie dagegen einen gemischten Vertrag an, so kann der Händler nur den ganzen Vertrag als solchen rückabwickeln.
Für den Käufer ist letztere Ansicht günstiger, da er, wenn man den Fall mit der h.M. löst, plötzlich zwei Pkw besitzt, nämlich den Neuwagen und den ursprünglich in Zahlung gegebenen Gebrauchtwagen, und zusätzlich den vollen Kaufpreis für den Neuwagen in bar zahlen muss.
Um dieses unbillige Ergebnis zu vermeiden, arbeitet die h.M. zum Teil mit einem konkludenten Gewährleistungsausschluss hinsichtlich des Altwagens.

Hat bereits Vollzug des Geschäfts stattgefunden, so kann der Käufer allerdings neben dem gezahlten Restkaufpreis nur den in Zahlung gegebenen Altwagen zurückverlangen. Ist der Verkäufer dazu außerstande, besteht diesbezüglich ein Anspruch auf Wertersatz gem. § 346 II BGB.

hemmer-Methode: Beachten Sie den Unterschied zwischen der Rückabwicklung des Vertrages im Wege des Rücktritts einerseits und der Rückabwicklung i.R.d. Schadensersatzanspruches statt der ganzen Leistung (großer Schadensersatz) andererseits.
Zu Unterschieden kann es insoweit kommen, als der Wert des Altwagens niedriger war als der vereinbarte Anrechnungspreis (= versteckter Rabatt).
Für den Fall des Rücktritts sind die Vertragsschließenden so zu stellen, als wäre der Vertrag nicht zustande gekommen. Hat der Käufer einen günstigen Anrechnungspreis für die Inzahlunggabe seines „Alten“ vereinbart, so ist es im Falle der Rückgängigmachung des Vertrages nicht gerechtfertigt, ihm diesen Vorteil zu Lasten des Verkäufers zu erhalten.

Beim Schadensersatzanspruch statt der Leistung i.R.d. § 281 I S. 3 BGB ist der Käufer dagegen so zu stellen, wie er stünde, wenn die Sache bei Gefahrübergang die vereinbarte Beschaffenheit gehabt hätte. Dann aber wäre der Käufer nicht nur von Wertverlusten seines in Zahlung gegebenen „Alten“ verschont geblieben, sondern ihm wäre auch der Vorteil eines für ihn günstigen Anrechnungspreises erhalten geblieben.[68]

Hier hat B den Altwagen aber nicht in Zahlung gegeben und auch noch nichts bezahlt.

Da er nicht zahlen will, geht es nur um die Frage, ob V seinen Kaufpreisanspruch behält. Dies ist dann nicht der Fall, wenn B wirksam vom Vertrag zurück treten konnte.

Bei bislang nicht vollzogenen Verträgen stellt der Rücktritt eine rechtsvernichtende Einwendung dar; die noch nicht erfüllten vertraglichen Leistungspflichten erlöschen.

hemmer-Methode: Machen Sie sich noch einmal die verschiedenen Wirkungsweisen des Rücktritts klar: Wurden die vertraglichen Leistungspflichten noch nicht erfüllt, führt der Rücktritt vom Vertrag zu deren Erlöschen (Rücktritt als rechtsvernichtende Einwendung). Wurde der Vertrag bereits vollzogen, bewirkt der Rücktritt die Umwandlung des Vertrages in ein Rückgewährschuldverhältnis (Rücktritt als anspruchsbegründende Voraussetzung).

b) Dazu müsste B überhaupt ein Rücktrittsrecht zustehen.

Ein solches könnte sich gem. § 437 Nr. 2 BGB aus §§ 323, 440, 475d BGB ergeben.

[68] Vgl. dazu die Entscheidung des BGH in NJW 1995, 518 f. = **juris**byhemmer.

aa) Der zwischen B und V geschlossene Kaufvertrag stellt einen gegenseitigen Vertrag i.S.d. § 323 I BGB dar. V hat seine hieraus resultierende Pflicht nicht vertragsgemäß erfüllt, wenn er B den Neuwagen nicht mangelfrei verschafft hätte, vgl. § 433 I S. 2 BGB.

Die Lackfehler auf der Motorhaube stellen einen Sachmangel gem. § 434 III S. 1 Nr. 2 lit a) BGB dar.

Daher entsprach das Fahrzeug nicht den objektiven Anforderungen, § 434 I Var.2 BGB.

Dieser Mangel war auch im Zeitpunkt des Gefahrenübergangs, also der Übergabe (§ 446 I BGB), vorhanden.

Da es sich vorliegend um einen Verbrauchsgüterkauf handelt, § 474 I S.1 BGB, wird dies jedenfalls gem. § 477 BGB vermutet.

bb) Ein Rücktritt vom Vertrag kommt aber gem. §§ 437 Nr. 2, 323 I BGB erst nach erfolglosem Ablauf einer Frist zur Nacherfüllung in Frage.

Zu prüfen wäre demnach, ob B dem V eine Frist gesetzt hat.

Darauf kommt es vorliegend jedoch nicht an, weil im Rahmen eines Verbrauchsgüterkaufs keine Frist gesetzt werden muss. Vielmehr läuft eine angemessene Frist automatisch ab dem Zeitpunkt der Mitteilung vom Mangel an.

Daran anknüpfend ergibt sich aus § 475d BGB in verschiedenen Varianten die Entbehrlichkeit einer Fristsetzung. Diese Vorschrift verdrängt §§ 323 II, 440 BGB.

Vorliegend könnte § 475d I Nr.1 BGB einschlägig sein, da er zwar einen Versuch der Nachbesserung unternommen hat, dies aber zu einem anderen Mangel geführt hat.

Für diesen Fall ist jedoch § 475d I Nr.2 BGB der speziellere Fall: Gelingt dem Verkäufer die Behebung des gerügten Mangels, zeigt sich aber ein anderer Mangel, muss nicht eine weitere Aufforderung zur Beseitigung dieses neuen Mangels erfolgen.

c) Mit Schreiben vom 7. September hat B gegenüber V den Rücktritt i.S.d. § 349 BGB erklärt. Die Ausübung des Rücktritts war auch im September noch möglich, da gem. § 218 I BGB die Wirksamkeit des Rücktritts an die Verjährung des Leistungs- bzw. Nacherfüllungsanspruches geknüpft ist. Dieser verjährt aber nach neuem Recht erst in zwei Jahren ab Übergabe der Sache, hier also am 20.03., vgl. § 438 I Nr. 3, II BGB.

Ergebnis

Da B wirksam vom Vertrag zurückgetreten ist, ist der Zahlungsanspruch des V aus § 433 II BGB erloschen.

II. Gegenanspruch des V aus § 346 II S. 1 Nr. 1 BGB

V steht allerdings ein Gegenanspruch auf Wertersatz wegen der von B gefahrenen Kilometer zu, § 346 II S. 1 Nr. 1 BGB.

Aus § 346 I BGB war B dazu verpflichtet, V die durch den Pkw gezogenen Nutzungen herauszugeben.

Da B diese Gebrauchsvorteile aber in Natur nicht herausgeben kann, muss er V gem. § 346 II S. 1 Nr. 1 BGB für die Nutzung des Pkw den objektiven Wert einer marktüblichen Mietgebühr ersetzen.

Ergebnis

Ein Ersatzanspruch steht V aus § 346 II S. 1 Nr. 1 BGB für die von B gefahrenen 10.000 Kilometer zu.

C) Ansprüche des C gegen A

I. Schadensanspruch gem. § 823 I BGB (+)

C könnte gegen A einen Schadensersatzanspruch nach § 823 I BGB haben.

1. Da C gem. §§ 929 S. 1, 158 I BGB (vgl. § 449 I BGB) noch nicht Eigentümer des geschädigten Wagens ist, solange er den vereinbarten Kaufpreis nicht vollständig entrichtet hat, kommt nur die Verletzung eines sonstigen Rechts i.S.d. § 823 I BGB in Betracht.

Als solches ist auch das Anwartschaftsrecht bzw. der berechtigte Besitz des Vorbehaltskäufers anzusehen.[69]

2. A hat den Unfall widerrechtlich und schuldhaft herbeigeführt. Somit ist er dem C grundsätzlich zum Schadensersatz verpflichtet.

3. Da A jedoch zugleich das noch bestehende Eigentum des K verletzt hat, ist fraglich, wie sich die Ansprüche des Eigentümers und des Anwartschaftsberechtigten zueinander verhalten.

Grundsätzlich steht der Ersatzanspruch bezüglich des Besitz- und Nutzungsschadens dem Käufer alleine zu. Im vorliegenden Fall geht es jedoch um den Substanzschaden.

Dieser ist entsprechend §§ 432, 1281 BGB von Käufer und Verkäufer als Mitgläubiger geltend zu machen.

hemmer-Methode: Das Verhältnis der Ansprüche von Eigentümer und Anwartschaftsberechtigtem ist äußerst umstritten. Arbeiten Sie hier mit Wertungsgesichtspunkten. Erhielte der Eigentümer den ganzen Schadensersatz, so bliebe unberücksichtigt, dass durch die bereits gezahlten Raten die Sache wirtschaftlich zum Teil dem Vorbehaltskäufer zustand.

[69] Grüneberg, § 823 BGB, Rn. 12.

Erhält er den Kaufpreisrest,[70] wäre er um den Zwischenzins bereichert, da die Zahlung entgegen der Kaufpreisvereinbarung nicht in Raten, sondern auf einmal erfolgt. Erhält der Käufer den ganzen Schadensersatz, besteht für den Verkäufer die Gefahr, dass er hinsichtlich des Restkaufpreises, der wegen § 446 BGB auch bei Untergang bestehen bleibt, nicht mehr ausreichend gesichert ist.

Der ursprüngliche Sicherungsgegenstand, die Eigentumsvorbehaltsware ist weggefallen, und wird durch Bargeld nicht adäquat ersetzt.

Deshalb erscheint es interessengerecht, wenn Vorbehaltsverkäufer und -käufer den Schadensersatz nur gemeinsam in analoger Anwendung der §§ 432, 1281 BGB geltend machen können. Leistet der Schädiger nur an einen von beiden, ist er allerdings grundsätzlich durch § 851 BGB geschützt.

Da C hier den Wagen bereits reparieren ließ und K damit wieder die gleiche Sicherheit hat wie vor dem Unfall, können Sie hier aber auch die Ansicht vertreten, dass C allein anspruchsberechtigt ist.[71]

Vergleichbare Konstellationen treten vor allem im Verhältnis Leasinggeber-Leasingnehmer auf, wenn ein Dritter die geleaste Sache beschädigt.

Hier hat der Leasinggeber einen Anspruch aus § 823 I BGB wegen Eigentumsverletzung, während der Leasingnehmer die Verletzung des berechtigten Besitzes als sonstiges Recht i.S.d. § 823 I BGB geltend machen kann.

[70] So BGHZ 39, 285, 288.

[71] Vgl. zu diesem Meinungsstreit Hemmer/Wüst, SachenR II, Rn. 52 ff.

II. Anspruch gem. § 823 II BGB, §§ 1 II, 5 II S. 1 StVO, § 315c I Nr. 2b, III StGB

Desgleichen besteht ein Anspruch gem. § 823 II BGB, §§ 1 II, 5 II S. 1 StVO, §§ 315c I Nr. 2b, III StGB.

III. §§ 18 I, 7 I StVG

Ebenso sind §§ 18 I, 7 I StVG gegeben, da A Fahrer des Fahrzeugs war und als solcher gem. § 18 I i.V.m. § 7 I StVG haftet.

D) Ansprüche des A gegen C

Ein Anspruch des A gegen C auf Freistellung von der Inanspruchnahme durch B könnte sich gem. §§ 670, 677, 683 BGB ergeben (vgl. auch § 257 BGB), wenn das Ausweichmanöver des A eine berechtigte GoA dargestellt hat.

Zwar handelt es sich hier nur um einen Schaden und nicht um eine Aufwendung, d.h. um ein freiwilliges Vermögensopfer.

§ 670 BGB wird aber auf Schäden entsprechend angewandt, wenn es sich um typische, mit der Geschäftsführung im Zusammenhang stehende Schäden handelt, die nicht nur Ausfluss des allgemeinen Lebensrisikos sind.

Ein solcher Anspruch setzt aber voraus, dass es sich bei dem Ausweichmanöver des A um ein fremdes Geschäft handelt.

Dies scheitert nicht schon daran, dass A auch ausgewichen ist, um Schaden von sich abzuwenden, da ein „auch-fremdes Geschäft“ ausreicht.[72]

Allerdings besteht nach h.M. ein Anspruch gegen den Unfallgegner nur dann, wenn dem Fahrer der Entlastungsbeweis nach § 7 II StVG gelingt.

[72] Grüneberg, § 677 BGB, Rn. 6.

Nur dann handelt es sich bei dem Ausweichmanöver um ein zumindest „auch-fremdes Geschäft“ i.S.d. §§ 670, 677, 683 BGB.

hemmer-Methode: Dieses Problem stellt eine examenstypische Fallkonstellation dar. In unseren Skripten sowie vor allem auch in unserem Hauptkurs stellen wir Ihnen diese typischen Problemfelder in immer neuen Varianten vor. Auf diese Weise lernen Sie frühzeitig problemorientiert.
Der Lernprozess ist dabei auf das Verstehen und nicht auf das Auswendiglernen der Probleme ausgerichtet. Im Examen werden Ihnen die Probleme nur sehr selten in der bekannten, auswendig gelernten Form wieder begegnen.
Über Erfolg oder Misserfolg entscheidet hier die Fähigkeit, das Problem zu erkennen und argumentativ zu lösen. Ihnen diese Fähigkeit zu vermitteln, ist Hauptanliegen unserer Arbeit. Die bloße Wissensanhäufung ist dagegen extrem arbeitsaufwändig und kaum erfolgversprechend.

Hier hat A die kritische Verkehrslage durch eigenes verkehrswidriges Verhalten herbeigeführt und kann sich deshalb nicht nach §§ 7 II, 18 StVG entlasten. Er handelte damit nur im eigenen Interesse, nämlich um seine Schadensersatzpflicht zu minimieren. Somit handelt es sich nicht um ein fremdes Geschäft.

Ergebnis

Damit besteht kein Anspruch des A gegen C auf Freistellung nach §§ 670, 677, 683 BGB.

hemmer-Methode: Schwerpunkt dieses Falles war neben der Inzahlunggabe eines Gebrauchtwagens die Haftung im Gefälligkeitsverhältnis. Diese ist immer wieder Gegenstand von Examens- und Übungsklausuren. Wichtig ist dabei, dass Sie genau unterscheiden zwischen reinem Gefälligkeitsverhältnis, Vertrag und gegebenenfalls einem sog. Gefälligkeitsverhältnis mit rechtsgeschäftlichem Charakter. Maßgeblich für diese Unterscheidung ist die Frage nach dem Rechtsbindungswillen der Parteien, den Sie aus den objektiven Interessen schließen können.
Weitere inhaltliche Schwerpunkte des Falles lagen im Schadensersatz- und Deliktsrecht. Hier ist es wichtig, dass Sie die maßgeblichen Punkte wie den Schutzzweck der Norm in knapper, verständlicher Sprache zu Papier bringen können. Diese Fähigkeit können Sie optimal in unseren Haupt- und Klausurenkursen trainieren!

Zusammenfassung

A) Ansprüche B gegen A hinsichtlich des zerstörten Wagens

I. Schadensersatzanspruch gem. §§ 604 I, 280 I, III, 283 BGB (+)

1. Fraglich, ob Leihvertrag i.S.d. §§ 598 ff. BGB (-) oder Gefälligkeitsverhältnis (+), aber jedenfalls § 604 BGB analog.
2. Rückgabe ist A infolge eines von ihm zu vertretenden Umstandes unmöglich geworden, §§ 280 I, III, 283 BGB; §§ 1, 5 StVO.
3. Schadensersatz analog §§ 604 I, 280 I, III, 283 BGB i.H.v. 4.800,- €, da auf Wiederbeschaffungswert abzustellen ist, Verlust des Schadensfreiheitsrabatts nicht kausal

II. § 280 I BGB (Pflichtverletzung im rechtsgeschäftlichen Gefälligkeitsverhältnis) (+)

1. Schuldverhältnis (+)
2. schuldhafte Pflichtverletzung, hier Nebenpflicht des Gefälligkeitsverhältnisses (+)
3. Schaden: auch Verlust d. Freiheitsrabatts i.d. Haftpflichtversicherung

III. Schadensersatz gem. § 823 I BGB (+)

1. Rechtsgutverletzung (+)
2. Verschulden i.S.d. § 276 BGB (+)
3. Schaden: nur der Wiederbeschaffungswert des Pkw, nicht der Verlust des Schadensfreiheitsrabatts (keine haftungsausfüllende Kausalität)

IV. Schadensersatz gem. § 823 II BGB i.V.m. Schutzgesetz, §§ 1, 5 StVO, § 315c StGB (-)

Schutzgesetze (+)

aber: Schaden des B fällt nicht in den Schutzbereich dieser Normen.

V. §§ 7, 18 StVG (-), erfassen nicht das in Betrieb genommene Kfz

B) Ansprüche V gegen B

I. Anspruch aus § 433 II BGB grds. (+)

1. Kaufvertrag (+)
2. Zahlungsverpflichtung: nach Ansicht des BGH Kaufvertrag mit Ersetzungsbefugnis, daher Anspruch auf 14.000,- €
3. Anspruch aber erloschen durch wirksamen Rücktritt vom Vertrag

II. Gegenanspruch des V gem. § 346 II S. 1 Nr. 1 BGB (+)

B muss Wertersatz für gefahrene Kilometer leisten. Wirkt sich aber gegenüber Rücktrittsrecht nicht aus, nur bei Rückabwicklung beachtlich.

C) Ansprüche C gegen A

I. Schadensersatzanspruch gem. § 823 I BGB (+)

1. verletztes Rechtsgut Anwartschaftsrecht
2. Rechtswidrigkeit u. Schuld (+)
3. Verhältnis zum Ersatzanspruch des Eigentümers entspr. §§ 432, 1281 BGB.

II. Anspruch gem. § 823 II BGB, §§ 1, 5 StVO, § 315c I Nr. 2b, III StGB (+).

III. §§ 18 I, 7 I StVG (+)

D) Ansprüche A gegen C (-)

Kein Anspruch auf Freistellung gem. §§ 670, 677, 683 BGB i.V.m. § 257 BGB

Fall 4:

Sachverhalt:

Motorradfan Rudi Rausch (R) sieht im Mai bei einem „Big Bike“ Rennen in Hockenheim eine Kawahonda CRX, die ihn wegen des „heißen“ Aussehens und der „Super-“ Leistung sofort begeistert.

Da R in Zukunft selbst Rennen fahren will, spricht er den an dem Motorrad arbeitenden Sepp Schlögel (S) an, den er für den Eigentümer hält. In Wahrheit ist S der Mechaniker des Eigentümers und Rennfahrers Toni Tang (T).

Auf die Frage des R, ob das Motorrad zu verkaufen sei, antwortete S nur: „Ja, für 10.000,- € kannst Du die Maschine haben.“

S wollte dabei für T auftreten, der ihn beauftragt hatte, für die Veräußerung der Maschine zu sorgen, da T sich schon für das nächste Rennen eine neue Kawahonda CBX bestellt hatte. Für die Veräußerung war S von T Vollmacht erteilt worden. Von alledem wusste R aber nichts, da S nichts davon erwähnte.

Man vereinbarte, dass das Motorrad am nächsten Tag von R aus dem Fahrerlager abgeholt werden sollte.

R erschien jedoch zu dem vereinbarten Termin nicht. Aufforderungen des S, die Maschine doch abzuholen, kam R ebenfalls nicht nach. T, dem S vom erfolgreichen Verkauf erzählt hatte, muss die Maschine in einer extra Garage unterstellen, was ihn von Juni bis August monatlich 50,- € kostet.

Da sich weiterhin seitens des R nichts tut, setzt ihm S mit Schreiben vom 30. August eine letzte Frist bis zum 4. September. Danach werde er „Schadensersatz wegen Nichterfüllung verlangen und vom Vertrag zurücktreten.“

Da R wiederum keine Reaktion zeigt, begibt sich T zu seinem Rechtsanwalt Ernst Eisenhart (E) und fragt, was zu tun sei. Ihn interessiert, ob er von R Schadensersatz verlangen kann. Bei dem „gescheiterten Geschäft“ sei ihm auch ein Gewinn von 1.500,- € entgangen.

Auf ein Schreiben des T wendet R ein, „er wisse gar nicht, was T von ihm wolle, er kenne T gar nicht und habe nie etwas mit ihm zu tun gehabt.“

Bearbeitervermerk:

Welche Schadensersatzansprüche stehen T gegen R zu?

Abwandlung:

T lässt sich, da S ihm ja die ganze Sache eingebrockt habe, dessen Ansprüche gegen R abtreten. Ändert sich jetzt die Rechtslage?

Lösung

A) Schadensersatzansprüche des T gegen R

Anmerkung: Falsch war es, hier mit einem Zahlungsanspruch aus § 433 II BGB zu beginnen, was aber viele gemacht haben!
Nach der Fragestellung ist allein ein **Schadensersatzanspruch** zu prüfen. Auch die Rechtsfolge des § 433 II passt nicht zum Begehren des T. Verärgern Sie den Korrektor nicht, indem Sie Anspruchsgrundlagen prüfen, nach denen nicht gefragt ist!

I. Anspruch auf Schadensersatz aus §§ 280 I, III, 281 I BGB und/oder §§ 280 II, 286 BGB

Als Schadensposten kommen hier der **entgangene Gewinn** und die entstandenen **Unterstellkosten** in Betracht. Zu differenzieren ist i.R.d. Schadensersatzanspruchs weiter, ob das Motorrad noch geliefert wird oder nicht, wobei hier auch der erklärte Rücktritt eine Rolle spielt (näher dazu unten).

Dann müssten grundsätzlich die Voraussetzungen der §§ 280 I, III, 281 I BGB („Schadensersatz statt der Leistung") bzw. §§ 280 II, 286 BGB („Schadensersatz neben der Leistung") vorliegen.

1. Allerdings könnte jedenfalls der **Anspruch** aus §§ 280 I, III, 281 I BGB schon deshalb **entfallen**, weil sich T möglicherweise für den „Rücktritt vom Vertrag" und daher für eine andere Rechtsfolge als Schadensersatz entschieden hat.

Zu beachten ist jedoch, dass Rücktritt und Schadensersatz statt der Leistung gemäß § 325 BGB in einem Alternativverhältnis zueinander stehen.

Der Gläubiger kann daher vom Vertrag zurücktreten und verliert hierdurch nicht die Möglichkeit, Schadensersatz zu verlangen.

hemmer-Methode: Die gilt sowohl für Schadensersatzansprüche statt der Leistung (§§ 281, 282, 283 BGB i.V.m. §§ 280 I, 311a BGB) als auch für einen eventuellen, bis zum Rücktritt entstanden Verzögerungsschaden (§§ 280 I, II, 286 BGB) sowie für Begleitschäden (§ 280 I BGB).[73]

Zwischenergebnis: Der Anspruch auf Schadensersatz ist daher hier nicht schon deshalb weggefallen, weil T den Rücktritt vom Vertrag erklärt hat

2. Der Anspruch aus §§ 280 I, III, 281 I BGB könnte jedoch ausgeschlossen sein, wenn §§ 280 I, II, 286 BGB vorgeht und somit lex specialis ist.

a) Grundsätzlich ist ein Nebeneinander von §§ 280 I, III, 281 I BGB und §§ 280 II, 286 BGB bis zum Ablauf der Nachfrist möglich, da die §§ 280 I, III, 281 I BGB den Nichterfüllungsschaden betreffen und §§ 280 I, II, 286 BGB den Verzögerungsschaden, der neben dem nachträglich entstehenden Anspruch auf Schadensersatz statt der Leistung bestehen bleibt.

b) Nach Ablauf einer angemessenen Nachfrist hat der Gläubiger dann die Möglichkeit, vom Schuldner Schadensersatz statt der Leistung zu verlangen. Sobald die Erklärung des Gläubigers mit dem Schadensersatzbegehren dem Schuldner zugegangen ist, erlischt der Anspruch auf Erfüllung, § 281 IV BGB.[74]

Bis zum Zeitpunkt des Schadensersatzverlangens stehen Erfüllungsanspruch und Schadensersatzanspruch nebeneinander.[75]

---

73 Vgl. Grüneberg, § 325 BGB, Rn. 2 ff.

74 Und damit auch der Anspruch auf Fälligkeitszinsen, vgl. Grüneberg, § 281 BGB, Rn. 52.

75 Sog. elektive Konkurrenz.

hemmer-Methode: Beachten Sie, dass es sich bei dem Verlangen des Gläubigers um eine einseitige empfangsbedürftige Erklärung handelt. Auf die rechtsgeschäftsähnliche Handlung (z.B. auch die Mahnung) können die Vorschriften über Rechtsgeschäfte entsprechend Anwendung finden. Die Erklärung muss eindeutig den Willen des Erklärenden (§§ 133, 157 BGB analog) beinhalten, sich auf den Schadensersatz zu beschränken.

Erst mit Wegfall des Erfüllungsanspruchs sind Verzugsschäden (für die Zukunft) ausgeschlossen.

c) Dabei bleibt der Anspruch auf Ersatz des vor dem Ablauf der Nachfrist entstandenen Verspätungsschadens aber bestehen, auch wenn dem Gläubiger nachträglich gemäß §§ 280 I, III, 281 I BGB ein Schadensersatz statt der Leistung erwächst.[76]

Die §§ 280 I, III, 281 I BGB ergänzen damit die §§ 280 I, II, 286 I BGB, verdrängen sie aber nicht. Es geht also lediglich um die Zuordnung der entstandenen Schadensposten zu der einen oder der anderen Anspruchsgrundlage.

Eine Einbeziehung des Verzögerungsschadens in § 281 BGB ist aber (anders als früher vor der Schuldrechtsreform von der Rechtsprechung praktiziert) nicht denkbar; beide Ansprüche bleiben nebeneinander bestehen.[77]

d) Etwas anderes könnte sich aber dann ergeben, wenn **§ 281** auf Ansprüche **auf Leistung von Geld generell unanwendbar** ist.

aa) Grundsätzlich wird dem Gläubiger der durch die Nichtleistung von Geld entstehende Schaden einschließlich aller Folgeschäden durch §§ 280 II, 286 BGB ersetzt.[78]

Den Primäranspruch auf Leistung von Geld in einen Schadensersatzanspruch auf Leistung von Geld umzuwandeln, macht keinen Sinn.

bb) Etwas **anderes gilt** aber bei Entgeltansprüchen aus einem **gegenseitigen Vertrag**, wie hier dem Kaufvertrag: Ist bei einem gegenseitigen Vertrag § 281 BGB wegen Nichterfüllung einer Hauptleistungspflicht anzuwenden, soll die Möglichkeit der Schadensermittlung nach der Differenzmethode möglich sein und zwar auch dann, wenn die Leistungsstörung in der Nichterfüllung der Entgeltspflicht besteht.[79]

Damit wird ein Anspruch aus §§ 280 I, III, 281 I BGB nicht durch §§ 280 I, II, 286 I BGB verdrängt.

Zwischenergebnis: Grundsätzlich kommt für die vorliegende Fallgestaltung ein Schadensersatzanspruch aus §§ 280 I, III, 281 I BGB und §§ 280 I, II 286 BGB in Betracht.

hemmer-Methode: Zur Frage der Konkurrenzen konnte hier schon (knapp) Stellung genommen werden, da möglicherweise Ansprüche grundsätzlich entfallen. Ziehen Sie deshalb obige Erörterung aus klausurtaktischen Erwägungen vor! Viele Bearbeiter sind zu dieser Problematik in der Klausur überhaupt nicht mehr gekommen, weil sie die Ansprüche aus anderen Gründen haben scheitern lassen.

3. T kann jedoch nur dann gegen R vorgehen, wenn er überhaupt als **Inhaber** eines solchen Anspruchs in Frage kommt.

Dazu müsste er **Vertragspartner** gewesen sein, d.h. zwischen T und R müsste ein Vertrag zustande gekommen sein, §§ 145 ff.

[76] Vgl. BGH, NJW 1975, 1740 = **juris**byhemmer.

[77] Grüneberg, § 281 BGB, Rn. 17 und § 286 BGB Rn. 44.

[78] Grüneberg, § 281 BGB, Rn. 5.

[79] Grüneberg, § 281 BGB, Rn. 5.

a) Eine eigene Willenserklärung hat T gegenüber R nicht abgegeben.

b) Auch die Möglichkeit einer sogenannten **Verpflichtungsermächtigung** gemäß § 185 BGB analog scheidet aus, da dieser auf Verpflichtungsgeschäfte nicht anwendbar ist.[80] Auf die Voraussetzungen der §§ 164 ff. BGB käme es in diesem Fall nicht mehr an.

Gesetzlich vorgesehen ist nur die Verfügungsermächtigung.

hemmer-Methode: Anders nur bei § 1357 I S. 2 BGB, der „im Extremfall" im Fall des Handelns nur in eigenem Namen als gesetzliche Verpflichtungsermächtigung verstanden wird.[81]

Die Annahme einer Verpflichtungsermächtigung - obgleich gesetzlich nicht vorgesehen - liefe auf eine unzulässige Umgehung des Vertretungsrechts hinaus. Insbesondere der Offenkundigkeitsgrundsatz würde umgangen.

Außerdem besteht auch keine Regelungslücke. Wer einen Dritten durch ein Rechtsgeschäft verpflichten will, kann und soll sich der §§ 164 ff. BGB bedienen und insbesondere seine Vertreterstellung offen legen.

c) S könnte aber als **Vertreter** des T wirksam für diesen aufgetreten sein, sodass ein Vertrag zwischen T und R zustande gekommen wäre, §§ 164 ff. BGB.

Daher sind im Folgenden die Voraussetzungen für eine wirksame Vertretung des T durch S zu prüfen.

aa) Eine **eigene Willenserklärung** des S gegenüber R, mit diesem einen Kaufvertrag abschließen zu wollen, liegt vor.

[80] Vgl. Grüneberg § 185 BGB, Rn. 3 und 13.

[81] Grüneberg, § 1357 BGB, Rn. 3.

bb) Dabei handelte S auch mit **Innenvollmacht** gemäß § 167 I Alt. 1 BGB (vgl. auch die Legaldefinition der Vollmacht in § 166 II BGB).

cc) S müsste aber auch **in fremdem Namen** gehandelt haben, sog. Offenkundigkeitsgrundsatz.

(1) S ist vorliegend **nicht ausdrücklich** als Vertreter des T aufgetreten.

(2) Es ergibt sich aber auch **nicht** ohne weiteres **aus den Umständen**, für wen S handeln wollte, § 164 I S. 2 BGB.

Denn auch ein an einem Motorrad arbeitender Mechaniker kann Eigentümer desselben sein. Damit greift § 164 I S. 2 BGB vorliegend insoweit nicht ein.

(3) Auch die Grundsätze des **Geschäfts mit dem Inhaber des Gewerbebetriebs** sind hier nicht einschlägig.

Dabei handelt es sich ebenfalls um einen Fall des § 164 I S. 2 BGB.

Hier liegt kein typischer Fall vor, da es sich nicht um ein von vornherein **unternehmensbezogenes Geschäft** handelt[82], aus dem grundsätzlich (nur) der Geschäftsinhaber verpflichtet wird. Außerdem ist fraglich, ob hier überhaupt ein „Gewerbe" in diesem Sinne betrieben worden ist.

(4) Es könnten jedoch die Grundsätze über das **„Geschäft für den, den es angeht"**, eingreifen.

Dabei handelt es sich hier nicht um ein offenes Geschäft für den, den es angeht, möglicherweise aber um ein **verdecktes**.

Bei den „Geschäften für den, den es angeht" erfolgt eine teleologische Reduktion des § 164 BGB, d.h. ein Verzicht auf das Offenkundigkeitsprinzip ist möglich, wenn es dem Vertragspartner völlig egal ist, mit wem er das Geschäft abschließt.

[82] Vgl. Grüneberg, § 164 BGB, Rn. 2.

Darunter fallen grundsätzlich **die „Bargeschäfte des täglichen Lebens"**.

Dies gilt unstreitig jedenfalls für die dingliche Einigung beim Eigentumserwerb an beweglichen Sachen.

Aber auch der schuldrechtliche Vertrag fällt nach richtiger Ansicht grundsätzlich darunter.[83]

Um ein solches Bargeschäft des täglichen Lebens handelt es sich hier aber **nicht**.

Ein Motorradkauf mit einer Kaufsumme von 10.000,- € kann nicht mehr als Bargeschäft des täglichen Lebens angesehen werden.

Bei diesem Vertrag kann man R nicht unterstellen, ihm sei es egal gewesen, mit wem er kontrahiert.

Dies ergibt sich auch daraus, dass R auf das Schreiben des E einwendet, er wisse nichts von T und wolle mit ihm auch nichts zu tun haben.

Anmerkung: Der Bearbeiter der Klausur durfte an dieser Stelle bereits aus klausurtaktischen Gründen unter keinen Umständen die Annahme eines Bargeschäfts des täglichen Lebens bejahen, da ansonsten sämtliche Folgeprobleme der Klausur entfallen würden!

d) Es könnte aber eine **nachträgliche Genehmigung** des Vertragsschlusses gemäß § 184 BGB eingreifen.

Eine solche Genehmigungsmöglichkeit besteht jedoch **nur dann, wenn ein Handeln in fremdem Namen** vorliegt. Da dies aber gerade - wie oben gezeigt - nicht vorliegt, ist eine Genehmigungsmöglichkeit für T von vornherein ausgeschlossen.

Anders wäre es nur - für den hier nicht vorliegenden Fall - wenn ein vollmachtloser Vertreter gehandelt hätte. Denn dieser tritt in fremdem Namen auf, hat aber keine Berechtigung dazu.

e) Da ein Handeln des S für T nicht ersichtlich ist, greift **im Zweifel** die Regel des **§ 164 II BGB** ein.

Demnach ist der Mangel des Willens des S, im eigenen Namen zu handeln, bedeutungslos. Es handelt sich daher um ein Eigengeschäft des S mit R.

Dabei ist § 164 II BGB insoweit leerlaufend. Denn bereits aus allgemeinen Auslegungsregeln (§§ 133, 157 BGB) und aus § 164 I BGB ergibt sich, dass der für einen anderen Handelnde selbst aus dem Rechtsgeschäft berechtigt und verpflichtet wird, wenn er seinen Vertreterwillen nicht erkennbar gemacht hat.

S kann dieses auch nicht anfechten, da § 164 II BGB einer solchen Anfechtung entgegensteht.[84] Dabei handelt es sich um die eigentliche Aussage des § 164 II BGB!

Doch selbst wenn S das Rechtsgeschäft anfechten könnte, würde dies dem Anspruch des T gegen R nicht zum Erfolg verhelfen, denn T würde dadurch nicht zum Vertragspartner.

Die Anfechtung beseitigt nur das fehlerhafte Rechtsgeschäft, macht aber nicht einen Dritten zum Vertragspartner.

Zwischenergebnis: Da S gegenüber R seinen Vertreterwillen nicht erkennbar gemacht hat, wird er selbst aus dem Kaufvertrag berechtigt und verpflichtet. Dies ergibt sich bereits aus allgemeinen Auslegungsregeln und aus § 164 I BGB.

[83] Grüneberg, § 164 BGB, Rn. 8.

[84] Vgl. Grüneberg, § 164 BGB, Rn. 16.

T hat demnach gegen R keinen Anspruch aus §§ 280 I, III, 281 I BGB.

Da R damit auch nicht in Verzug kommen konnte, weil T gegenüber eine vertragliche Pflicht gar nicht bestand, scheidet auch ein Anspruch aus **§§ 280 I, II, 286 BGB** auf Ersatz des dem T entstandenen „Verspätungsschaden" aus.

II. Anspruch aus § 823 I bzw. II BGB (-)

Ein möglicher Anspruch des T gegen R aus § 823 I BGB entfällt schon deshalb, weil es sich bei den geltend gemachten Posten um reine Vermögensschäden handelt, die **mangels Rechtsgutverletzung** von § 823 I BGB nicht erfasst werden.

Auch für § 823 II BGB fehlen im Sachverhalt Anhaltspunkte für die Verletzung eines **Schutzgesetzes** (z.B. R hatte von vornherein vor, nicht zu leisten).

Ergebnis: Eigene Schadensersatzansprüche des T gegen R scheiden aus.

Anmerkung: (von der Fallfrage nicht umfasst!)
In Betracht käme noch ein Anspruch gem. **§ 304 BGB**. Dabei handelt es sich um einen Aufwendungsersatzanspruch, **nicht** einen **Schadensersatzanspruch**. Die Unterbringungskosten für das Motorrad könnten darüber aber grundsätzlich auch ersetzt verlangt werden. Allerdings ist T wiederum **nicht Vertragspartner**, R also ihm gegenüber keinesfalls im Annahmeverzug i.S.d. §§ 293 ff. BGB.
In Betracht könnte noch ein Anspruch aus **§§ 677, 683, 670 BGB** kommen. Auch hier handelt es sich um einen Aufwendungsersatzanspruch.
Da sich T für den Vertragspartner des R hielt, hat er mit der Unterstellung des Motorrades aber ein eigenes Geschäft geführt. Es ist grundsätzlich Sache des Schuldners, im Gläubigerverzug für die Aufbewahrung des Gegenstandes zu sorgen. Als Ausgleich erhält er ja dann auch den Anspruch aus § 304 BGB. Die Rechtsprechung kommt zum Teil über das auch fremde Geschäft zu einem anderen Ergebnis.
Diese ist aber für die Fälle des gescheiterten Vertrages abzulehnen (a.A. nur mit guter Begründung vertretbar). Aufgrund der klaren Fallfrage erscheint es nicht mehr vertretbar, bereits hier (näher dazu unten) eine Drittschadensliquidation zu diskutieren. Die Abwandlung verlöre an Bedeutung. Dann hätte T nur über S, der den Schaden des T bei Bejahung der Voraussetzungen der Drittschadensliquidation geltend machen könnte, Ansprüche gegen R **nach Abtretung** haben können. Dies war von der Fallfrage im Ausgangsfall nicht erfasst. Merken Sie sich: Es liquidiert nur der **Anspruchsberechtigte** ohne Schaden. Der Schaden wird zur Anspruchsgrundlage gezogen. Anders beim Vertrag mit Schutzwirkung: Dort wird die Anspruchsgrundlage zum Schaden gezogen. Bei der Drittschadensliquidation klagt also der Nichtgeschädigte, beim Vertrag mit Schutzwirkung der Geschädigte.

B) Ansprüche T gegen R aus abgetretenem Recht

I. Ansprüche S gegen R aus §§ 280 I, III, 281 I BGB

S selbst müsste einen Schadensersatzanspruch gegen R haben, den er T abgetreten haben könnte.

In Fragekäme möglicherweise ein Schadensersatzanspruch des S gegen R aus **§§ 280 I, III, 281 I BGB**.

§ 281 I BGB ist, wie oben bereits festgestellt, auch anwendbar.

Als **Schadensposten** kommt hier der **entgangene Gewinn** in Betracht.

Nach der Differenztheorie wären dies die geltend gemachten 1.500,- €.

Die Unterstellkosten werden von der Anspruchsgrundlage auf Schadensersatz statt der Leistung nicht erfasst (vgl. dazu unten).

Fraglich ist, ob die Voraussetzungen der §§ 280 I, III, 281 I BGB vorliegen.

1. Zwischen R und S ist ein **wirksamer Kaufvertrag** zustande gekommen.

Vom objektiven Empfängerhorizont des R hat S den Vertrag in eigenem Namen geschlossen (dazu schon oben).

2. Gemäß § 280 I S. 1 BGB müsste R aus diesem Schuldverhältnis eine **Pflicht verletzt** haben. Hier kommen zwei Leistungspflichten in Betracht: Zum einen die Nichtzahlung des Kaufpreises und zum anderen die Nichtabnahme der Kaufsache.

a) Unproblematisch liegt eine Pflichtverletzung in der **Nichtentrichtung des vereinbarten Kaufpreises** (§ 433 II Alt. 1 BGB).[85] Durch die nicht rechtzeitige Zahlung trotz der Terminvereinbarung hat der Käufer seine Pflicht aus dem Kaufvertrag verletzt.

b) In Hinblick auf die **Abnahme** des Motorrads handelt es sich ebenso um eine Pflicht des Käufers, vgl. § 433 II Alt. 2 BGB. Ob sie darüber hinaus eine Hauptleistungspflicht ist, die mit der Übergabe und Übereignung der Kaufsache in einem synallagmatischen Verhältnis steht, kann offen bleiben, denn dies wird von § 280 I BGB nicht vorausgesetzt.

c) Das Vertretenmüssen der Pflichtverletzung wird gemäß § 280 I S. 2 BGB (widerleglich) vermutet.

[85] Zur Einredefreiheit der Forderung s.u.

3. Voraussetzungen der §§ 280 III, 281 BGB

Zusätzlich sind die Voraussetzungen der §§ 280 III, 281 BGB zu prüfen. Nur dann kann der Gläubiger Schadensersatz statt der Leistung verlangen. § 280 III BGB verweist auf §§ 281 - 283 BGB.

Bei der Nichterbringung einer noch möglichen Leistungspflicht ist § 281 BGB einschlägig.

Fraglich ist, ob R auch nach Setzung einer angemessenen Nachfrist eine fällige und einredefreie Leistung nicht erbracht hat.

a) Nichtleistung trotz Fälligkeit

Die Nichtleistung führt nur dann zu den Schadensersatzfolgen des § 281 BGB, wenn sie trotz einer fälligen und einredefreien Forderung unterbleibt.

aa) R leistete trotz fälliger Kaufpreisforderung nicht. Die Fälligkeit ergibt sich aus der ausdrücklichen Vereinbarung, nach der es zur Abwicklung des Vertrags am 29.05. kommen sollte, vgl. § 271 BGB.

bb) Problematischer erscheint die **Einredefreiheit** der Forderung.

Das Bestehen einer dauerhaften Einrede schließt die Anwendung des § 281 BGB aus[86], da dieser einen durchsetzbaren Anspruch erfordert, der bei einer Einrede nicht vorliegt.[87]

Der Leistungspflicht aus dem gegenseitigen Kaufvertrag könnte hier die **Einrede des nichterfüllten Vertrags** entgegenstehen, da der Vertragspartner S (!) seinerseits die ihm obliegende Leistung nicht bewirkt hat.

[86] Grüneberg, § 281 BGB, Rn. 8 a.E.

[87] Dies gilt aber nicht für das Zurückbehaltungsrecht nach § 273 BGB.

Grundsätzlich führt auch diese Einrede zum Ausschluss des Rechts, Schadensersatz statt der Leistung zu fordern.

Zu prüfen sind daher die Voraussetzungen des § 320 BGB.

(1) Hinsichtlich des Gegenseitigkeitsverhältnisses ist dies ebenso unproblematisch wie bei der wirksamen und fälligen Leistungspflicht.

(2) Jedoch würde eine Anwendung des § 320 BGB dazu führen, dass R zwar schuldhaft seine Leistungspflicht verletzt hat, im Ergebnis aber nur wegen Vorliegens eines gegenseitigen Vertrags nicht haften würde. Ein Schadensersatzbegehren wäre dann so gut wie immer ausgeschlossen.

(3) Daher ist für ein Berufen auf das Leistungsverweigerungsrecht als ungeschriebenes Tatbestandsmerkmal stets die **eigene Vertragstreue** des Schuldners erforderlich.[88]

Der Schuldner soll nur dann die Einrede des nichterfüllten Vertrags erheben dürfen, wenn er seinerseits am Vertrag festhält.[89]

Will er sich aber vom Vertrag lösen, so fehlt es an den Voraussetzungen des § 320 BGB. Hier spricht vieles dafür davon auszugehen, dass R durch die Weigerung, mit S in Kontakt zu treten, deutlich gemacht hat, dass er keine Fortgeltung des Vertrages wünscht. Folglich scheidet schon aus diesem Grund eine Anwendung des § 320 BGB aus.

(4) Beruft sich der Schuldner auf § 320 BGB, obwohl er selbst seine Leistungspflicht verletzt hat, handelt er zudem **rechtsmissbräuchlich** (§ 242 BGB)[90]. Die Einrede wäre dann ausgeschlossen.

(5) Zwischenergebnis: R steht somit die Einrede des nicht erfüllten Vertrags **nicht** zu.

hemmer-Methode: Dies muss im Ergebnis so sein. Ansonsten könnte der Schuldner trotz der eigenen Pflichtverletzung einem Schadensersatzanspruch entgehen. Eine mangelnde Vertragstreue könnte zwar auch über das Vorliegen der Voraussetzungen des Schuldnerverzugs nachgewiesen werden.[91] Hüten Sie sich aber davor, „durch die Hintertür“ bei gegenseitigen Verträgen die Voraussetzungen des Verzugs ins Spiel zu bringen. Der Verzugseintritt ist gerade nicht mehr i.R.d. Schadensersatzes statt der Leistung zu prüfen.

b) Erfolglose Nachfristsetzung

aa) Möglicherweise kann ganz von der Erforderlichkeit einer Fristsetzung abgesehen werden, da die Weigerung des R hier dauerhaft und endgültig erscheint, da er überhaupt nicht reagiert, vgl. § 281 II Alt. 1 BGB.

Die **Fristsetzung** ist wohl wegen offensichtlicher Zwecklosigkeit **entbehrlich, § 323 II Nr. 1 BGB**. Dies kann aber **offen bleiben**, wenn eine Nachfrist erfolglos gesetzt wurde:

bb) Die **Nachfristsetzung** erfordert eine unmissverständliche und eindeutige Leistungsaufforderung.

Nicht nötig ist Androhung bestimmter Rechtsfolgen, z.B. Schadensersatz, für den Fall des fruchtlosen Verstreichens der Frist.

S hat durch die „letzte“ Fristsetzung bis zum 04.09. den R eindeutig zur Leistung aufgefordert. Dass S auch hier als Vertreter des T handeln wollte, bleibt wiederum unbeachtlich, § 164 II BGB.

---

88 Grüneberg, § 320 BGB, Rn. 6.

89 BGH, NJW 2002, 3541 = **juris**byhemmer; BGH 50, 177.

90 Vgl. Grüneberg, § 281 BGB, Rn. 35.

91 Grüneberg, § 320 BGB, Rn. 6.

cc) R kam dem Leistungsverlangen innerhalb dieser Frist nicht nach.

dd) Die Frist müsste auch **ausreichend lang** gewesen sein, d.h. sie muss dem Schuldverhältnis entsprechend angemessen sein. Dies lässt sich nicht generell beurteilen.

Vorliegend wurde R eine Frist von vier Tagen gesetzt.

Diese erscheint als **angemessen lang**, da insbesondere der Schuldner für die Zahlungspflicht verantwortlich ist. Besondere Anhaltspunkte, die etwas anderes begründen könnten - etwa, dass R nicht liquide ist - liegen nicht vor.

Auch hinsichtlich der Abholung erscheint die Frist als ausreichend lang.

Doch selbst wenn man von einer zu kurzen Frist ausgehen würde, wird automatisch eine angemessene Frist in Lauf gesetzt.[92]

Vorliegend ist auch nichts dafür ersichtlich, dass S die Abholung und Zahlung des R nach Ablauf einer zu kurzen Frist nicht mehr annehmen wolle.

4. Schaden

Problematisch ist jedoch, ob **S** überhaupt einen **Schaden** hat, den er i.R.d. §§ 280 I, III, 281 I BGB geltend machen kann.

a) Das Motorrad steht vorliegend nicht im Eigentum des S. Dieser war nur zum Verkauf desselben bevollmächtigt.

Der hier geltend gemachte Gewinn ist nicht S, sondern T entgangen, da dieser der Eigentümer des Motorrads ist.

Damit hat S **insoweit keinen eigenen Schaden**, den er im Wege der §§ 280 I, III, 281 I BGB geltend machen könnte (vgl. aber noch einmal unten c.).

b) Möglicherweise käme hier aber wegen dieses Schadens ein Fall der **Drittschadensliquidation**[93] in Betracht.

Dabei wird der (Dritt-)Schaden zum Anspruchsberechtigten gezogen. Dieser liquidiert dann einen fremden Schaden. Er ist aber dazu verpflichtet, den (jetzt vollständigen) Anspruch an den Geschädigten abzutreten.

Da jedenfalls eine Abtretung stattgefunden hat, könnte so möglicherweise T den Anspruch geltend machen.

Die Voraussetzungen einer Drittschadensliquidation liegen aber immer nur dann vor, wenn der Schaden, der typischerweise beim Ersatzberechtigten eintritt, **zufällig** auf einen Dritten verlagert wird. Aus dieser Schadensverlagerung soll der Schädiger keinen Vorteil ziehen dürfen.

hemmer-Methode: Darin liegt genau der Unterschied der Drittschadensliquidation zum Vertrag mit Schutzwirkung für Dritte, wo der Anspruchsteller zwar einen Schaden hat, aber keinen Anspruch. Anders hier, wo der Anspruchsteller zwar einen Anspruch, aber keinen Schaden hat. Wiederholen Sie in diesem Zusammenhang auch die Voraussetzungen des Vertrags mit Schutzwirkung zugunsten Dritter!

Daher wird in den Fällen der Drittschadensliquidation der Schaden zum Anspruch gezogen, das heißt, der eine hat den Anspruch, aber keinen Schaden, während der andere einen Schaden hat, aber keinen Anspruch.

Damit liquidiert der Anspruchsberechtigte ohne Schaden den Schaden dessen, dem der Anspruch fehlt.

---

92 BGH, NJW 1985, 2640 = **juris**byhemmer; Grüneberg, § 281 BGB, Rn. 10.

93 Lesen Sie dazu: Hemmer/Wüst, Schadensersatzrecht III, Rn. 221 ff.

Bei dem Institut der Drittschadensliquidation handelt es sich um ein Problem der Rechtsfortbildung, das nur im Wege der Typologie durch die Herausarbeitung von Fallgruppen gelöst werden kann. Dabei kommt die Drittschadensliquidation i.d.R. nur bei vertraglichen Ansprüchen in Betracht.

Typische Anwendungsfälle der Drittschadensliquidation sind die der mittelbaren Stellvertretung, Verletzung von Obhutspflichten und Fälle der Gefahrentlastung (z.B. Versendungskauf, § 447 BGB).[94]

Überdies ist eine Liquidation des Drittinteresses immer dann möglich, wenn die Parteien dies ausdrücklich oder stillschweigend vereinbart haben.

Im vorliegenden Fall handelt es sich um **keinen der typischen Anwendungsfälle** der Drittschadensliquidation.

Eine **ausdrückliche Vereinbarung** scheidet hier von vornherein aus.

Das hier vorliegende Fehlen der Offenkundigkeit kommt den Fällen der **mittelbaren Stellvertretung** am nächsten.

Eine solche liegt aber gerade nicht vor. In diesen Fällen schließt jemand einen Vertrag in eigenem Namen für Rechnung eines anderen ab. Damit ist der Begriff mittelbare Stellvertretung irreführend, es handelt sich gerade nicht um Fälle der (hier fehlgeschlagenen) Stellvertretung.

Weiter ist bei der mittelbaren Stellvertretung der Schaden typischerweise beim Geschäftsherrn (z.B. beim Kommittenten im Fall eines Kommissionsgeschäfts), während hier eine Schadensverlagerung nur deshalb vorliegt, weil S nicht offenkundig im Namen des T aufgetreten ist.

Es erscheint deshalb auch **nicht gerechtfertigt, den vorliegenden Fall der mittelbaren Stellvertretung gleichzustellen** (a.A. nur bei guter Begründungsarbeit vertretbar). Auch bei der sog. verdeckten Stellvertretung (Beauftragter einer Bank holt Auskunft ein, Bank erleidet Schaden) wird die Drittschadensliquidation abgelehnt.[95]

Da vorliegend somit der typische Anwendungsbereich der Drittschadensliquidation nicht eröffnet ist, kommt eine solche nicht in Betracht, denn die Drittschadensliquidation soll wegen ihres Ausnahmecharakters auf die einschlägigen festgelegten Anwendungsfälle beschränkt werden.

Letztlich ist es ein Problem der richterlichen Rechtsfortbildung.

c) Es könnte jedoch ein **eigener Schaden** des S dann vorliegen, wenn er von T gem. § 280 I BGB in Anspruch genommen werden kann.

hemmer-Methode: Hier galt es zu erkennen, dass inzident die Ansprüche T gegen S zu prüfen waren. Nur wer diesen Schachtelaufbau beherrscht, holt die volle Punktzahl!

S könnte dann vor Zahlung an T von R Schadensersatz in Form der Freistellung verlangen (vgl. § 257 BGB, der den Freistellungsanspruch normiert; hier kommt er aber aus § 249 I BGB, Fall der Naturalrestitution).

Dann müsste **T gegen S** einen Anspruch auf Schadensersatz aus **§ 280 I BGB** haben.

(1) Ein **Schuldverhältnis** in Form eines Auftrags bzw. Arbeitsverhältnisses zwischen T und S liegt vor.

(2) S müsste hierbei eine ihm obliegende **Pflicht verletzt** haben.

---

94 Grüneberg, vor §§ 249 ff. BGB, Rn. 105.

95 So BGH, NJW 96, 2734 = **juris**byhemmer.

S war verpflichtet, offenkundig im Namen des T aufzutreten und den Vertrag in dessen Namen abzuschließen.

Diese Pflicht hat S hier verletzt.

(3) Ein **Vertretenmüssen** im Sinne von § 276 I S. 1 BGB liegt vor, da S (wohl sogar grob) fahrlässig gehandelt hat.

(4) Der **Schaden des T** liegt in dem ihm entgangenen Gewinn in Höhe von 1.500,- €, da T keinerlei eigene Ansprüche gegen R hat.

(5) Fraglich ist, ob dieser Schaden dem S tatsächlich zuzurechnen ist, oder **ob nicht der Kausalzusammenhang unterbrochen** wurde.

R als Zweitschädiger hat den Schaden zwar verursacht, dennoch ist S der Schaden wohl zuzurechnen.

Der zum Schadensersatz verpflichtende Umstand braucht nicht die überwiegende oder wesentliche Ursache zu sein.[96]

(6) S kann sich auch nicht erfolgreich auf die Grundsätze des **rechtmäßigen Alternativverhaltens** berufen, denn dann hätte T einen direkten Anspruch gegen R.

(7) Fraglich ist aber, ob sich nicht eine Haftungsmilderung aus dem Arbeitsverhältnis ergibt. Es könnten die Grundsätze des **innerbetrieblichen Schadensausgleichs** eingreifen.

Danach ist die Arbeitnehmerhaftung beschränkt oder gar ausgeschlossen.

Im Arbeitsrecht besteht eine richterrechtlich entwickelte Haftungsmilderung, die entgegen der früheren Rechtsprechung nicht nur gefahrgeneigte Arbeit, sondern die gesamte betriebliche Tätigkeit erfasst.

Als Maßstab für die Schadensverteilung dient vorrangig der Grad des Verschuldens des Arbeitnehmers.

Bei Vorsatz und grober Fahrlässigkeit soll der Arbeitnehmer den Schaden grundsätzlich allein tragen.

Hier handelte der S wohl grob fahrlässig (s.o.).

Allerdings ist auch bei grober Fahrlässigkeit eine Quotelung nicht stets ausgeschlossen. Die volle Haftung des Arbeitnehmers erscheint unzumutbar, wenn ihm ein besonders hohes Schadensrisiko droht, ohne dass er dafür einen entsprechenden Risikoausgleich erhält, mittels dessen er Risikovorsorge betreiben könnte. Dies ist der Fall, wenn der Schaden die Höhe von drei Bruttomonatseinkommen erreicht. Das ist hier wohl nicht anzunehmen.[97]

d) Damit wäre ein Anspruch des T gegen S aus § 280 I BGB zu bejahen und S könnte diese Inanspruchnahme als eigenen Schadensposten im Rahmen seines Anspruchs gegen R aus §§ 280 I, III, 281 I BGB geltend machen, wenn es sich dabei um einen Schaden statt der Leistung handelt.

Da der Schaden **kausal** auf die Nichtleistung des R zurückgeht, ist von einem Schaden statt der Leistung auszugehen. T könnte nicht gegen S vorgehen, wenn R die Maschine dem S abgenommen hätte. S hätte dann den Verkaufspreis an T weiterleiten können.

II. Ansprüche S gegen R aus §§ 280 I, II, 286 BGB

Möglicherweise besteht ein Anspruch des S gegen R aus §§ 280 I, II, 286 BGB wegen der entstanden Unterstellkosten.

Da T den S auch insoweit in Anspruch nehmen kann, liegt ein Schaden des S vor, obwohl die Unterstellkosten T entstanden sind. Die Unterstellkosten sind typischer Verzögerungsschaden.

---

96 BGH, NJW 1990, 2883.

97 Zum Ganzen: Hemmer/Wüst, Arbeitsrecht, Rn. 631 ff.

Ergebnis: Somit könnte T aus abgetretenem Recht gegen den R vorgehen.

III. Wirksame Abtretung S an T

Es müsste weiter eine wirksame Abtretung der Ansprüche des S gegen R an T vorliegen.

Eine solche Abtretung von Schadensersatzansprüchen ist grundsätzlich möglich, §§ 398 ff. BGB.

Bevor S an T zahlt stellt sich der Schadensersatzanspruch des S gegen den R allerdings als **sog. Schuldbefreiungsanspruch** dar.

Dieser Schuldbefreiungsanspruch wandelt sich aber bei Abtretung in einen (direkten) Zahlungsanspruch um.

Dies könnte eine unzulässige Inhaltsänderung sein, § 399 Alt. 1 BGB. § 399 Alt. 1 BGB steht ausnahmsweise aber der Abtretung nicht entgegen, wenn die Abtretung **an den Gläubiger** T des S erfolgt.[98] An diesen hätte R i.R.d. Schuldbefreiung sowieso zahlen müssen.

Der Schuldbefreiungsanspruch konnte damit wirksam abgetreten werden.

Gesamtergebnis:

T kann gegen R vorgehen.

Arbeitsanleitung:

1. Verschaffen Sie sich noch einmal einen Überblick über die examenstypischen Probleme des Vertretungsrechts! Wiederholen Sie Hemmer/Wüst, Basics Zivilrecht, Band 1, Rn. 31 - 65 und arbeiten Sie Hemmer/Wüst, Die 76 wichtigsten Fälle – BGB-AT, Fälle 59 ff. durch.

2. Zur Vertiefung des Vertretungsrechts lesen Sie Hemmer/Wüst, BGB-AT I, Rn. 182 ff., insbesondere Rn. 211 ff.

3. Die Problemkreise der §§ 280 I, III, 281 I BGB sowie §§ 280 I, II, 286 BGB wiederholen Sie fallbezogen in Hemmer/Wüst, Die 55 wichtigsten Fälle – Schuldrecht AT, Kapitel IV und V, insbesondere Fall 30 zum Nebeneinander dieser Anspruchsgrundlagen.

---

98 Grüneberg, § 399, Rn. 4.

Zusammenfassung

A) Schadensersatzansprüche T gegen R

I. §§ 280 I, III, 281 I BGB und §§ 280 I, II, 286 BGB

1. P.: SE neben Rücktritt möglich, vgl. § 325 BGB

2. P.: §§ 280 I, II, 286 BGB grundsätzlich neben §§ 280 I, III, 281 I BGB

3. T aber kein Vertragspartner:

a) eigene WE des T gegenüber R (-)

b) P.: Verpflichtungsermächtigung? gesetzlich nicht vorgesehen ⇨ § 185 BGB (-), auch analog (-), §§ 164 ff. BGB würden umgangen

c) P.: wirksame Vertretung des T durch S:
eigene WE des S (+)
Vollmacht, § 167 BGB (+)

P.: in fremden Namen (-), ausdrücklich (-)

P.: § 164 I S. 2 BGB (-):

⇨ Geschäft mit Inhaber des Gewerbebetriebs (-)

⇨ Geschäft für den, den es angeht (-)

d) Genehmigung gemäß § 184 BGB (-):
nur bei fehlender Vertretungsmacht möglich

e) keine Anfechtung möglich, vgl. § 164 II BGB, i.Ü. würde T dadurch nicht zum Vertragspartner

Zwischenergebnis: T nicht Vertragspartner

II. §§ 823 I bzw. II BGB (-)

RGV (-), bloßer Vermögensschaden bzw. keine Anhaltspunkte für Verstoß gegen Schutzgesetz

B) Ansprüche T gegen R aus abgetretenem Recht

I. Anspruch des S gegen R aus §§ 280 I, III, 281 I BGB

1. Schuldverhältnis (+)
Kaufvertrag zwischen R und S

2. Pflichtverletzung

a) bzgl. Kaufpreiszahlung (+)

b) bzgl. Abnahme der Kaufsache (+)

c) Vertretenmüssen, § 280 I BGB (+)

3. Voraussetzungen der §§ 280 III, 281 BGB

a) Nichtleistung trotz Fälligkeit

P.: Einredefreiheit der Forderung

P.: § 320 BGB (-), wenn nicht vertragstreu

b) Erfolglose Nachfristsetzung

P.: entbehrlich, aber jedenfalls angemessene Nachfrist gesetzt

4. Schaden

- hins. entgangenem Gewinn Schaden des S (-), da Sache des T

- P.: kein Fall der Drittschadensliquidation (a.A. nur schwer vertretbar)

- P.: aber Schaden des S dann, wenn T ihn aus § 280 I BGB wegen entgangenen Gewinns in Anspruch nimmt ⇨ Voraussetzungen des § 280 I BGB (+)

II. §§ 280 I, II, 286 BGB

(+)

III Wirksame Abtretung

P.: Schuldbefreiungsanspruch hier ausnahmsweise auch abtretbar, da an Gläubiger abgetreten, damit Abtretung wirksam, § 399 Alt. 1 BGB (-)

Gesamtergebnis:

Anspruch nach Abtretung (+)

Fall 5:

Sachverhalt:

Pichelsteiner, der in Würzburg wohnt, erwirbt bei seiner Stammfirma ein „neues" Auto. Da er gerade nicht die nötigen Finanzmittel hat, wird der Kauf durch ein Darlehen (ohne Sicherheiten) finanziert. Wegen der unerwartet hohen laufenden Kosten, die das sechszylindrige Gefährt verursacht, ist Pichelsteiner allerdings schon bald darauf nicht mehr in der Lage, die Kreditraten abzuführen. In dieser Notlage erklärt sich sein ehemaliger Studienkollege Schlaumeier aus Schweinfurt bereit, ihm aus der Patsche zu helfen und die Schuld zu bezahlen. Als Ausgleich hierfür vereinbaren die beiden, dass Pichelsteiner ihm den Wagen zur Sicherheit übereignet und den Kfz-Brief übergibt. Pichelsteiner solle weiterhin mit dem Pkw fahren können und müsse auch die Unterhaltungs- und Reparaturkosten selbst tragen. So geschieht es dann auch.

Als Pichelsteiner ein paar Tage später einen Blechschaden erleidet, bringt er überraschenderweise den Wagen nicht in seine alte Stammfirma, sondern in die für ihre günstigen Preise bekannte Reparaturstätte des Murksmann und beauftragt diesen mit der Reparatur. In den Allgemeinen Geschäftsbedingungen des Murksmann, die auf dem von Pichelsteiner unterschriebenen Reparaturauftrag deutlich vermerkt sind, heißt es u.a.:

„Dem Auftragnehmer stehen wegen seiner Forderungen aus dem Auftrag ein Zurückbehaltungsrecht sowie ein vertragliches Pfandrecht an den aufgrund des Auftrages in seinen Besitz gelangten Gegenständen zu."

Pichelsteiner, der im Laufe einer Diskussion mit Vertretern der GRÜNEN von seinem ökologischen Gewissen übermannt wurde und dadurch die Lust am Autofahren völlig verloren hat, wird im Laufe der zweiwöchigen Reparaturzeit zum leidenschaftlichen Radfahrer. Er denkt deswegen auch keinen Augenblick daran, den Wagen bei Murksmann abzuholen und die Rechnung von etwa 2.000,- € zu bezahlen. Als Murksmann ihm androht, den Wagen versteigern zu lassen, lässt auch dies den Pichelsteiner völlig kalt. Murksmann könne machen, was er wolle. Er wolle ohnehin nie mehr auf solch umweltzerstörerische Fortbewegungsmittel zurückgreifen. Im Übrigen gehöre der Wagen ohnehin dem Schlaumeier.

Als sich Murksmann daraufhin an Schlaumeier wendet, weist dieser ihn nachdrücklich auf sein Eigentum hin. Murksmann solle die Versteigerung bloß unterlassen, sonst werde er noch ernsthafte Schwierigkeiten bekommen.

Murksmann lässt den Wagen trotzdem ordnungsgemäß öffentlich durch den Gerichtsvollzieher Rechtmann versteigern. Murksmann bietet bei der Versteigerung selbst mit und erhält auch den Zuschlag. Daraufhin verlangt Murksmann den Kfz-Brief (bei Zulassung heute: Teil II der Zulassungsbescheinigung) von Schlaumeier heraus. Als sich dieser weigert, erhebt Murksmann, vertreten durch seinen Anwalt, Klage beim Landgericht Würzburg. Sein Anwalt hatte ihn zwar darauf hingewiesen, dass man „wohl nach Schweinfurt gehen müsse", doch ließ dies den Murksmann völlig unbeeindruckt. Mit den „Rechtsverdrehern in Schweinfurt" habe er schon mehrmals Ärger wegen seiner Reparaturen gehabt. Er wolle, dass nun endlich einmal die Gerechtigkeit siege.

In der Verhandlung rügen Schlaumeier und sein Anwalt die Zuständigkeit des Gerichts nicht, erklären aber zutreffenderweise, dass Murksmann den betreffenden Wagen nach Zustellung der Klageschrift an den Casimir, der von dem Prozess wusste, übereignet habe. Murksmann sei außerdem gar nicht Eigentümer des Pkw geworden und schon gar nicht Eigentümer des Kfz-Briefs. Sollte das Gericht sich dennoch auf ein derart abwegiges Ergebnis festlegen, dann verlange er von Murksmann die Rückübereignung, zumindest aber Schadensersatz. Immerhin habe dieser bei der Versteigerung ja schließlich gewusst, dass er, der Schlaumeier, Eigentümer des Pkw war.

Bearbeitervermerk:

Die Erfolgsaussichten der Klage des Murksmann sind zu prüfen.

Sollte der Verfasser zur Unzulässigkeit der Klage gelangen, ist die Begründetheit in einem Hilfsgutachten zu prüfen. Nicht gefragt ist nach den prozessualen Möglichkeiten, wie der Schlaumeier mögliche Gegenansprüche im Prozess geltend machen kann. Auf diese Gegenansprüche ist gegebenenfalls hilfsgutachtlich einzugehen. Es ist von einem Streitwert unter 5.000,- € auszugehen.

Lösung

A) Zulässigkeit der Klage des M

I. Örtliche Zuständigkeit des LG Würzburg

1. Die örtliche Zuständigkeit eines Zivilgerichtes richtet sich grundsätzlich nach §§ 12 ff. ZPO.

Hier kommt der allgemeine Gerichtsstand des Beklagten S zum Zuge, der sich nach dessen Wohnsitz richtet, §§ 12, 13 ZPO.

Dieser wäre hier gegeben, wenn S in Würzburg bzw. im Bezirk der dortigen Gerichte wohnen würde, vgl. § 7 BGB.

S wohnt in Schweinfurt, sodass gem. §§ 12, 13 ZPO eigentlich ein Schweinfurter Gericht örtlich zuständig gewesen wäre.

2. Die Zuständigkeit könnte aber zu bejahen sein, wenn der Beklagte gem. § 39 ZPO rügelos zur Hauptsache verhandelt hätte.

Ein Verhandeln zur Hauptsache liegt dann vor, wenn die Partei(en) Erklärungen tatsächlichen oder rechtlichen Inhalts zum Streitgegenstand abgeben. D.h. genügen würde ein Vorbringen, das auf die Begründetheit oder Unbegründetheit der Klage abzielt, nicht genügen würden aber Erklärungen zur Zulässigkeit der Klage oder sonstigen Verfahrensfragen.[99]

S hat die Verpflichtung zur Herausgabe des Kfz-Briefes bestritten und eigene Ansprüche geltend gemacht.

Da er also zur Begründetheit der Klage Stellung genommen hat, liegt ein Verhandeln zur Hauptsache i.S.d. § 39 ZPO vor.

Die Voraussetzungen des § 40 II S. 1 u. S. 2 ZPO liegen nicht vor, da kein ausschließlicher Gerichtsstand gegeben ist und es sich um eine vermögensrechtliche Streitigkeit handelt.

[99] Vgl. Hemmer/Wüst, ZPO I, Rn. 175 f.

Auch § 39 S. 2 ZPO greift nicht, da die Belehrung gemäß § 504 ZPO nur vor dem Amtsgericht erforderlich ist, hier aber vor dem Landgericht verhandelt wurde.

hemmer-Methode Verschaffen Sie sich an Hand der Gliederung in Ihrem Gesetzestext einen Überblick über den Aufbau der ZPO. Diese enthält in ihrem ersten Buch (§§ 1 - 252 ZPO) allgemeine Vorschriften, die für jede Verfahrensart gelten. Im Zweiten Buch (§§ 253 - 510b ZPO) sind die Verfahren im ersten Rechtszuge geregelt. Hier finden Sie zunächst in §§ 253 - 494 ZPO eine ausführliche Regelung über das Verfahren vor den Landgerichten, während in den §§ 495 - 510b ZPO für das Verfahren vor den Amtsgerichten nur noch davon abweichende Besonderheiten geregelt sind. § 504 ZPO findet sich demnach also im Abschnitt für das Verfahren vor den Amtsgerichten. Machen Sie nicht den systematischen Fehler, die Vorschrift auch auf ein Verfahren vor einem LG anzuwenden. Hintergrund dieser Regelung ist, dass vor den Landgerichten gemäß § 78 ZPO Anwaltszwang besteht. Der Beklagte ist hier nicht schutzwürdig, eine Hinweispflicht des Gerichtes im Falle der sachlichen oder örtlichen Unzuständigkeit würde ihn gegenüber dem Kläger unbilligerweise bevorteilen.

Damit ist das LG Würzburg gemäß § 39 ZPO örtlich zuständig.

II. Sachliche Zuständigkeit des LG Würzburg

Die sachliche Zuständigkeit richtet sich nach § 1 ZPO i.V.m. §§ 23 Nr. 1, 71 I GVG.

Bei einer vermögensrechtlichen Streitigkeit, wie sie hier gegeben ist, kommt es also auf den Streitwert an, der mit Hilfe der §§ 2 ff. ZPO festgelegt wird.

Da der Streitwert hier nach den Sachverhaltsangaben 5.000,- € nicht übersteigt, wäre das LG Würzburg grundsätzlich sachlich unzuständig.

hemmer-Methode: Eine beliebte Falle in Klausuren ist es, den Streitwert genau auf 5.000,- € festzulegen. Lesen Sie hier den Gesetzestext sorgfältig. § 23 Nr. 1 GVG erklärt ausdrücklich, dass die Zuständigkeit des AG erst endet, wenn der Streitwert 5.000,- € übersteigt. Dies bedeutet, dass für einen Streitwert von genau 5.000,- € das AG zuständig ist, während bei einem Cent mehr bereits die Zuständigkeit des LG beginnt.

Allerdings gilt § 39 ZPO nicht nur für die örtliche, sondern auch für die sachliche Zuständigkeit.[100]

Da hier - wie gesehen - die Voraussetzungen dieser Vorschrift gegeben sind, begründet § 39 ZPO auch die sachliche Zuständigkeit des LG Würzburg.

hemmer-Methode: Fragen nach der sachlichen und örtlichen Zuständigkeit des Gerichts sind bereits in den Klausuren für den „großen" Schein beliebt als prozessualer Zusatzteil. Der Korrektor erwartet hier von Ihnen kein Kommentarwissen. Für eine gute Bearbeitung genügt vielmehr die systematische Arbeit mit dem Gesetz. Unterscheiden Sie dabei sorgfältig zwischen sachlicher und örtlicher Zuständigkeit. Während sich die maßgeblichen Vorschriften über die örtliche Zuständigkeit in §§ 12 ff. ZPO finden, ist die sachliche Zuständigkeit gemäß § 1 ZPO im GVG geregelt. Beachten Sie dabei aber, dass §§ 38 ff. ZPO sowohl die örtliche als auch die sachliche Zuständigkeit betreffen.

---

100 Vgl. Hemmer/Wüst, ZPO I, Rn. 175.

Differenzieren Sie i.R.d. örtlichen Zuständigkeit zwischen allgemeinen, besonderen und ausschließlichen Gerichtsständen. Von einem allgemeinen Gerichtsstand spricht man, wenn vor ihm grundsätzlich alle Ansprüche gegen eine Person geltend gemacht werden können. Ein besonderer Gerichtsstand ist hingegen auf die Geltendmachung bestimmter Ansprüche beschränkt. Während der Kläger unter mehreren allgemeinen oder besonderen Gerichtsständen die Wahl hat (vgl. § 35 ZPO), geht ein ausschließlicher Gerichtsstand allen anderen Gerichtsständen vor. Wichtige ausschließliche Gerichtsstände sind z.B. §§ 24, 29a, 29c I S. 2 und 802 ZPO.

III. Postulationsfähigkeit gem. § 78 I S. 1 ZPO

Die Postulationsfähigkeit gemäß § 78 I S. 1 ZPO ist gegeben, da nach den Sachverhaltsangaben davon auszugehen ist, dass beide Seiten von ihrem Anwalt vertreten sind.

hemmer-Methode: Unter Postulationsfähigkeit versteht man die Fähigkeit, vor Gericht aufzutreten und wirksame Prozesshandlungen vorzunehmen. Sie ist keine Prozessvoraussetzung, sondern lediglich Prozesshandlungsvoraussetzung. Der Unterschied besteht darin, dass bei Fehlen einer Prozessvoraussetzung die Klage durch Prozessurteil als unzulässig abzuweisen ist, während bei Fehlen der Postulationsfähigkeit lediglich die betreffende Prozesshandlung nicht wirksam vorgenommen worden ist. Das Fehlen der Postulationsfähigkeit kann dabei aber mittelbar zum Fehlen einer Prozessvoraussetzung und damit zur Abweisung der Klage als unzulässig führen, wenn die Klage durch einen Postulationsunfähigen erhoben wird.

Hier fehlt es an der „echten" Prozessvoraussetzung einer wirksamen Klageerhebung mit der Folge, dass die Klageschrift dem Gegner schon nicht zugestellt werden darf.[101]

IV. Prozessführungsbefugnis des M

Fraglich könnte hier die Prozessführungsbefugnis des M sein. Hierunter versteht man das Recht, über einen Streitgegenstand einen Prozess im eigenen Namen zu führen.[102]

Grundsätzlich kann man nur über eigene behauptete Rechte und Pflichten im eigenen Namen prozessieren. Hier macht M in seiner Klage einen Anspruch gegen S auf Herausgabe des Kfz-Briefes geltend.

Allerdings ist davon auszugehen, dass M während des Prozesses den Pkw an C übereignet hat, womit auch das Eigentum am Kfz-Brief übergegangen sein könnte.

Nach dem Sachverhalt ist offen, ob M diesen möglichen Wechsel in der Rechtsinhaberschaft im Prozess berücksichtigt hat oder ob er weiterhin behauptet, Anspruchsinhaber zu sein.

Im letzteren Fall wäre seine Prozessführungsbefugnis zweifellos gegeben, da er dann ja ein behauptetes eigenes Recht einklagen würde.

Andernfalls, also auch dann, wenn M ausdrücklich ein Recht des C geltend machen würde, könnte sich seine Prozessführungsbefugnis aus § 265 II ZPO ergeben.

1. Eine streitbefangene Sache i.S.d. § 265 I ZPO ist dann gegeben, wenn die Sachlegitimation des Klägers und des Beklagten auf ihr beruht, wenn also ihre Veräußerung dem Kläger die Aktiv- bzw. dem Beklagten die Passivlegitimation nehmen würde.[103]

[101] Hemmer/Wüst, ZPO I, Rn. 226.
[102] Vgl. Hemmer/Wüst, ZPO I, Rn. 199 ff.
[103] Thomas/Putzo, § 265 ZPO, Rn. 3.

Da hier um das Eigentum am Kfz-Brief gestritten wird, liegt eine streitbefangene Sache vor.

2. Auch eine Veräußerung des Kfz-Briefes kann angenommen werden, da das Kfz veräußert wurde und der Brief entsprechend § 952 BGB mit diesem übergeht (s.u.).

3. Die Veräußerung erfolgte auch nach Rechtshängigkeit, da diese gemäß §§ 261 I, 253 I ZPO mit Zustellung der Klageschrift an den Beklagten eintritt.

4. Da C auch von dem rechtshängigen Prozess Kenntnis hatte, greift § 265 III ZPO nicht ein, weil das Urteil gegen ihn als Rechtsnachfolger wirkt, § 325 I, II ZPO.

Damit liegen die Voraussetzungen des § 265 II ZPO hier vor, sodass M weiterhin zur Geltendmachung des Klageanspruches befugt wäre. Es handelt sich dabei um einen Fall der sog. gesetzlichen Prozessstandschaft.

hemmer-Methode: Prozessführungsbefugt ist grundsätzlich nur, wer eigene Rechte in eigenem Namen geltend macht. Eine Ausnahme stellen die Fälle der Prozessstandschaft dar. Der Prozessstandschafter macht fremde Rechte in eigenem Namen geltend. Unterscheiden Sie diesen genau vom Stellvertreter. Dieser macht fremde Rechte in fremden Namen geltend. Die Prozessstandschaft kann sich aus Gesetz oder aus einem Rechtsgeschäft mit dem Rechtsträger ergeben. In letzterem Fall spricht man von gewillkürter Prozessstandschaft. Diese ist, um einem Missbrauch vorzubeugen, nur unter besonderen Voraussetzungen zulässig. Die h.M. fordert für eine gewillkürte Prozessstandschaft:

- Die Zustimmung oder Ermächtigung des Rechtsträgers zur Prozessführung analog § 185 BGB. Diese Zustimmung ist das Gegenstück zur Einziehungsermächtigung hinsichtlich der materiell-rechtlichen Verfügungsbefugnis.
- Ein eigenes rechtsschutzwürdiges Interesse des Prozessstandschafters, das fremde Recht geltend zu machen.
- Das geltend gemachte Recht selbst oder seine Ausübung muss abtretbar sein.

Verschaffen Sie sich anhand von Hemmer/Wüst, ZPO I, Rn. 203 ff. einen Überblick über die wichtigsten Fälle der gesetzlichen Prozessstandschaft!

Zwischenergebnis

Da keine Anhaltspunkte für weitere Tatsachen gegeben sind, die der Zulässigkeit der Klage entgegenstehen könnten, ist die Klage des M also zulässig.

B) Begründetheit der Klage

I. Aktivlegitimation des M

Von der Prozessführungsbefugnis als Zulässigkeitsvoraussetzung streng zu unterscheiden ist die Aktivlegitimation, die zur Frage der Begründetheit gehört.

hemmer-Methode: Prozessführungsbefugt ist jeder, der eigene Rechte im eigenen Namen geltend macht (vgl. oben). Aktivlegitimiert ist aber nur der, dem die geltend gemachten Ansprüche auch tatsächlich zustehen.

Diese könnte hier wegen der nach Rechtshängigkeit erfolgten Veräußerung des Kfz problematisch sein, wenn M weiterhin Herausgabe an sich verlangen sollte.

Selbst wenn M zuvor Eigentümer des Briefes war und ihm somit möglicherweise ein Anspruch aus § 985 BGB zustand, so hat er diesen Anspruch und damit seine Aktivlegitimation jedenfalls durch Veräußerung an C wieder verloren.

Fraglich ist, ob der oben geprüfte § 265 II ZPO auch an dieser Stelle helfen kann.

Nach einer Mindermeinung ist dies der Fall. Diese Ansicht geht davon aus, dass der Kläger seinen Klageantrag unverändert aufrechthalten soll, also weiterhin Herausgabe an sich selbst verlangen soll. Dies wird mit dem Wortlaut von § 265 I ZPO und der Tatsache begründet, dass andernfalls die Vorschrift praktisch aufgehoben werde.

Zu Recht misst die h.M. dem § 265 II ZPO keine solche weitreichende Wirkung bei.

Nach dieser Relevanztheorie muss der Kläger seinen Antrag umstellen und Herausgabe an den Erwerber verlangen.

Der Kläger müsse seinen Antrag also immer der materiellen Rechtslage anpassen. § 265 ZPO wolle den Gegner des Veräußerers vor prozessualen Nachteilen schützen und verhindern, dass sich eine Partei dem Prozessrechtsverhältnis entziehen kann. Die Vorschrift wolle aber nicht zu einem sachlich unrichtigen Urteil führen.[104]

Dennoch wäre es verfehlt, die Klage bereits an dieser Stelle als unbegründet abzuweisen. Der Kläger kann nämlich seinen Antrag bis zur letzten mündlichen Verhandlung noch umstellen, worauf das Gericht gem. § 139 ZPO hinzuweisen hat. Hierbei handelt es sich um eine sachdienliche Klageänderung.[105]

Ob er dies hier bereits getan hat oder noch tun wird, lässt sich dem Sachverhalt nicht entnehmen. Keinesfalls kann man das Gegenteil einfach unterstellen.

Zu prüfen ist daher im Folgenden, ob die Klage bei umgestelltem Antrag begründet wäre.

II. Anspruch auf Herausgabe des Kfz-Briefes aus §§ 985, 952 BGB analog

Der Anspruch wäre dann begründet, wenn C Eigentümer und S nichtberechtigter Besitzer des Kfz-Briefes wäre.

Da Besitz des S zweifellos gegeben ist, stellt sich die Frage nach dem Eigentum des C.

C könnte dann Eigentümer des Kfz-Briefes sein, wenn er Eigentümer des Kfz selbst wäre und § 952 BGB (zumindest analog) auf den Kfz-Brief anzuwenden wäre.

Urkunden, wie auch der Kfz-Brief, sind bewegliche Sachen, die grundsätzlich nach §§ 929 ff. BGB übereignet werden.

Aus Gründen der Zweckmäßigkeit macht § 952 BGB hiervon aber eine Ausnahme für solche Urkunden, die ein Forderungsrecht verbriefen. Bei ihnen sollen das Recht an der Forderung und das Recht an der Urkunde nicht auseinanderfallen. Daher folgt hier nach § 952 BGB – anders als bei den Wertpapieren i.e.S. (Wechsel, Scheck) - das Recht an dem Papier dem Recht aus dem Papier.[106]

1. Fraglich ist aber, ob § 952 BGB auf den Kfz-Brief anwendbar ist.

Da er unmittelbar vom Wortlaut nicht erfasst wird, käme nur eine analoge Anwendung in Frage.

---

104 Thomas/Putzo § 265 ZPO, Rn. 12; Baumbach § 265 ZPO. Rn. 3, vgl. zu diesem Problem Hemmer/Wüst, ZPO I, Rn. 211 ff.

105 Vgl. Hemmer/Wüst, ZPO I, Rn. 213.

106 Vgl. Hemmer/Wüst, Sachenrecht I, Rn. 298 ff.; zur Vertiefung lesen Sie bei Interesse Life&LAW 2006, 373 ff. zur Übertragbarkeit und Rechtsnatur von WM-Tickets zur Fußball WM in Deutschland 2006.

Da eine planwidrige Regelungslücke insoweit zu bejahen wäre, ist die Interessenlage zu untersuchen.

hemmer-Methode: Begnügen Sie sich in der Klausur nicht mit der bloßen Feststellung, dass § 952 BGB auf den Kfz-Brief analoge Anwendung findet. Diese Behauptung ersetzt - auch wenn sie wie hier allgemein anerkannt ist - keine tragfähige Begründung, und nur diese wird vom Korrektor letztlich mit Punkten honoriert. Bei einer Zulassung bekommt man heute Teil II der Zulassungsbescheinigung. Die Funktion ist dieselbe wie beim KfZ-Brief, sodass auch hier § 952 II BGB analog gilt.

Aus den Regelungen des § 12 FZV ergibt sich, dass der Brief nicht als Gegenstand eines selbstständigen rechtsgeschäftlichen Verkehrs angesehen werden kann. Die privatrechtlichen Eigentumsverhältnisse sollen von der Zulassungsstelle nicht geprüft werden. Daher verbrieft der Kfz-Brief nicht das Eigentum am Wagen, sondern gibt nur an, wer als Halter anzusehen ist. Er bewirkt zwar eine gewisse Sicherung des Eigentums am Kfz. Dies allerdings nur dadurch, dass derjenige, der sich bei der Veräußerung des Kfz den Brief nicht vorlegen lässt, als bösgläubig i.S.d. § 932 II BGB anzusehen ist.[107]

Der Kfz-Brief ist daher den in § 952 I und II BGB aufgeführten Urkunden durchaus vergleichbar, sodass die analoge Anwendung gerechtfertigt ist.[108]

hemmer-Methode: Praktischer Hintergrund der entsprechenden Anwendung des § 952 I BGB auf den Kfz-Brief ist folgender: Der Kfz-Brief ist nach der Rechtsprechung des BGH Publizitätsträger hinsichtlich des Pkw, d.h. ein gutgläubiger Erwerb ist ausgeschlossen, wenn bei Übereignung des Pkw der Brief nicht vorgelegt wird bzw. der Veräußerer darin nicht ausgewiesen ist. Diese Gutglaubenswirkung des Briefes ist aber nur dann erklärbar, wenn Eigentum an Pkw und Brief zwingend zusammenfallen. Beim Händler genügt indes die Vorlage des Briefes.
Typischerweise lässt ein Händler Kfz, die er in Zahlung nimmt, nicht auf sich zu, sodass man als Käufer nicht stutzig werden muss, wenn der Händler nicht eingetragen ist.
Durch die Vermittlung solchen Hintergrundwissens erleichtern wir Ihnen das Verständnis für die komplexen Zusammenhänge und helfen Ihnen so, sich die Materie zu vereinfachen. Geben Sie sich nicht der Illusion hin, alles wissen zu können. Wichtig ist vielmehr, die Zusammenhänge verstanden zu haben. Nur so können Sie auch unbekannte Probleme, die Ihnen in Examensklausuren sicherlich einmal begegnen werden, erkennen und argumentativ lösen.

2. Fraglich ist aber, ob C Eigentümer des Kfz geworden ist.

Dies ist dann denkbar, wenn C von M als Berechtigtem gemäß § 929 S. 1 BGB erworben hat.

Zu prüfen ist daher, ob M Eigentümer des Wagens geworden war.

a) Ursprünglicher Eigentümer des Kfz war P. Von diesem könnte M sein Eigentum erworben haben.

hemmer-Methode: Dieser Aufbau, Märchenaufbau oder auch historischer Aufbau genannt, ist typisch für die Prüfung des § 985 BGB. Ausgangspunkt ist ein Zeitpunkt, in dem nach dem Sachverhalt die Eigentumslage sicher feststeht (Fixpunkt).

107 Vgl. BGH, NJW 1970, 635.

108 BGH, NJW 1978, 1854 = jurisbyhemmer; Grüneberg, § 952 BGB, Rn. 4; Baur § 53 d II ; MüKo, § 952 BGB, Rn. 8; a.A. nur Erman, § 952 BGB, Rn. 2.

Dann werden alle Ereignisse geprüft, welche die dingliche Rechtslage geändert haben können (z.B. Veräußerung, Verarbeitung, Bedingungseintritt). Diese Ereignisse werden dabei in zeitlicher Reihenfolge geprüft. Gerade im Sachenrecht gilt das Prinzip der Retardation (Verzögerung des Gedankenablaufs). Lernen Sie deswegen die jeweiligen Rechtsgebiete von vornherein problemorientiert. Scheitert z.B. eine von mehreren Übereignungen, so müssen Sie bei den folgenden Übereignungen immer daran denken, dass nun nur noch ein gutgläubiger Erwerb vom Nichtberechtigten in Betracht kommt.

P selbst hatte das Eigentum von seiner Stammfirma erworben.

Von einem Eigentumsvorbehalt oder einer Sicherungs(rück-)übereignung an diese Firma ist nach dem SV nicht auszugehen („ohne Sicherheiten").

P könnte sein Eigentum aber auf S übertragen haben. In Betracht kommt eine Sicherungsübereignung von P an S gemäß §§ 929, 930 BGB.

P und S haben einen Übergang des Eigentums auf S vereinbart. Eine Einigung liegt also vor.

Es könnte aber sogar eine Übergabe i.S.d. § 929 S. 1 BGB vorliegen, wenn hierfür die Übergabe des Kfz-Briefes genügen würde.

Dies wäre dann der Fall, wenn es sich bei dem Kfz-Brief um ein sog. Traditionspapier handeln würde.

Bei einem Traditionspapier treten mit der Übergabe des Papiers diejenigen Wirkungen ein, die mit der Übergabe der Sache selbst verbunden sind.

Aus dem oben erörterten Zweck des Kfz-Briefes und aus der Regelung des § 12 FZV ergibt sich aber bereits, dass es sich nicht um ein solches Traditionspapier handeln kann.

Daher kommt eine Übereignung nach § 929 S. 1 BGB hier nicht in Frage.

Die Übergabe könnte aber durch ein Besitzkonstitut ersetzt worden sein, § 930 BGB. Dies wäre dann der Fall, wenn S und P ein Besitzmittlungsverhältnis i.S.d. § 868 BGB begründet hätten.

hemmer-Methode: Der mittelbare Besitz nach § 868 BGB hat folgende Voraussetzungen:

1. Unmittelbarer Besitz eines anderen. Nicht erforderlich ist allerdings, dass der mittelbare Besitzer in jedem Fall selbst eine Rechtsbeziehung zum unmittelbaren Besitzer hat, da das Gesetz den gestuften mittelbaren Besitz kennt, § 871 BGB

2. Besitzmittlungsverhältnis (= Besitzkonstitut). Hierunter ist letztlich jedes hinreichend konkrete Rechtsverhältnis zu verstehen, das einen anderen auf Zeit zum Besitz berechtigt oder verpflichtet. Die abstrakte Abrede, für einen anderen besitzen zu wollen, ist nicht ausreichend.

3. Besitzmittlungswille des Besitzmittlers.

4. Ein potenzieller Herausgabeanspruch des mittelbaren Besitzers gegen den Besitzmittler. Dieser Herausgabeanspruch ergibt sich i.d.R. aus dem Besitzmittlungsverhältnis. Insbesondere bei Bestehen eines nur vermeintlichen Besitzmittlungsverhältnisses genügt jedoch ein Anspruch aus §§ 985, 823, 812 BGB o.ä.

Der mittelbare Besitz und seine Voraussetzungen sind typische Klausurprobleme, die bei jedem Examenskandidaten sicher „sitzen" müssen. Lesen Sie deshalb Hemmer/Wüst, Sachenrecht I, Rn. 387 ff.

Zweifelhaft ist, ob für das erforderliche konkrete Besitzmittlungsverhältnis die bloße Sicherungsabrede genügt.

S und P haben aber die Rechte und Pflichten im Einzelnen festgelegt, indem Absprachen über Benutzung und Kostentragung getroffen wurden.

Dies genügt auf jeden Fall für ein hinreichend konkretes Besitzmittlungsverhältnis.[109]

S ist daher durch Übereignung durch P gemäß §§ 929, 930 BGB Eigentümer des Kfz geworden.

b) Fraglich ist aber, ob S das Eigentum nicht später an den M verloren hat.

In Betracht kommt ein Eigentumserwerb des M durch Ersteigerung des Kfz gemäß §§ 1257, 1233 I, 1234, 1235 I, 1242 I BGB.

Voraussetzung hierfür wäre allerdings, dass M ein Pfandrecht am Pkw des S zustand, und dass das Pfand rechtmäßig veräußert wurde, vgl. § 1242 BGB.

aa) Pfandrecht des M am Pkw des S:

M könnte ein Werkunternehmerpfandrecht gemäß § 647 BGB erworben haben.

(1) M müsste einen Werkvertrag geschlossen haben (§ 631 BGB) mit dem Inhalt, den betreffenden Pkw zu reparieren.

Dies ist hier geschehen. Aus diesem Vertrag stand dem M auch eine Werklohnforderung gemäß § 631 I BGB zu.

§ 647 BGB setzt allerdings das Eigentum des Bestellers am betreffenden Gegenstand voraus, sodass grundsätzlich kein Pfandrecht entstehen kann, wenn die Sache dem Besteller nicht gehört.

Hier stand der Wagen im Eigentum des S, nicht in dem des Bestellers P (s.o.).

(2) Zu einem anderen Ergebnis könnte man aber dann kommen, wenn als Besteller i.S.d. § 647 BGB hier nicht P, sondern S anzusehen wäre.

Dies könnte man u.U. daraus ableiten, dass S den P mit der Reparatur des Wagens beauftragt hat. P war nach dem Sicherungsvertrag ja zu der Reparatur verpflichtet.

Eine Vertretung des S durch P scheitert hier jedoch an der mangelnden Offenkundigkeit der Vertretung, § 164 I BGB. Die Reparatur eines Pkw ist auch kein Bargeschäft des täglichen Lebens, sodass man die Offenkundigkeit hier auch nicht durch Annahme eines „Geschäfts für den, den es angeht“ für entbehrlich halten kann.

Dogmatisch könnte man die Beauftragung des P zur Reparatur aber auch als eine Verpflichtungsermächtigung ansehen, nach der S den P ermächtigen könnte, im eigenen Namen eine (fremde) Verbindlichkeit des S zu begründen.

Eine solche Verpflichtungsermächtigung wird jedoch zu Recht durchweg abgelehnt.

Hauptargument ist, dass die Verpflichtungsermächtigung schon gar nicht notwendig ist, weil der Ermächtigte den Ermächtigenden - wenn dies gewollt ist - ohne weiteres im Wege der Stellvertretung (also in dessen Namen, § 164 I, II BGB) verpflichten kann.[110]

Anmerkung: Versuchen Sie, sich die gesetzlichen Wertungen zu erschließen. Sie erleichtern sich mit solchem Hintergrundwissen die Argumentation in Ihrer Klausur, insbesondere dann, wenn Sie auf Ihnen bisher unbekannte Probleme stoßen. Der Gesetzgeber hat den Parteien mit der Stellvertretung nach §§ 164 ff. BGB eine Möglichkeit gegeben, einen am Rechtsgeschäft nicht direkt Beteiligten zu verpflichten und zu berechtigen.

---

[109] Vgl. Medicus, Rn. 491; BGH, NJW 1979, 2308 = **juris**byhemmer.

[110] Vgl. BGHZ 34, 125; Medicus, Rn. 29.

Voraussetzung dafür ist aber nach § 164 I BGB die Einhaltung des Offenkundigkeitsgrundsatzes, d.h. es muss für die andere Vertragspartei zu deren Schutz ersichtlich sein, dass eine Stellvertretung stattfindet.
Diese gesetzliche Voraussetzung würde umgangen, wenn man neben der Stellvertretung das Institut einer rechtsgeschäftlichen Verpflichtungsermächtigung anerkennen würde. Zulässig ist eine Verpflichtungsermächtigung damit nur, wenn sie gesetzlich angeordnet ist, wie etwa in § 1357 BGB.

Außerdem geht es an der Realität vorbei, aus der Tatsache, dass P hier die Reparaturen durchführen lassen soll, zu folgern, dass S hierdurch selbst verpflichtet werden will. Vielmehr dürfte genau das Gegenteil der Fall sein, zumal S und P ausdrücklich vereinbarten, dass P die Reparaturkosten selbst zu tragen habe.

S ist daher nicht Besteller i.S.d. § 647 BGB.

(3) M könnte jedoch das Werkunternehmerpfandrecht vom Nichtberechtigten erworben haben, wenn § 185 BGB auf diesen Fall analog anwendbar wäre.

Dies wird zum Teil[111] vertreten: Wenn S den P durch Vertrag verpflichtet hat, das Kfz bei Bedarf reparieren zu lassen, dann habe er damit in die Begründung der Situation eingewilligt (§ 185 BGB), in der das Werkunternehmerpfandrecht nach § 647 BGB entsteht (sog. Verfügungsermächtigung).

Dagegen spricht aber schon der eben erörterte entgegenstehende Wille des Eigentümers, was sich auch nicht mit der These entkräften lässt, eine solche Spaltung des Willens (Ja zur Reparatur, Nein zur Entstehung des Pfandrechts) sei nicht möglich oder nicht zulässig.

[111] Nachweise bei Medicus, Rn. 594.

Vor allem aber ist zu bedenken, dass das Werkunternehmerpfandrecht gemäß § 647 BGB kraft Gesetzes entsteht, ohne jede rechtsgeschäftliche Erklärung, für die § 185 BGB eigentlich gedacht ist.[112]

Auch die Entstehung eines Werkunternehmerpfandrechtes analog § 185 BGB ist daher mit der h.M. abzulehnen.

(4) M könnte das Werkunternehmerpfandrecht aber gemäß §§ 647, 1257, 1207, 932 BGB gutgläubig erworben haben.

Dann müsste ein solcher gutgläubiger Erwerb eines Werkunternehmerpfandrechts aber überhaupt möglich sein. Immerhin wird dies beim besitzlosen Pfandrecht, also etwa dem Vermieterpfandrecht gemäß § 559 BGB, zu Recht einhellig abgelehnt.

Eine solche Möglichkeit gutgläubigen Erwerbs könnte man bei § 647 BGB mit dem Argument vertreten, dass § 366 III HGB die Möglichkeit eines gutgläubigen Erwerbs beim gesetzlichen Pfandrecht als selbstverständlich voraussetzte, wenn die Vorschrift den guten Glauben beim Erwerb eines gesetzlichen Pfandrechtes auf Mängel der Verfügungsmacht erstrecke.[113]

Demgegenüber ist aber zu bedenken, dass § 366 III HGB eine Sonderregelung des Handelsrechts ist.

Ein Schluss auf die im BGB geregelten gesetzlichen Pfandrechte ist mit dieser Vorschrift also nicht möglich.[114]

Darüber hinaus spricht schon der Wortlaut des § 1257 BGB gegen eine solche Möglichkeit:

[112] BGHZ 34, 127.
[113] Vgl. Baur § 55 C II 2 a.
[114] BGHZ 34, 155,156.

Die Vorschrift setzt voraus, dass ein Pfandrecht schon entstanden ist und kann somit für die Entstehung selbst nicht herangezogen werden.

Außerdem schützt das BGB den gutgläubigen Erwerb nur bei rechtsgeschäftlichen Verfügungen, wogegen das Werkunternehmerpfandrecht nicht aufgrund einer Verfügung, sondern kraft Gesetzes entsteht.

Die Möglichkeit des gutgläubigen Erwerbs eines Werkunternehmerpfandrechts ist daher mit der h.M. abzulehnen.[115]

hemmer-Methode: Punkten Sie nach dem Prinzip der negativen Evidenz! Wer hier vorschnell auf die letztlich einschlägige Lösung über das vertragliche Faustpfandrecht zusteuert, verschenkt wertvolle Punkte.
Das Problem des gutgläubigen Erwerbs des Werkunternehmerpfandrechts sowie die Fragen der Verpflichtungsermächtigung sind absolute Klassiker, die Sie kennen müssen.
In unseren Hauptkursen begegnen Ihnen solche besonders prüfungsrelevanten Gebiete in mehreren Konstellationen, wodurch Ihr Verständnis für das Problem geschärft und stupides Auswendiglernen vermieden wird. Typische Folgeprobleme der Unmöglichkeit eines gutgläubigen Erwerbs des Werkunternehmerpfandrechts liegen im EBV. Tritt z.B. der Eigentumsvorbehaltsverkäufer vom Kaufvertrag zurück, nachdem der Käufer den verkauften Wagen in Reparatur gegeben hat, und verlangt er nun den Wagen vom Werkstattbetreiber nach § 985 BGB heraus, so stellen sich Ihnen mehrere Fragen. Hat der Werkstattbetreiber ein Recht zum Besitz nach § 986 BGB? Diese Frage ist zu verneinen, wenn kein vertragliches Pfandrecht vereinbart wurde (dazu sogleich unten).
Der Werkstattbetreiber hat dann allenfalls ein Zurückbehaltungsrecht nach § 1000 BGB, soweit ihm gegen den Eigentümer ein Verwendungsersatzanspruch nach §§ 994 ff. BGB zusteht. Hieran ist problematisch, dass zum Zeitpunkt der Verwendungen noch gar kein EBV bestand (BGH: nicht-mehr-berechtigter Besitzer) und ob der Werkstattbetreiber überhaupt als Verwender bezeichnet werden kann, da er doch nur seine Pflicht aus einem Werkvertrag mit dem Besteller erfüllt. Lesen Sie zu diesem Problemkreis Hemmer/Wüst, Sachenrecht II, Rn. 261 f.

(5) M könnte aufgrund seiner allgemeinen Geschäftsbedingungen jedoch ein vertragliches Pfandrecht gemäß §§ 1204, 1205 BGB erworben haben.

Voraussetzung dafür ist, dass die AGB des M Vertragsinhalt wurden und einen zulässigen Inhalt haben.

Anmerkung: Gehen Sie bei der Prüfung von AGB systematisch vor.
1. Zunächst müssen Sie prüfen, ob die §§ 305 ff. BGB überhaupt Anwendung finden. Der sachliche Anwendungsbereich bestimmt sich nach § 305 I BGB während der persönliche Anwendungsbereich in § 310 BGB geregelt ist.

2. Der nächste Schritt ist die Einbeziehungskontrolle nach §§ 305 II - 305c BGB. Hier klären Sie, ob die AGB überhaupt Vertragsbestandteil wurden.

3. Zuletzt erfolgt die Inhaltskontrolle nach §§ 307 ff. BGB.
Hierbei sind die §§ 309 und 308 BGB als speziellere Regeln vor der Generalklausel des § 307 BGB zu prüfen.
Ein typisches Klausurproblem in diesem Zusammenhang ist die Verwendung von AGB gegenüber einem Unternehmer.

[115] Vgl. m.w.N. Hemmer/Wüst, ZPO II, Rn. 274.

Beachten Sie, dass §§ 309, 308 BGB gemäß § 310 I BGB keine Anwendung finden, soweit dieses Geschäft der unternehmerischen Tätigkeit zuzuordnen ist. Anwendbar ist i.R.d. Inhaltskontrolle aber die Generalklausel des § 307 I u. II BGB. Dies gilt sogar insoweit, als sich daraus die Unwirksamkeit von in den §§ 308 und 309 BGB genannten Vertragsbestimmungen ergeben kann. Sie können also mitunter die Wertung der §§ 309, 308 BGB in die Generalklausel des § 307 BGB mit einfließen lassen.

Wegen des deutlichen Abdrucks dieser AGB auf dem von P unterschriebenen Reparaturauftrag sind die Voraussetzungen von § 305 II BGB erfüllt, sodass die Vereinbarung hier Vertragsbestandteil wurde.

Dass ein solches vertragliches Pfandrecht grundsätzlich auch mit Hilfe allgemeiner Geschäftsbedingungen bestellt werden kann, ist mittlerweile anerkannt.

Solange das Pfandrecht - wie hier - nur für konnexe Forderungen vereinbart wird, stellt eine solche Bestimmung nach h.M. weder eine überraschende Klausel i.S.d. § 305c I BGB, noch eine unangemessene Benachteiligung i.S.d. § 307 I, II BGB dar.[116]

hemmer-Methode: Die Gegenansicht,[117] die hier einen Verstoß gegen § 307 BGB bejahen will, argumentiert damit, dass ein solches vertragliches Pfandrecht neben § 647 BGB vor allem den Zweck habe, ein Pfandrecht auch an bestellerfremden Sachen entstehen zu lassen. Der Verwender solcher AGB handelt mit Fremdschädigungsabsicht und benachteiligt den Besteller unangemessen.

Dem steht allerdings das berechtigte Interesse des Werkunternehmers an Sicherheiten für seine Werklohnforderung entgegen.
Dem Eigentümer ist ein solches Pfandrecht zudem deshalb zuzumuten, weil ihm letztlich die Reparatur der Sache zugutekommt.

Fraglich ist jedoch, ob M hier tatsächlich gutgläubig i.S.d. §§ 1207, 932 II BGB war.

Dies könnte daran scheitern, dass M sich den Kfz-Brief von P nicht vorlegen ließ. Immerhin wurde oben bereits erwähnt, dass bei Veräußerung eines Kfz ohne Vorlage des Briefes von Bösgläubigkeit infolge grober Fahrlässigkeit auszugehen ist.[118]

Zwischen der Veräußerung eines Kfz und dem Reparaturauftrag besteht jedoch ein grundlegender Unterschied. Insbesondere ist der Eingriff in die Rechtsstellung des Eigentümers bei der Veräußerung wesentlich schwerwiegender, da er bei dieser sein Eigentum verlieren würde, während dieses bei der Verpfändung „nur" mit einem Pfandrecht belastet wird. Zudem wird dies durch den von der Reparatur bedingten (Wieder-)Wertzuwachs teilweise kompensiert.

Auch muss berücksichtigt werden, was ein solches Erfordernis der Briefvorlage für die Praxis bedeuten würde: Kaum eine Werkstatt würde mehr Aufträge ohne Vorlage des Briefes annehmen. Ein unzumutbares Handicap für den Kraftfahrer, der unterwegs mit einer Panne liegen bleibt und am jeweiligen Ort gerade eine Reparatur benötigt! Der Brief ist ja gerade nicht zum ständigen Mitführen im Wagen gedacht.

[116] BGH, NJW 1977, 1240 = **juris**byhemmer.

[117] Vgl. m.w.N. Reinicke/Tiedtke, Kreditsicherung, 3. Auflage, Seite 281.

[118] Vgl. Hemmer/Wüst, Sachenrecht I, Rn. 179 f.

Daher sind an die Gutgläubigkeit des Werkunternehmers geringere Anforderungen zu stellen als an die des Erwerbers bei der Übereignung. Für den gutgläubigen Erwerb eines vertraglichen Werkunternehmerpfandrechts ist die Vorlage des Kfz-Briefes also nicht erforderlich.[119]

hemmer-Methode: Hier ist auch eine andere Ansicht vertretbar. Schließlich kann auch der gutgläubige Erwerb eines vertraglichen Pfandrechts zum Eigentumsverlust führen, sodass die Interessen des Eigentümers in gleicher Weise berührt sein können wie bei der Übereignung.

Da eine Forderung aus dem Werkvertrag bestand (§§ 1204 I, 631 I BGB), und P dem M das Kfz unter der Vereinbarung eines Pfandrechtes in den AGB des M übergeben hat (§ 1205 BGB), hat M ein Pfandrecht am Kfz des S erworben.[120]

hemmer-Methode: Beachten Sie, dass das Faustpfandrecht ebenso wie die Bürgschaft streng bestandsakzessorisch ist. Dies ergibt sich aus § 1252 BGB, der ebenso wie § 767 BGB das Bestehen der Forderung voraussetzt.

Seine spätere Bösgläubigkeit schadet ihm dann nicht mehr, da es allein auf den Zeitpunkt der Entstehung des Pfandrechtes ankommt.[121]

M hatte also ein Pfandrecht am Wagen des S.

hemmer-Methode: Das vertragliche Pfandrecht an beweglichen Sachen wird Ihnen in Klausur und Praxis nur selten begegnen.

Der Grund dafür liegt darin, dass die Bestellung eines Faustpfandrechts die Übergabe der Sache nach § 1205 BGB erfordert. Die Übergabe setzt hier die völlige Besitzaufgabe auf Verpfänderseite voraus. Dies ist aber evident unpraktisch, wenn etwa Produktionsmittel zur Sicherheit dienen sollen. Durch die Übergabe könnte der Sicherungsgeber die Produktionsmittel fortan nicht mehr nutzen, was aber Voraussetzung für die Tilgung seiner Schulden ist. In der Praxis hat deshalb die Sicherungsübereignung das Pfandrecht an beweglichen Sachen weitgehend verdrängt.

bb) Rechtmäßige Veräußerung des Pfandes:

Ein Eigentumserwerb kann i.R.d. Versteigerung nur dann stattfinden, wenn die Veräußerung des Pfandes rechtmäßig ist.

Die Veräußerung eines Pfandes ist dann nicht rechtmäßig, wenn dabei gegen eine der in § 1243 BGB genannten Vorschriften verstoßen wurde.

Da nach dem Sachverhalt eine ordnungsgemäße öffentliche Versteigerung i.S.d. § 1235 I BGB vorliegt, ist nicht von einem solchen Verstoß auszugehen.

Die Veräußerung war daher rechtmäßig.

cc) Wirkung der rechtmäßigen Veräußerung

Gemäß § 1242 I BGB erlangt der Erwerber bei einer rechtmäßigen Pfandversteigerung die gleichen Rechte, als wenn er die Sache vom Eigentümer erworben hätte.

Konkret heißt das, dass bei der Versteigerung durch den Zuschlag ein privatrechtlicher Kaufvertrag zwischen Pfandgläubiger und Käufer zustande kommt.

---

[119] BGH, NJW 1981, 226 = **juris**byhemmer.
[120] Vgl. zur Entstehung des Pfandrechts Hemmer/Wüst, Kreditsicherungsrecht, Rn. 36 ff.
[121] Grüneberg, § 1207 BGB, Rn. 3.

Das Gebot ist der Antrag des Bieters, der Zuschlag die Annahmeerklärung des Versteigerers in Vertretung des Pfandgläubigers, vgl. § 156 BGB (ein Anspruch auf den Zuschlag besteht nicht![122]).

An den Zuschlag schließt sich die Eigentumsübertragung in der Form der §§ 929 ff. BGB an.

Die Veräußerung erfolgt dabei im Namen des Pfandgläubigers für Rechnung des Verpfänders, wobei das Verwertungsrecht den Pfandgläubiger zur Übereignung ermächtigt (Fall einer gesetzlichen Verfügungsermächtigung).

Der Pfandgläubiger wird dabei, wie schon beim Kaufvertragsschluss, durch den Versteigerer vertreten.

hemmer-Methode: Unterscheiden Sie genau zwischen Verwertung einer verpfändeten Sache nach §§ 1228 ff. BGB und der Verwertung einer gepfändeten Sache durch öffentliche Versteigerung nach §§ 814 ff. ZPO.
Die Versteigerung einer verpfändeten Sache erfolgt privat-rechtlich, d.h. es kommt ein Kaufvertrag zwischen Pfandgläubiger und Erwerber zustande und die Übereignung erfolgt nach §§ 929 ff. BGB. Durch die Versteigerung einer gepfändeten Sache hingegen kommt ein kaufähnlicher öffentlich-rechtlicher Vertrag zwischen dem Staat und dem Ersteigerer zustande.
Der Eigentumserwerb durch Ablieferung, § 817 II ZPO, erfolgt dann nicht rechtsgeschäftlich, sondern originär kraft staatlichen Hoheitsakts.[123]

Fraglich ist, ob sich ein Problem hier daraus ergibt, dass M als Pfandgläubiger den Wagen selbst ersteigert hat.

Allerdings ist dies in § 1239 I S. 1 BGB ausdrücklich zugelassen.

Allerdings scheidet in diesem Fall, wenn Pfandgläubiger und Ersteher dieselbe Person sind, die sonst vorzunehmende Eigentumsübertragung gem. §§ 929 ff. BGB auf den Erwerber denknotwendig aus.

Der Pfandgläubiger ist schon unmittelbarer Besitzer und eine Einigung mit sich selbst wäre unsinnig. § 1242 I S. 2 BGB ordnet deshalb an, dass der Pfandgläubiger bereits mit dem Zuschlag, der sonst nur den Abschluss des Kaufvertrages bildet (s.o.), Eigentum erwirbt. Der unmittelbare Fremdbesitz des Pfandgläubigers wird zum Eigenbesitz.

hemmer-Methode: Wenn der Pfandgläubiger den Zuschlag erhält, ist er nicht zur Bezahlung (an sich selbst) verpflichtet. Stattdessen ist der Kaufpreis als von ihm empfangen anzusehen, soweit seine Forderung gegen den Schuldner bestand, § 1239 I S. 2 BGB. Nach den Sachverhaltsangaben und insbesondere auch, weil S nichts Entgegenstehendes geltend macht, ist davon auszugehen, dass alles nach den gesetzlichen Vorschriften abgewickelt wurde. Sollte also mehr erlöst worden sein als die Werklohnforderung i.H.v. 2.000,- €, ist davon auszugehen, dass dies dem S als Eigentümer zugutekam.[124]

Es stellt sich jedoch die Frage, ob die Tatsache, dass M vor dem Versteigerungstermin positiv wusste, dass der Verpfänder P nicht Eigentümer des Kfz war, einem Eigentumserwerb entgegensteht.

Da - wie schon erwähnt - ein dinglicher Vertrag i.S.d. §§ 929 ff. BGB zustande kommt, könnte man ja daran denken, einen Eigentumserwerb wegen Bösgläubigkeit i.S.d. § 932 II BGB zu verneinen.

---

[122] Vgl. Grüneberg, § 156 BGB, Rn. 1.
[123] Vgl. dazu Hemmer/Wüst, ZPO II, Rn. 145 ff.
[124] Vgl. zum Ganzen Grüneberg, § 1239 BGB, Rn. 1.

Auf Gutgläubigkeit oder Bösgläubigkeit des Erstehers kann es jedoch bezüglich des Eigentums des Verpfänders bei der Versteigerung nicht ankommen.

Entscheidend ist allein, dass ein Pfandrecht am betreffenden Gegenstand bestand und dass die Versteigerung rechtmäßig war.

Beim Eigentumserwerb in der Versteigerung handelt es sich nämlich nicht im einen derivativen, vom Eigentümer abgeleiteten Eigentumserwerb, sondern um einen originären Eigentumserwerb kraft gesetzlicher Berechtigung des Nichteigentümers.

Dies gilt insbesondere für den hier vorliegenden Fall, dass der Pfandgläubiger selbst die Sache ersteigert.

Zu berücksichtigen ist auch der Wortlaut des § 1242 I S. 1 BGB, der dem Ersteher die gleichen Rechte wie beim Erwerb vom Eigentümer einräumt.

Davon, dass dies etwa bei Bösgläubigkeit nicht gelten solle, ist im Gesetz nirgends die Rede.

M hatte damit das Eigentum am Wagen und damit gemäß § 952 BGB auch am Kfz-Brief erworben. Dieses hat M im Laufe des Prozesses gemäß § 929 S. 1 BGB an C übertragen.

Zwischenergebnis

Ein Anspruch des C auf Herausgabe des Briefes wäre gegeben.

III. Gegenrechte des S

Sollten dem S Gegenrechte zustehen, könnte er sie dem Herausgabeanspruch möglicherweise einredeweise - etwa über § 273 BGB - entgegenhalten.

1. Anspruch des S gegen C

S könnte dem Anspruch des C, der hier von M geltend gemacht wird, eine Einrede aus § 242 BGB (unzulässige Rechtsausübung: dolo agit, qui petit, quod statim redditurus est) entgegenhalten, wenn C verpflichtet wäre, den Wagen und damit auch den Brief sofort an S zurück zu übereignen.

C hat das Eigentum jedoch rechtmäßig vom Eigentümer M erworben. Eine Anspruchsgrundlage, auf die S ein solches Rückübereignungsbegehren gegen C stützen könnte, ist nicht ersichtlich.

2. Ansprüche des S gegen M auf Schadensersatz bzw. Wertersatz

S könnten allerdings gegen M Schadensersatz- oder Wertersatzansprüche zustehen, die er dem Herausgabeanspruch über § 273 BGB einredeweise entgegenhalten könnte.

Da M jedoch ein Recht des C in Prozessstandschaft geltend macht, ist fraglich, ob der S diesem Recht des C Ansprüche gegen M als Einrede entgegenhalten kann.

§ 265 ZPO lässt diese Frage unbeantwortet. Maßgeblich ist vielmehr das jeweils einschlägige materielle Recht.[125]

Wird eine Forderung abgetreten, so bestimmt insoweit § 404 BGB, dass dem Schuldner alle Einreden gegen den alten Gläubiger erhalten bleiben. Für die Übereignung beweglicher Sachen, um die es im vorliegenden Fall geht, fehlt eine entsprechende Generalklausel. Hier finden sich mit §§ 986 II, 999 II BGB lediglich zwei Vorschriften, in denen der Fortbestand von Einreden bei der Übereignung einer Sache geregelt ist.

[125] Vgl. Wieczorek, Kommentar zur ZPO, 2. Auflage, § 265 ZPO, D III a.

Im Umkehrschluss daraus ergibt sich, dass in allen anderen Fällen vom Gesetzgeber der Verlust von Einreden vorgesehen war.

§ 999 II BGB ist hier nicht einschlägig, da es nicht um Verwendungen des S auf die Sache geht. In Betracht kommt somit allenfalls die Anwendung des § 986 II BGB. Diese setzt ihrem Wortlaut nach aber eine Veräußerung nach § 931 BGB voraus, während hier eine Übereignung nach § 929 S. 1 BGB stattfindet.

Über diesen Einwand könnte man sich möglicherweise noch mit dem Argument hinwegsetzen, dass hier lediglich der Pkw nach § 929 S. 1 BGB übereignet wurde, während das Eigentum am Fahrzeugbrief kraft Gesetzes analog § 952 II BGB überging. Dieser Eigentumsübergang vollzieht sich für den Besitzer aber genauso „unsichtbar" wie im Fall einer Übereignung durch Abtretung des Herausgabeanspruchs nach § 931 BGB.

Es könnte also eine vergleichbare Regelungslage vorliegen, die zumindest eine analoge Anwendung des § 986 II BGB rechtfertigen würde.

Gegen die Anwendbarkeit des § 986 II BGB auf den Kfz-Brief spricht vor allem aber die Rechtsnatur und die Aufgabe des Briefes. Dieser soll im zivilrechtlichen Verkehr Beweis erbringen über das Eigentum am Pkw. Ihm kommt also eine gewisse Publizitätsfunktion zu, er ist Anknüpfungspunkt für den guten Glauben beim Erwerb eines Pkw. Diese Funktionen erfordern es, dass Eigentum und Berechtigung an Pkw und Brief immer zusammenfallen müssen.

Aus diesem Grund wird § 952 II BGB auf den Brief analog angewandt. Mit dieser Regelungslage wäre es unvereinbar, wenn eine Einrede zwar dem Herausgabeanspruch hinsichtlich des Briefes, nicht aber auch hinsichtlich des Pkw entgegengehalten werden könnte.

Auch § 952 II BGB lässt sich entnehmen, dass sich nur solche Einreden auf den Brief erstrecken, die auch den Ansprüchen aus dem Eigentum am Pkw entgegengehalten werden können. Der Brief hat damit nur Beweisfunktion, er soll Dritten aber nicht etwa über § 986 II BGB ein Mehr an Sicherheit verschaffen, als sie an dem Pkw selbst haben.[126]

§ 986 II BGB kann somit grundsätzlich nicht auf den Kfz-Brief angewendet werden. S hat damit nach materiellem Recht keine Möglichkeit, ein eventuelles Zurückbehaltungsrecht auch gegen den Erwerber C geltend zu machen. Es fehlt insoweit an der erforderlichen Gegenseitigkeit der Ansprüche.

hemmer-Methode: Dieses Problem ist extrem schwierig und wird deshalb von Ihnen zumindest nicht in dieser Ausführlichkeit erwartet.
Umso größer ist die Möglichkeit für Sie, hier wichtige Pluspunkte zu sammeln. Hier haben Sie Gelegenheit, sich von der grauen Masse abzusetzen und sich zu profilieren! Wichtig ist insoweit allein, dass Sie das Problem - Fortbestand von Einreden bei Veräußerung im Prozess - erkennen und mit vertretbaren Argumenten zu einer Lösung gelangen. Wie diese Lösung letztlich aussieht, ist nebensächlich.
Sie hätten mit guten Gründen - etwa der Möglichkeit durch die Veräußerung den Prozess zu Lasten des Beklagten zu manipulieren - hier auch zum entgegengesetzten Ergebnis kommen können.

Hilfsgutachten

Unterstellt, S könnte der Klage auch Ansprüche gegen M einredeweise entgegenhalten, so wäre weiterhin fraglich, ob S solche Ansprüche überhaupt zustehen.

[126] Vgl. MüKo, § 986 BGB, Rn. 22.

a) Anspruch aus §§ 989, 990 BGB

Voraussetzung für die Anwendbarkeit der §§ 989, 990 BGB ist zunächst, dass überhaupt eine Vindikationslage gegeben war.

D.h. im Zeitpunkt der möglichen Schadenszufügung, das könnte hier die Versteigerung sein, müsste S Eigentümer und der M unberechtigter Besitzer des Wagens gewesen sein.

Dies wäre aber dann nicht der Fall, wenn dem M ein Besitzrecht i.S.d. § 986 BGB zugestanden hätte. Hierbei handelt es sich um eine Einwendung, also eine im Prozess von Amts wegen zu prüfende Tatsache.[127]

hemmer-Methode: Unterscheiden Sie genau zwischen Einwendungen und Einreden im materiell-rechtlichen Sinne. Während eine Einwendung dazu führt, dass der Anspruch gar nicht erst entsteht (rechtshindernd) oder nachträglich wieder untergeht (rechtsvernichtend), ist Rechtsfolge der Einrede lediglich die Hemmung des Anspruchs, d.h. er kann nicht durchgesetzt werden, soweit sich der Schuldner auf die Einrede im Prozess beruft.

Bestand gar kein Pfandrecht, dann ergeben sich, weil ein unrechtmäßiger Besitz des vermeintlichen Pfandgläubigers vorliegt, eventuell Schadensersatzansprüche aus §§ 987 ff. BGB (z.B. soweit der Erlös, wenn er dem Eigentümer zufließt, den Schaden nicht deckt).

Ein solches Besitzrecht ist hier aber gegeben, da dem M ein wirksames Pfandrecht am Wagen zustand und das Pfandrecht gemäß § 1205 BGB ein dingliches, absolutes Besitzrecht gegenüber jedermann gewährt. Letzteres gilt sogar dann, wenn es gutgläubig vom Nichtberechtigten erworben wird.[128]

Mangels Vorliegens einer Vindikationslage scheiden die §§ 989, 990 BGB hier also von vornherein aus.

b) Anspruch aus § 823 I BGB

S hätte dann einen Anspruch aus § 823 I BGB, wenn hier eine rechtswidrige und schuldhafte Eigentumsverletzung gegeben wäre.

Die Schadensersatzansprüche können sich aus § 823 BGB ergeben, wenn zwar ein Pfandrecht bestanden hat, aber (nur) die Art der Pfandverwertung unrechtmäßig war.

Da S durch die Versteigerung (= Verletzungshandlung) sein Eigentum verloren hat, ist eine solche Eigentumsverletzung genauso unproblematisch zu bejahen wie die Kausalität.

Fraglich ist aber, ob diese Eigentumsverletzung auch rechtswidrig war.

Dies ist immer dann nicht der Fall, wenn dem Täter ein eigenes Recht zum Handeln zur Seite steht.[129]

Hier war M gemäß §§ 1257, 1228 I und II BGB zum Verkauf des Wagens berechtigt, da die Forderung fällig war.

Dass dem M keine Forderung gegen den Eigentümer S zustand, führt dabei nicht zur Rechtswidrigkeit der Eigentumsverletzung, da M ein wirksames Pfandrecht hatte und dieses auch in diesem Fall zur Befriedigung berechtigt.

Damit scheidet auch ein Anspruch aus § 823 BGB aus.

hemmer-Methode: Beachten Sie, dass Schadensersatzansprüche des S gegen M grundsätzlich auch auf Rückübereignung als Naturalrestitution nach § 249 I BGB gerichtet sein können.

---

127 Hemmer/Wüst, Sachenrecht II, Rn. 137.

128 Vgl. Hemmer/Wüst, Sachenrecht II, Rn. 140.

129 Grüneberg, § 823 BGB, Rn. 36.

Hier ist M wegen der Übereignung an C aber nicht mehr in der Lage, den Wagen an S zurück zu übereignen. Deswegen könnte auch ein eventueller Schadensersatzanspruch bei Vorliegen der Voraussetzungen nicht auf Naturalrestitution gemäß § 249 BGB, sondern nur auf Geldersatz gemäß § 251 I BGB gehen.

c) Ansprüche aus §§ 687 II, 678, 681 S. 2, 667 BGB scheiden ebenfalls aus, weil der Verkauf des Pfandes ein eigenes Geschäft des M darstellt.

d) Anspruch aus §§ 816 I, 818 II BGB

S könnte einen Anspruch aus §§ 816 I, 818 II BGB haben, wenn ein Nichtberechtigter eine Verfügung getroffen hätte, die dem Eigentümer S gegenüber wirksam ist.

Zum Teil wird schon die generelle Anwendbarkeit des § 816 I BGB verneint. Da der Erlös an die Stelle des Pfandes trete, bleibe für § 816 BGB kein Platz. Der Surrogationsgedanke gehe vor.

Allerdings ist auch schon fraglich, ob M als Nichtberechtigter gehandelt hat. Dies ist (nur) dann anzunehmen, wenn ein Pfandrecht nicht besteht oder gegen die Rechtmäßigkeitsvorschriften verstoßen wird. Dies war hier nicht der Fall.

hemmer-Methode: Das Pfandrecht gibt dem Pfandgläubiger gerade eine gesetzliche Verfügungsermächtigung. Er handelt damit genauso wenig als Nichtberechtigter wie der nach § 185 BGB vom Eigentümer Ermächtigte.

Ein Anspruch aus §§ 816 I, 818 II BGB scheidet also aus.

e) Anspruch aus § 812 I S. 1 Alt. 2 BGB (Eingriffskondiktion)

Dazu müssen im konkreten Fall aber die Tatbestandsmerkmale des § 812 I S. 1 Alt. 2 BGB gegeben sein.

M müsste etwas „erlangt“ haben.

Da M Pfandgläubiger und Ersteher in einer Person war, ist dies hier in zweierlei Hinsicht zu bejahen:

M hat zum einen das Eigentum am Wagen erlangt, zum anderen hat er die Befreiung von der Pflicht zur Kaufpreiszahlung in bar aus dem durch den Zuschlag zustande gekommenen Kaufvertrag erlangt, vgl. § 1239 I S. 2 BGB.

Dies entspricht der Erlangung des Erlöses im Normalfall, also wenn Pfandgläubiger und Ersteher verschiedene Personen sind.

M müsste aber auch ohne Rechtsgrund etwas erlangt haben.

Hinsichtlich des Eigentums am Wagen ist dies auf jeden Fall zu verneinen, weil Rechtsgrund für den Eigentumserwerb hier der Zuschlag durch den Gerichtsvollzieher war, § 156 BGB (s.o.).

Fraglich ist aber, ob die Befreiung von der Kaufpreiszahlungspflicht ohne Rechtsgrund erlangt ist.

Auch dies ist aber zu verneinen, da Rechtsgrund sowohl für die Versteigerung als auch für diese Befreiung das wirksam entstandene Pfandrecht des M war.

hemmer-Methode: Beachten Sie auch die vergleichbare Konstellation beim Pfändungspfandrecht im Wege der Zwangsvollstreckung. Ersteigert hier der Vollstreckungsgläubiger die Sache selbst, erlangt er sowohl das Eigentum an der Sache als auch die Befreiung von der Barzahlungspflicht nach § 817 IV ZPO.

Rechtsgrund für den Eigentumserwerb ist der durch den Zuschlag zustande gekommene öffentlich-rechtliche Vertrag, während Rechtsgrund für die Befreiung von der Barzahlungspflicht nur das Pfändungspfandrecht sein kann.
Ein solches Pfändungspfandrecht entsteht nach der herrschenden gemischt privat-rechtlich/öffentlich-rechtlichen Theorie aber nicht, wenn eine schuldnerfremde Sache gepfändet wird.[130] Hier besteht also ein wichtiger Unterschied zwischen der Verpfändung schuldnerfremder Sachen nach §§ 1204 ff. BGB und der Pfändung nach § 803 ff. ZPO.
Für die Befreiung von der Barzahlungspflicht kann nur bei der Verpfändung ein Rechtsgrund bestehen, da nur hier ein gutgläubiger Erwerb möglich ist.

Ein rechtsgrundloser Erwerb kann also nur dann angenommen werden, wenn die Pfandveräußerung unrechtmäßig war oder wenn der Pfandgläubiger kein wirksames Pfandrecht am Gegenstand hatte.

Ein Bereicherungsanspruch gegen den Pfandgläubiger scheidet daher dann aus, wenn dieser ein wirksames Pfandrecht am schuldnerfremden Gegenstand erworben hat und die Versteigerung rechtmäßig war.

Andernfalls würde das Bereicherungsrecht hier den gutgläubigen Erwerb des Pfandrechts aus den Angeln heben, und dem M würde sein wirksam erworbenes Pfandrecht so gut wie nichts nützen.

Ein Anspruch aus § 812 I S. 1 Alt. 2 BGB scheidet daher aus.

Ergebnis

Die zulässige Klage des M ist auch in vollem Umfang begründet.

hemmer-Methode: Lassen Sie sich von der prozessualen Ausgestaltung nicht erschrecken! Der Schwerpunkt dieser Klausur lag ganz deutlich im materiellen Recht. Vernachlässigen Sie aber auf der anderen Seite das Prozessrecht auch nicht völlig. Hier bietet sich Ihnen eine gute Gelegenheit, sich von der Masse abzuheben und so wertvolle Punkte zu sammeln. Die wichtigen materiellen Probleme der Klausur waren neben der Anwendung des § 952 BGB auf den Kfz-Brief der Erwerb und die Verwertung des Pfandrechts.
Differenzieren Sie hier genau zwischen gesetzlichem Werkunternehmerpfandrecht und vertraglichem Faustpfandrecht. Prüfen Sie nach dem Prinzip der negativen Evidenz zunächst das Werkunternehmerpfandrecht. Folgen Sie hier schon aus klausurtaktischen Gründen der h.M. und lehnen Sie einen gutgläubigen Erwerb ab.
Andernfalls gelangen Sie schon gar nicht mehr zu der Frage des Erwerbs eines Faustpfandrechts und damit u.a. zu der Prüfung der AGBen, auf die der Sachverhalt aber eindeutig angelegt ist.
Ein schwerer Fehler, der zu erheblichen Punktabzügen führte, war es, die Verwertung eines Faustpfandrechtes nach §§ 814 ff. ZPO ablaufen zu lassen. Unterscheiden Sie hier genau zwischen Pfändungspfandrecht und vertraglichem Faustpfandrecht. Fehler in diesem Zusammenhang deuten darauf hin, dass Sie die systematischen Zusammenhänge nicht verstanden haben, und werden vom Korrektor deshalb besonders negativ bewertet.
In unseren Hauptkursen legen wir deshalb besonderen Wert darauf, unseren Kursteilnehmern ein Gefühl für die systematischen Zusammenhänge zu vermitteln. Auch unsere Skripten verfolgen dieses Ziel. Es geht nicht allein um Wissensvermittlung, sondern insbesondere darum, dieses Wissen systematisch in eine Klausur einbauen zu können.

130 Vgl. Hemmer/Wüst, ZPO II, Rn. 131 ff.

Zusammenfassung:

A) Zulässigkeit der Klage des M

I. Örtliche Zuständigkeit des LG Würzburg

Eventuell (-) wegen §§ 12, 13 ZPO; jedenfalls aber § 39 ZPO

II. Sachliche Zuständigkeit des LG Würzburg

Auch hier begründet § 39 ZPO die Zuständigkeit des ansonsten gemäß §§ 23 Nr. 1, 71 GVG zuständigen Amtsgerichts

III. Postulationsfähigkeit gem. § 78 I ZPO

IV. Prozessführungsbefugnis des M

Hier Fall der gesetzlichen Prozessstandschaft, § 265 II ZPO.

Zwischenergebnis:

Klage zulässig

B) Begründetheit der Klage

I. Aktivlegitimation

Relevanztheorie: Klage muss auf Herausgabe an den Erwerber umgestellt werden.

II. Anspruch aus § 985 BGB auf Herausgabe des Kfz-Briefes

1. § 952 BGB ist auf den Kfz-Brief entsprechend anwendbar.

2. Es ist also zu prüfen, wer Eigentümer des KFZ ist.

a) Zunächst Sicherungsübereignung von P an S, §§ 929, 930 BGB.

b) Fraglich, ob Eigentumserwerb des M im Wege der Ersteigerung, vgl. §§ 1257, 1233 ff., 929 ff. BGB.

aa) Voraussetzung hierfür wäre Pfandrecht des M:

(1) Werkunternehmerpfandrecht gem. § 647 BGB?

⇨ § 647 BGB (-), da P als Besteller nicht Eigentümer des Kfz (Verpflichtungsermächtigung nach h.M. unzulässig)

⇨ Verfügungsermächtigung gemäß § 185 BGB entsprechend (-), da Werkunternehmerpfandrecht nach h.M. allein kraft Gesetzes entsteht.

⇨ Gutgläubiger Erwerb des Werkunternehmerpfandrechts nach §§ 1257, 1207, 932 BGB (-), da Schutz des guten Glaubens nur bei rechtsgeschäftlichen Verfügungen.

(2) Erwerb eines vertraglichen Pfandrechts auf Grund der AGB gemäß §§ 1204, 1205, 1207, 932 BGB (+): Vorlage des Kfz-Briefes hierzu nicht erforderlich.

bb) Veräußerung des Pfandes war ordnungsgemäß und daher rechtmäßig ⇒ Wirkung der rechtmäßigen Veräußerung:

M erwirbt gemäß § 1242 I S. 2 BGB Eigentum am Kfz des S, ohne dass es auf seine Bösgläubigkeit ankäme. C hat daher das Kfz vom Berechtigten und analog § 952 BGB somit auch das Eigentum am Kfz-Brief erworben.

III. Gegenrechte des S

1. Ansprüche gegen C (-)

2. Ansprüche des S gegen M auf Schadensersatz bzw. Wertersatz:

a) §§ 989, 990 BGB (-), da M Besitzrecht aus § 1205 BGB hatte

b) § 823 I BGB (-), da M Pfandrecht am PKW hatte u. Versteigerung daher rechtmäßig war

c) §§ 687 II, 678, 681 S. 2, 667 BGB (-), da Verwertung eigenes Geschäft des M ist

d) §§ 816 I, 818 II BGB (-), da weder der Gerichtsvollzieher noch der Pfandgläubiger eine nichtberechtigte Verfügung trifft

e) §§ 812 I S. 1 Alt. 2, 818 II BGB (-), da das Pfandrecht des M Rechtsgrund für die Verwertung des Pkw ist

Fall 6:

Sachverhalt:

Die V verkaufte der H-KG eine Fräsmaschine. Sie behielt sich dabei das Eigentum bis zur vollständigen Zahlung des Kaufpreises vor. Die Maschine wurde der H-KG übergeben.

Obwohl ein Restkaufpreis noch offen war, übereignete die H-KG die Fräsmaschine einige Zeit später sicherungshalber an den Kaufmann C. In dem Vertrag war bestimmt, dass die H-KG die Maschine weiter benutzen dürfe. Die Fräsmaschine blieb daher weiter in den Geschäftsräumen der H-KG.

Kaufmann C schloss später mit einer Firma E, der er noch Geld schuldete, einen Sicherungsvertrag ab. In diesem erklärten die Vertragsparteien unter anderem, darüber einig zu sein, dass das Eigentum an der Fräsmaschine bis zu einer möglichen Rückübertragung auf die E übergehen solle. C trat seine Rechte aus dem Besitzmittlungsverhältnis zwischen der H-KG und ihm an E ab.

Als V von dem ganzen Hergang erfährt, möchte sie von ihrem Rechtsanwalt die Eigentumsverhältnisse an der Maschine geklärt wissen.

V hat noch in einem weiteren Fall mit ihren Abnehmern Probleme. Bei Lieferung einer Fräsmaschine an den Zwischenhändler Z hatte sie sich ebenfalls das Eigentum bis zur vollständigen Zahlung des Kaufpreises vorbehalten. Sie ermächtigte dabei den Z zur Weiterveräußerung i.R.d. ordnungsgemäßen Geschäftsverkehrs, ließ sich aber im Gegenzug alle Rechte des Z gegen zukünftige Käufer im Voraus abtreten. Z sollte aber diese Forderungen weiterhin einziehen dürfen.

Wie sich im Nachhinein herausstellte, hatte Z aber bereits drei Monate zuvor der X-Bank zur Sicherung eines Kontokorrentkredits alle gegenwärtigen und zukünftigen Rechte gegen seine Schuldner abgetreten. Z sollte aber gegenüber seinen Kunden weiterhin zur Einziehung der Forderungen ermächtigt sein, wenn und solange er selbst seinen Zahlungsverpflichtungen gegenüber der Bank nachkommt.

Als Z in finanzielle Schwierigkeiten gerät, zeigt die X-Bank dem K, einem Abnehmer der Z, diese Abtretung an, worauf dieser den vereinbarten Kaufpreis in Höhe von 25.000,- € direkt an die X-Bank zahlt.

Bearbeitervermerk:

Teil 1: Wie sind die Eigentumsverhältnisse bzgl. der Fräsmaschine?

Teil 2: V möchte nun wissen, ob er sich bei der X-Bank schadlos halten kann.

Lösung

Teil 1: Eigentumslage an der Fräsmaschine

Ursprünglich war V Eigentümer der Fräsmaschine.

V könnte das Eigentum aber durch die bzw. eines der getätigten Rechtsgeschäfte verloren haben.

Diese sind daher im Folgenden in chronologischer Reihenfolge zu untersuchen (sog. „Märchen- bzw. historischer Aufbau“, vgl. Fall 5).

I. Rechtsgeschäft zwischen V und H

Zu diesem Zeitpunkt ist ein Eigentumsverlust des V keinesfalls eingetreten. V hat sich das Eigentum an der Maschine bis zur vollständigen Bezahlung vorbehalten.

Die Übereignung ist also gemäß §§ 929, 158 I BGB aufschiebend bedingt (vgl. auch die Auslegungsregel des § 449 BGB). Diese Bedingung ist aber laut Sachverhalt bisher noch nicht eingetreten.

II. Rechtsgeschäft zwischen H und C

V könnte das Eigentum an der Fräsmaschine aber durch Übereignung von H an C gem. §§ 929 ff. BGB verloren haben.

Eine Übereignung nach §§ 929 ff. BGB setzt eine dingliche Einigung, die Übergabe oder ein Übergabesurrogat sowie die Berechtigung des Veräußerers voraus.

1. Eine dingliche Einigung gem. § 929 S. 1 BGB zwischen H und C ist gegeben.

2. Übergabe i.S.d. § 929 S. 1 BGB erfordert, dass der Erwerber auf Veranlassung des Veräußerers (mittelbaren oder unmittelbaren!) Besitz erlangt und der Veräußerer sich jeglicher Besitzposition entledigt. Daran fehlt es hier aber, da H die Sache weiterhin in unmittelbarem Besitz behalten sollte.[131]

In Betracht kommt deshalb nur eine Übereignung nach §§ 929 S. 1, 930 BGB.

hemmer-Methode: §§ 929 S. 2 bis 931 BGB stellen keine eigenen Erwerbstatbestände, sondern lediglich Übergabesurrogate dar. Zitieren Sie deshalb in einer Klausur die §§ 930 oder 931 BGB immer nur zusammen mit dem Grundtatbestand des § 929 S. 1 BGB.
Fehler in diesem Zusammenhang zeugen von mangelndem Verständnis und werden vom Korrektor regelmäßig besonders negativ bewertet.

Voraussetzung einer wirksamen Übereignung nach dieser Vorschrift ist das Vorliegen eines konkreten Besitzmittlungsverhältnisses (im folgenden BMV) i.S.d. § 868 BGB. Voraussetzung eines solchen BMV ist das Vorliegen eines (zumindest vermeintlichen) Rechtsverhältnisses, das dem Erwerber einen Herausgabeanspruch gibt.

Als solches Rechtsverhältnis kommt hier nicht eine Leihe gemäß §§ 598 ff. BGB in Betracht, insbesondere weil die §§ 601 II, 602, 605 BGB nach den Interessen der Parteien nicht passen würden. Stattdessen ist auf die Sicherungsabrede selbst abzustellen.

Früher war zweifelhaft, ob die Sicherungsabrede als solche für ein konkretes BMV genügt; insbesondere wurde teilweise eine unzulässige Umgehung der Anforderungen der §§ 1205, 1206, 1253 BGB geltend gemacht.

Nach heute h.M. ist dagegen die Sicherungsabrede als konkretes BMV anzuerkennen; dies jedenfalls dann, wenn mehr vorliegt als die bloße Vereinbarung, dass der Schuldner künftig für den Gläubiger besitzen solle. Letzteres ist hier der Fall, weil zwischen C und H ganz spezielle Vereinbarungen getroffen wurden, etwa hinsichtlich des Benutzungsrechtes und der Reparaturkosten.[132]

Damit liegt ein Übergabesurrogat nach § 930 BGB vor.

---

131 Zur Übergabe vgl. auch Hemmer/Wüst, Sachenrecht I, Rn. 211 ff.

132 Vgl. zum Begriff des BMV Fall 5 sowie Hemmer/Wüst, Sachenrecht I, Rn. 129 ff.

3. Allerdings handelte H als Nichtberechtigter, da er zum Zeitpunkt der Veräußerung weder Eigentümer der Fräsmaschine war noch vom tatsächlichen Eigentümer zur Übereignung nach § 185 I BGB ermächtigt war.

hemmer-Methode: Prüfen Sie die Voraussetzungen einer Übereignung nach §§ 929 ff. BGB systematisch!
1. Liegt zwischen Erwerber und Veräußerer eine dingliche Einigung vor?
2. Wurde die Sache übergeben bzw. liegt ein Übergabesurrogat i.S.d. §§ 930 - 931 BGB vor?
3. Ist der Veräußerer auch Berechtigter? Berechtigt ist der nicht in seiner Verfügungsbefugnis beschränkte Eigentümer und der vom Eigentümer nach § 185 BGB zur Veräußerung Ermächtigte. Beachten Sie, dass gemäß § 185 II BGB auch die nachträgliche Genehmigung durch den Eigentümer zur Wirksamkeit des dinglichen Rechtsgeschäfts führt. Diese nachträgliche Genehmigung bezieht sich grundsätzlich aber nur auf die Rechtsfolge der Verfügung, der Verfügende bleibt aber nach wie vor Nichtberechtigter.
Diese Differenzierung hat zwar für die Wirksamkeit der Veräußerung keine Bedeutung, ist aber wichtig für die Frage, ob dem Eigentümer gegen den Veräußerer ein Anspruch nach § 816 I S. 1 BGB zusteht. Der Erwerber erlangt in diesem Fall Eigentum vom Nichtberechtigten aufgrund nachträglicher Genehmigung des Berechtigten. Auf die Voraussetzungen der §§ 932 ff. BGB kommt es nicht an.[133]
4. Nur wenn es sowohl an der Berechtigung als auch an der nachträglichen Genehmigung nach § 185 II BGB fehlt, prüfen Sie weiter, ob die Voraussetzungen eines gutgläubigen Erwerbs nach §§ 932 - 935 BGB vorliegen.

[133] Vgl. Hemmer/Wüst, Bereicherungsrecht, Rn. 376.

Durch eine solche systematische Prüfung zeigen Sie nicht nur dem Korrektor, dass Sie die Systematik der §§ 929 ff. BGB verstanden haben, sondern Sie vermeiden vor allem Leichtsinnsfehler, etwa indem Sie einen gutgläubigen Erwerb vom Nichtberechtigten bejahen, obwohl tatsächlich eine Ermächtigung nach § 185 I BGB vorlag.

4. Es könnten aber die Vorschriften des gutgläubigen Erwerbs vom Nichtberechtigten gemäß §§ 932 II, 933 BGB eingreifen.

hemmer-Methode: Verdeutlichen Sie sich die Systematik der §§ 929 ff. BGB, wonach jedem Erwerbstatbestand nach §§ 929 - 931 BGB ein Gutglaubenstatbestand nach §§ 932 - 934 BGB entspricht.[134]

a) Gutgläubigkeit i.S.d. § 932 II BGB liegt unproblematisch vor, da C nach den Umständen des Sachverhalts weder positive Kenntnis, noch auf grober Fahrlässigkeit beruhende Unkenntnis hatte.

b) Der gutgläubige Eigentumserwerb des C scheitert hier aber an den Voraussetzungen des § 933 BGB: C müsste zu einem Zeitpunkt, als er noch gutgläubig war, die Maschine übergeben bekommen haben. Unter Übergabe versteht man dabei eine Übergabe i.S.d. § 929 S. 1 BGB. C hat hier aber den unmittelbaren Besitz an der Fräsmaschine überhaupt nicht erlangt.

Zwar kann auch hier - wie bei § 929 S. 1 BGB - der mittelbare Besitz ausreichen,[135] doch hätte dazu wiederum der Veräußerer jeden Besitzrest aufgeben müssen. Das ist eindeutig nicht der Fall, da H bis jetzt immer noch unmittelbarer Besitzer geblieben ist.

[134] Vgl. Hemmer/Wüst, Sachenrecht I, Rn. 198.

[135] Vgl. Hemmer/Wüst, Sachenrecht I, Rn. 98 ff., 103.

Zwischenergebnis

Ein gutgläubiger Erwerb des C von H gemäß §§ 929, 930, 933 BGB scheidet aus.

V hat durch diese Vorgänge sein Eigentum nicht verloren.

III. Rechtsgeschäft zwischen C und E

V könnte sein Eigentum an der Fräsmaschine aber dann verloren haben, wenn E gutgläubig vom Nichteigentümer C erworben hätte.

1. Die dazu gem. § 929 S. 1 BGB erforderliche dingliche Einigung ist gegeben.

hemmer-Methode: Machen Sie sich unbedingt klar, dass die für jeden Erwerbstatbestand erforderliche dingliche Einigung nur in § 929 S. 1 BGB geregelt ist. Deshalb ist diese Vorschrift auch immer zu zitieren, gleich, ob es um den Erwerb vom Berechtigten oder Nichtberechtigten geht und welche Art der Übereignung gewählt wurde.

2. Eine Übergabe nach § 929 S. 1 BGB fand nicht statt. Zwar kann auch der bloß mittelbare Besitzer nach § 929 S. 1 BGB übereignen, dazu ist aber erforderlich, dass er seinen Besitzmittler anweist, fortan nicht mehr ihm, sondern dem Erwerber den Besitz zu mitteln, und der Besitzmittler dieser Anweisung nachkommt, also mit dem Erwerber ein neues Besitzmittlungsverhältnis abschließt. Tritt der mittelbare Besitzer - wie hier - lediglich seinen Herausgabeanspruch aus einem bestehenden Besitzmittlungsverhältnis ab, liegt kein Fall des § 929 S. 1 BGB, sondern des § 931 BGB vor.

hemmer-Methode: Der mittelbare Besitzer hat damit im Ergebnis drei Möglichkeiten zur Übereignung:
1. Übereignung nach § 929 S. 1 BGB: Der mittelbare Besitzer weist seinen Besitzmittler an, fortan nicht mehr ihm, sondern dem Erwerber den Besitz zu mitteln.
2. Übereignung nach §§ 929 S. 1, 930 BGB: Der mittelbare Besitzer mittelt zukünftig dem Erwerber den mittelbaren Besitz.
Es entsteht ein mehrstufiges Besitzmittlungsverhältnis i.S.d. § 871 BGB.
3. Übereignung nach §§ 929 S. 1, 931 BGB: Der mittelbare Besitzer tritt seine Herausgabeansprüche aus dem BMV an den Erwerber ab.[136]

Dazu müsste C also mittelbarer Besitzer der Fräsmaschine gewesen sein, und der Anspruch aus dem BMV müsste E übertragen worden sein.

C könnte dadurch mittelbarer Besitzer geworden sein, dass bei der - fehlgeschlagenen - Übereignung von H an C eine Sicherungsabrede getroffen wurde. Diese würde hier für ein konkretes BMV i.S.d. § 868 BGB genügen (s.o.).

a) Fraglich ist aber, ob die Tatsache, dass die beabsichtigte Übereignung H an C fehlgeschlagen ist, nicht auch Auswirkungen auf das vereinbarte BMV hat. In Betracht kommt Nichtigkeit nach § 139 BGB. Nach § 139 BGB muss ein Teil eines einheitlichen Rechtsgeschäfts nichtig sein, damit im Zweifelsfall auch der Rest nichtig ist. Einigung und Besitzkonstitut sind Teile des einheitlichen Rechtsgeschäfts der Übereignung nach §§ 929, 930 BGB. Aus der Nichtigkeit der Einigung könnte somit gem. § 139 BGB die Nichtigkeit des BMV folgen.[137]

---

136 Vgl. dazu Hemmer/Wüst, Sachenrecht I, Rn. 98 ff., insbes. Rn. 145.

137 Vgl. dazu Hemmer/Wüst, Sachenrecht I, Rn. 219.

Die Einigung war jedoch nicht nichtig, sondern nur erfolglos, weil C kein Eigentum erwarb. Diese Erfolglosigkeit ist aber kein Fall des § 139 BGB.[138]

In Betracht kommt deshalb allenfalls eine analoge Anwendung des § 139 BGB auf ein fehlgeschlagenes Rechtsgeschäft. Dies kann hier jedoch dahingestellt bleiben, wenn die Nichtigkeit des BMV nicht dem Willen der Parteien entspricht. Eine Nichtigkeit nach § 139 BGB kommt nämlich nur dann in Betracht, wenn sie dem tatsächlichen oder mutmaßlichen Parteiwillen entspricht.

b) H und C könnten aber trotz des Fehlschlagens der Übereignung ein Interesse an der Wirksamkeit des BMV haben.

Das Interesse des C an der Gültigkeit des BMV ergibt sich daraus, dass ein solches hier notwendig war, um wenigstens ein Anwartschaftsrecht (im Folgenden: AnwR) von H an C zu übertragen.

aa) Ein AnwR besteht dann, wenn von einem mehraktigen Entstehungstatbestand eines Rechtes schon so viele Erfordernisse erfüllt sind, dass der Veräußerer die Rechtsposition des Erwerbers nicht mehr durch einseitige Erklärung zerstören kann. Ein solches AnwR hat der Vorbehaltskäufer, der gemäß §§ 929, 158 I BGB aufschiebend bedingtes Eigentum erworben hat. Seine Rechtsstellung kann der Vorbehaltsverkäufer nämlich wegen § 161 BGB i.d.R. nicht mehr einseitig zerstören.

hemmer-Methode: Das Anwartschaftsrecht gehört zu den Begriffen, die bei Studenten am meisten zur Verwirrung führen. Schon aus diesem Grund „verwenden" Klausursteller an Stelle des „gewöhnlichen" Eigentums häufig ein Anwartschaftsrecht. Hier trennt sich die Spreu vom Weizen. Außerdem entstehen hier gerade hinsichtlich der Übertragung und dem Schutz des Anwartschaftsrechts Zusatzprobleme, die eine bessere Notendifferenzierung ermöglichen.[139]

Es ist anerkannt, dass das AnwR als dem Eigentum gegenüber „wesensgleiches Minus" nach den §§ 929 ff. BGB zu übertragen ist.[140]

hemmer-Methode: Andernfalls wäre gemäß §§ 413, 398 BGB eine Eigentumsübertragung durch bloße Einigung ohne jede Art von Besitzübertragung möglich, und dies würde klar dem sachenrechtlichen Publizitätsgrundsatz widersprechen.[141] Auch verpfändet wird ein AnwR wie eine Sache, also nach §§ 1204 ff. BGB. Lediglich die Pfändung im Wege der Zwangsvollstreckung erfolgt nach den Vorschriften der Rechtspfändung, also gemäß §§ 857, 829 ff. ZPO.
Allerdings erfolgt hier nach h.M. aus Publizitätsgründen zugleich die Pfändung der Sache nach §§ 808 ff. ZPO, sog. Doppelpfändung,[142] damit sich nach Bedingungseintritt das Pfändungspfandrecht gem. § 1287 BGB analog an der Sache selbst fortsetzen kann.

Hier ging es um die Übertragung des AnwR gemäß §§ 929, 930 BGB. Dabei war die Sicherungsabrede notwendig, um ein konkretes BMV zu begründen. Es ist ganz h.M., dass das AnwR, weil es eben ein dem Eigentum „wesensgleiches Minus" darstellt, auch zur Sicherheit übertragen werden kann.

138 Medicus, Rn. 560.

139 Lesen Sie zum Anwartschaftsrecht Hemmer/Wüst, Sachenrecht II, Rn. 1 ff.

140 BGHZ 20, 88.

141 Medicus, BR, Rn. 473.

142 Vgl. Hemmer/Wüst, ZPO II, Rn. 198 ff.

Dazu bedarf es auch keiner Zustimmung des Eigentümers, weil dessen Interessen grundsätzlich nicht tangiert sind.[143]

hemmer-Methode: Vereinbaren Eigentümer und AnwRberechtigter ein Verfügungsverbot hinsichtlich des AnwR, ist diese Vereinbarung Dritten gegenüber ohne Wirkung. Da das AnwR nicht nach §§ 413, 398 BGB übertragen wird, findet nämlich nicht § 399 BGB, sondern § 137 BGB auf ein solches Verfügungsverbot Anwendung. Nach § 137 S. 1 BGB lässt ein rechtsgeschäftliches Veräußerungsverbot die dingliche Verfügungsbefugnis des AnwRberechtigten unberührt. Die schuldrechtliche Verpflichtung des AnwRberechtigten, über das AnwR nicht zu verfügen, bleibt hingegen nach § 137 S. 2 BGB wirksam. Ihre Verletzung kann zu Schadensersatzansprüchen führen.

bb) Aus der Tatsache, dass in der vorliegenden Form eine Übertragung des AnwR möglich war, ergibt sich aber noch nicht unmittelbar, dass auch eine diesbezügliche Einigung der Parteien H und C vorliegt. Immerhin war ja ausdrücklich die Eigentumsübertragung beabsichtigt. Nach dem BGH ist eine solche Einigung im Wege ergänzender Auslegung (§§ 133, 157 BGB) der getroffenen Vereinbarungen zu gewinnen. Die Erklärung, eine Sache übereignen zu wollen, enthält i.d.R. die weniger weitreichende Erklärung, das AnwR an dieser Sache zu übertragen.

Eine andere Auffassung wendet stattdessen eine Umdeutung gemäß § 140 BGB an, da es hier nicht um die Erforschung eines tatsächlichen, sondern eines mutmaßlichen Willen gehe. Gegen diese Ansicht spricht aber, dass die Einigung ja gerade nicht nichtig, sondern allenfalls fehlgeschlagen ist.

Im Ergebnis ist jedenfalls davon auszugehen, dass hier eine solche Einigung über die Übertragung des AnwR zwischen H und C vorliegt.

cc) Da zu dieser Übertragung aber eben die Sicherungsabrede notwendig war, liegen schon insofern die Voraussetzungen des § 139 BGB, nämlich der mutmaßliche Parteiwille, nicht vor. Auf die Frage, ob § 139 BGB analog auf ein fehlgeschlagenes Rechtsverhältnis anzuwenden ist, kommt es damit nicht an. Zwischen H und C wurde also wirksam ein BMV begründet.

hemmer-Methode: Auf das Problem, ob für die Übereignung auch das Vorliegen eines nur vermeintlichen BMV genügt, kommt es daher nicht an.[144] Von der h.M. wird dies bejaht. Es soll ausreichen, wenn der Besitzmittler aufgrund des vermeintlichen BMV für den anderen besitzt und diesem ein Herausgabeanspruch z.B. aus § 812 I S. 1 Alt. 1 BGB zusteht.

c) Damit ist davon auszugehen, dass C tatsächlich mittelbarer Besitzer der Fräsmaschine war, für die Übertragung an die E also die Voraussetzungen des §§ 929, 931 BGB vorliegen.

3. Allerdings handelte C als Nichtberechtigter.

4. E hätte damit nur gutgläubig Eigentum an der Fräsmaschine erworben, wenn auch die Tatbestandsvoraussetzungen des § 934 BGB, den für § 931 BGB „einschlägigen Gutglaubenstatbestand“, vorlägen.

a) Auch hier ist nach dem Sachverhalt von Gutgläubigkeit der E i.S.d. § 932 II BGB auszugehen.

[143] Vgl. BGHZ 20, 88.

[144] Hemmer/Wüst, Sachenrecht I, Rn. 137.

hemmer-Methode: Finden sich im Sachverhalts keine besonderen Anhaltspunkte für eine Bösgläubigkeit des Erwerbers ist grundsätzlich von Gutgläubigkeit auszugehen.
Dies ergibt sich bereits aus der Formulierung des § 932 I BGB „es sei denn". Das Gesetz vermutet also die Gutgläubigkeit des Erwerbers. Folgen hat dies auch für die Beweislast in einem Prozess.[145] Die Bösgläubigkeit muss grundsätzlich derjenige beweisen, der den gutgläubigen Erwerb bestreitet und somit regelmäßig nicht der Erwerber.[146]

b) Da C, wie eben festgestellt, tatsächlich mittelbarer Besitzer der Fräsmaschine war, scheinen damit die Voraussetzungen des § 934 Alt. 1 BGB vorzuliegen.

c) Einwände könnten sich allerdings ergeben, wenn man der Konstruktion des mittelbaren Nebenbesitzes folgt.

Vor den betreffenden Rechtsgeschäften lag ein BMV zwischen V und H vor. H, der den Besitz für V ausübte, war unmittelbarer Fremdbesitzer. V dagegen war mittelbarer Eigenbesitzer. Der Kaufvertrag mit Eigentumsvorbehalt genügt insoweit den Anforderungen an ein hinreichend konkretes BMV.

aa) Teilweise wird vertreten, dass der ursprüngliche mittelbare Besitzer V seine Position dann nicht endgültig verliere, wenn der unmittelbare Besitzer H eine Art Doppelspiel treibe, wenn er also sowohl den Sicherungsnehmer C als übergeordnet anerkennt, gleichzeitig aber auch noch die Weisungen des Vorbehaltsverkäufers V befolgt.

Es sei willkürlich, dem einen oder dem anderen „Besitzherrn" alleinigen mittelbaren Besitz zuzusprechen, wenn die tatsächlichen Sachbeziehungen zu beiden gleich seien. Dann liege nur sog. mittelbarer Nebenbesitz vor.

In so einem Fall aber sei kein gutgläubiger Erwerb möglich, weil die §§ 932 ff. BGB verlangen, dass der Erwerber besitzrechtlich näher an die Sache herankomme als der bisherige Eigentümer. Stütze für diesen Ansatz ist die Vorschrift des § 936 I S. 3 BGB, der einen lastenfreien Erwerb in eben dieser Situation nicht zulässt.

Es sei also nicht genügend, wenn zwei mittelbare Nebenbesitzer praktisch eine gleichwertige besitzrechtliche Stellung hätten.

In solch einem Fall könne man den mittelbaren Besitz des gutgläubigen Erwerbers nicht als vollwertig anerkennen.[147]

bb) Rechtsprechung und h.L.[148] lehnen die Konstruktion des mittelbaren Nebenbesitzes zu Recht ab.

(1) Die besitzrechtlichen Vorschriften des BGB gehen davon aus, dass der Besitz als tatsächliche Sachherrschaft in aller Regel nur einer Person zustehen kann. Die Fälle anerkannter besitzrechtlicher Beteiligung mehrerer sind als Ausnahme zu verstehen und im Gesetz abschließend geregelt. Möglich ist hiernach Mitbesitz i.S.d. § 866 BGB, das mehrstufige Besitzgebäude des § 871 BGB (unmittelbarer Fremdbesitzer - mittelbarer Fremdbesitzer 1. Grades - mittelbarer Eigenbesitzer 2. Grades[149]) und der Übergang auf mehrere Erben gemäß § 857 BGB. Die Figur des Nebenbesitzes ist dem hingegen fremd.

[145] Vgl. allgemein zur Beweislast Hemmer/Wüst, ZPO I, Rn. 489 ff.
[146] Vgl. Hemmer/Wüst, Sachenrecht I, Rn. 1845.
[147] Vgl. Baur § 52 II 4 c bb; Med. BR, Rn. 558 ff.
[148] Grüneberg, § 868 BGB, Rn. 2; Tiedtke, Gutgläubiger Erwerb, S. 17 f. m.w.N.
[149] Vgl. BGHZ 28, 27.

(2) Der Nebenbesitz ist aber vor allem ein Widerspruch in sich.

Der unmittelbare Besitzer kann nicht zwei Personen den Besitz vermitteln, wenn diese nicht durch das Band des Mitbesitzes miteinander verbunden sind. Der Besitzmittlungswille des unmittelbaren Besitzers besteht doch gerade darin, dass er bereit ist, dem mittelbaren Besitzer zu gegebener Zeit die Sache herauszugeben. Der unmittelbare Besitzer kann aber nicht zwei Personen gleichzeitig die Sache herausgeben, wenn jeder von ihnen den Alleinbesitz für sich beansprucht; also kann er auch einen entsprechenden Willen nicht haben.[150]

Damit bleibt festzuhalten, dass V mit Abschluss des Sicherungsvertrages zwischen H und C seinen mittelbaren Besitz verloren hat und C hierdurch mittelbarer Besitzer wurde. C hatte aus diesem BMV also einen - wenn auch noch nicht durchsetzbaren - Herausgabeanspruch, der abtretbar ist.[151]

d) Den Anspruch, der ihm aus dem BMV mit H zustand, hat C am 20. Dezember 1995 gemäß §§ 871, 398 BGB wirksam an E abgetreten.

Damit liegen die Voraussetzungen des § 934 Alt. 1 BGB hier vor.

hemmer-Methode: Beachten Sie, dass § 985 BGB kein abtretbarer Anspruch i.S.d. § 931 BGB ist.
Dieser Vindikationsanspruch kann nicht zur Übertragung des Eigentums verwendet werden. Vielmehr ist er unmittelbar an das Eigentum geknüpft und von diesem Stammrecht nicht abtrennbar, entsteht also - nach Übertragung - beim jeweiligen Eigentümer neu.[152]
Möglich ist allenfalls die Überlassung des Herausgabeanspruchs an einen Dritten, der diesen dann auch im Wege der gewillkürten Prozessstandschaft geltend machen kann.
Besteht nur ein Herausgabeanspruch aus § 985 BGB oder ist die Sache momentan besitzlos, kann nach h.M. die Sache durch die bloße Einigung übereignet werden. Hierbei handelt es sich um eine Ausnahme vom sachenrechtlichen Publizitätsprinzip, wonach grundsätzlich jede Verfügung der Allgemeinheit offenkundig gemacht werden muss. Im Bereich der beweglichen Sachen ist deshalb für eine Verfügung grundsätzlich die Übergabe, im Falle der Immobilien die Grundbucheintragung erforderlich.[153]

e) Ein gutgläubiger Erwerb scheitert hier auch nicht an § 935 I BGB, obwohl der bisherige Eigentümer V seinen Besitz unfreiwillig verloren hat. V war aber nur mittelbarer Besitzer, Voraussetzung des § 935 I BGB ist aber nach S. 2 gerade, dass die Sache dem unmittelbaren Besitzer, also hier dem H, abhanden kommt.[154]

Ergebnis

Durch das Rechtsgeschäft des C mit E hat die E das Eigentum gutgläubig gemäß §§ 929, 931, 934 Alt. 1 BGB erworben. V hat damit seine Eigentümerstellung verloren.

hemmer-Methode: Dieses Ergebnis erscheint zunächst seltsam. Der unmittelbar besitzende H kann C kein Eigentum verschaffen, wohl aber der nur mittelbar besitzende C dem E.

[150] Tiedtke a.a.O.

[151] Vgl. zu diesem Problemkreis auch Hemmer/Wüst, Sachenrecht I, Rn. 219.

[152] Vgl. Hemmer/Wüst, Sachenrecht I, Rn. 147 ff., 154 ff.

[153] Vgl. zum Publizitätsprinzip, Hemmer/Wüst, Sachenrecht I, Rn. 98.

[154] Vgl. Hemmer/Wüst, Sachenrecht I, Rn. 188.

Es scheint hier ein Wertungswiderspruch zwischen § 933 BGB und § 934 Alt. 1 BGB vorzuliegen.
Nach § 934 Alt. 1 BGB kann jemand gutgläubig Eigentum erwerben, ohne dass ihm der unmittelbare Besitz verschafft wird. Damit besteht die Gefahr der Umgehung des § 933 BGB. Die §§ 933, 934 BGB sind jedoch bewusst so gestaltet. Es besteht nämlich ein Unterschied zwischen § 933 BGB und § 934 BGB. Während der Veräußerer bei einer Übereignung nach §§ 929, 931, 934 Alt. 1 BGB sich vollständig von seinem Besitz trennt, bleibt er bei einer Übereignung nach §§ 929, 930, 933 BGB weiterhin Besitzer. Die vollständige Aufgabe der Besitzstellung ist aber gerade bei allen Formen des gutgläubigen Erwerbs erforderlich.
Der „Fräsmaschinenfall" ist ein absoluter Klassiker in der juristischen Ausbildung und Prüfung, der zum Teil bereits wörtlich im Examen gestellt wurde. Überzeugen Sie Ihren Korrektor hier durch systematische, sorgfältige Prüfung der Übereignungstatbestände. Konzentrieren Sie sich dabei auf das Wesentliche! Schwerpunkt des Falles ist die Frage, ob V sein Eigentum durch das Rechtsgeschäft zwischen C und E verloren hat. An dieser Stelle wurde vom Bearbeiter eine ausführliche Lösung erwartet, während die möglichen Übereignungen zwischen V und H sowie zwischen H und C relativ kurz abgehandelt werden konnten.
Die richtige Schwerpunktsetzung ist eines der Merkmale, das den guten Examenskandidaten vom grauen Durchschnitt abhebt. Langweilen Sie Ihren Korrektor nicht mit seitenlangen Ausführungen zu problemlosen Passagen des Falles. Hier werden keine entscheidenden (Plus)Punkte vergeben!
Lassen Sie sich das Gefühl für die richtige Schwerpunktsetzung in unseren Hauptkursen vermitteln. Hier haben Sie die Möglichkeit, mit der Hilfe von Spitzenjuristen die Lösung von Examensfällen zu trainieren und sich so optimal auf den Ernstfall vorzubereiten!

Teil 2: Ansprüche der V gegen die X-Bank

A) Anspruch aus § 816 II BGB

V kann einen Zahlungsanspruch in Höhe von 25.000,- € gegen X möglicherweise auf § 816 II BGB stützen.

I. X als Nichtberechtigte?

X hat die Zahlung des K als Nichtberechtigte empfangen, wenn sie nicht Gläubigerin der der Zahlung zugrundeliegenden Forderung war.

Die Forderung stammt aus einem Kaufvertrag zwischen Z und K, sodass die Berechtigung der X davon abhängt, ob ihr die Forderung von Z wirksam abgetreten wurde.

1. Der Wirksamkeit der Abtretung steht nicht entgegen, dass die Forderung zum Zeitpunkt der Abtretung noch gar nicht bestand. Die Abtretung künftiger Forderungen (sog. Vorausabtretung) ist grundsätzlich zulässig. Allerdings muss aus Gründen der Rechtssicherheit feststehen, welche Forderungen in welcher Höhe abgetreten werden sollen. Die Forderung muss bei der Einigung soweit bestimmbar sein, dass bei ihrer Entstehung ihre Individualität in jeder Hinsicht feststeht.

hemmer-Methode: Die Abtretung ist wie die Übereignung von Sachen ein dingliches Rechtsgeschäft. Allen dinglichen Rechtsgeschäften ist gemein, dass sie sich auf bestimmte Gegenstände beziehen müssen. Jeder Dritte, der sich in Kenntnis der Sicherungsabrede befindet, muss bestimmen können, auf welche Gegenstände sich das Rechtsgeschäft zum Zeitpunkt seines Wirksamwerdens beziehen soll.
Bei einer Abtretung erfordert dies, dass die abgetretene Forderung nach Schuldner, Schuldgrund und Inhalt bestimmt ist. Bei der Abtretung künftiger Forderungen, die sich aus dem späteren Verkauf der gelieferten Waren ergeben, steht zum Zeitpunkt der Vorausabtretung aber lediglich der Schuldgrund - Anspruch aus § 433 II BGB - fest.
Wer die Ware kauft und damit Schuldner wird und welcher Kaufpreis vereinbart wird, ist jedoch im Zeitpunkt der Abtretung ungewiss.
Es fehlt insoweit an einer hinreichenden Bestimmtheit der abgetretenen künftigen Forderung, eine Vorausabtretung wäre eigentlich unmöglich. Das Sicherungsbedürfnis der Warenlieferanten verlangt aber, dass bereits zukünftige Forderungen als Sicherungsmittel verwertet werden können. Aus diesem Grund begnügt sich die Rechtsprechung im Fall der Vorausabtretung mit der Bestimmbarkeit der Forderungen zum Zeitpunkt der Abtretung. Diese ist dann gegeben, wenn sich aus ihr die Bestimmtheit im Zeitpunkt der späteren Entstehung der Forderung ergibt.

Da sich die Globalzession auf alle gegenwärtigen und künftigen Forderungen der Z gegen seine Kunden richtet, liegt hinreichende Bestimmbarkeit vor.

2. Fraglich ist aber, wie es sich auswirkt, dass Z die streitige Forderung gegen K drei Monate nach dieser Globalzession unter Wahrung des Bestimmtheitsgrundsatzes noch einmal an V i.R.d. verlängerten Eigentumsvorbehalts abtrat.

a) Treffen zwei Abtretungen gegenwärtig bereits bestehender Forderungen zusammen, gilt grundsätzlich das Prioritätsprinzip, d.h. die zeitlich nachfolgende Abtretung geht ins Leere, d.h. entfaltet keine Wirkung. Der Altgläubiger hat nämlich seine Stellung als Berechtigter bereits verloren.

Ein Forderungserwerb vom Nichtberechtigten ist aber nicht möglich.

hemmer-Methode: Der Grund hierfür liegt darin, dass es bei der Abtretung einer Forderung anders als beim Erwerb von beweglichen (Besitz) und unbeweglichen (Grundbucheintragung) Sachen keinen Publizitätsträger gibt, der den guten Glauben des Erwerbers legitimieren würde.
Anders liegt es im Fall des § 405 BGB. Hier liegt ein Publizitätsträger in Form der Abtretungsurkunde vor. Aus diesem Grund lässt das Gesetz hier ausnahmsweise einen gutgläubigen Forderungserwerb zu. Der Gutglaubensschutz wird hier aber bereits vom Gesetz auf zwei Fälle beschränkt, das Scheingeschäft i.S.d. § 117 BGB und die Vereinbarung eines Abtretungsverbots nach § 399 Alt. 2 BGB.
Ist die Forderung aus anderen Gründen nicht entstanden oder nicht abtretbar, ermöglicht auch § 405 BGB keinen gutgläubigen Erwerb. Im hier vorliegenden Fall der Doppelabtretung ist somit auch dann kein gutgläubiger Erwerb möglich, wenn i.R.d. zweiten Abtretung eine Schuldurkunde vorgelegt wird. Die Abtretung scheitert an der mangelnden Berechtigung des Zedenten aufgrund der zeitlich vorhergehenden Zession. Dies ist kein von § 405 BGB erfasster Fall.

Ein über § 405 BGB hinausgehender gutgläubiger Erwerb der Forderung ist nur im Fall des § 2366 BGB möglich. Hier wird der gutgläubige Erwerber so gestellt, als wäre der durch den Erbschein Legitimierte tatsächlich Erbe. Ist die abgetretene Forderung Erbschaftsgegenstand, findet somit ein gutgläubiger Forderungserwerb statt.

Bei Anwendung des Prioritätsprinzips stünde demnach die zeitlich spätere Abtretung an V der Wirksamkeit der Globalzession an X nicht entgegen.

b) Fraglich ist jedoch, ob das Prioritätsprinzip auch angewendet werden kann, wenn die Forderung bereits vor ihrer Entstehung mehrmals abgetreten wird. Bedenken ergeben sich, weil bei doppelter Vorausabtretung die Einigungen zwar zeitlich aufeinanderfolgen, die mehreren Abtretungen jedoch zur gleichen Zeit Rechtsfolgen auslösen, nämlich erst dann, wenn die Forderung tatsächlich entsteht. In einem solchen Fall könnten der Anwendung des Prioritätsgrundsatzes schutzwürdige wirtschaftliche Interessen der Parteien entgegenstehen.

aa) Nimmt ein Händler sowohl bei seinen Lieferanten in Form eines Zahlungsaufschubes als auch bei einer Bank einen Kredit auf, so tragen beide Kredite auf ihre Weise zum Geschäftsbetrieb des Händlers bei.

Ein wirtschaftlicher Vorrang eines der beiden Kreditgeber existiert also nicht. Die Anwendung des Prioritätsprinzips bringt es aber mit sich, dass einer der Kreditgeber die Sicherheiten in vollem Umfang erwirbt, während alle anderen leer ausgehen. Hier erscheint eine Aufteilung der Forderung gegen den Abnehmer gegenüber dem Prioritätsprinzip möglicherweise als gerechter.

Denkbar erscheint eine Aufteilung nach der Kredithöhe der einzelnen Sicherungsgeber bzw. nach Wertquoten, also nach der Frage, wie viel der Kredit des jeweiligen Sicherungsgebers zur Realisierung des konkreten Geschäfts beigetragen hat.

Diese Quotierungsversuche mögen zwar theoretisch, nicht aber praktisch durchführbar sein. Sie würden komplizierte Berechnungen aufgrund umfangreicher Unterlagen nötig machen. Dem Interesse der Sicherungsnehmer würde damit nicht gedient sein. Kein Sicherungsnehmer wüsste, in welcher Höhe er sich tatsächlich aus den vorausabgetretenen Forderungen befriedigen darf.

bb) Neben diesen Praktikabilitätserwägungen spricht gegen eine Quotierung auch, dass sich für sie keinerlei gesetzliche Anhaltspunkte finden lassen. Bei einer Konkurrenz gesicherter Gläubiger geht unsere Rechtsordnung aber überall vom Prioritätsprinzip aus. Es gilt für die Rangordnung mehrerer Vertragspfandgläubiger (vgl. § 1209 BGB) ebenso wie für das Verhältnis mehrerer Pfändungspfandgläubiger (vgl. § 804 III ZPO).

c) Das Prioritätsprinzip findet demnach auch bei mehrfachen Abtretungen zukünftiger Forderungen Anwendung. Der Wirksamkeit der Globalzession an die Bank steht somit die spätere Abtretung an V nicht entgegen.

3. Möglicherweise verstößt der Abtretungsvertrag des Z mit X aber gegen die guten Sitten und ist deswegen nach § 138 I BGB nichtig.

Die Abtretung erfolgte zur Sicherung der Bank wegen des gewährten Kredits, also in Erfüllung eines schuldrechtlichen Sicherungsvertrages. Diese Sicherungsabrede könnte sittenwidrig sein.

hemmer-Methode: Wäre die Globalzession mittels AGB der X-Bank vereinbart worden, so müssten Sie deren Wirksamkeit zunächst anhand von § 307 BGB prüfen. § 307 BGB wäre in diesem Fall gegenüber § 138 BGB spezieller.

a) Eine Sittenwidrigkeit kann sich hier zum einen unter dem Gesichtspunkt der Übersicherung ergeben.

Im vorliegenden Fall sollte Z aber gegenüber seinen Kunden weiterhin zur Einziehung der Forderungen ermächtigt sein, wenn und solange er gegenüber der Bank seinen Zahlungsverpflichtungen nachkommt.

In einem solchen Fall der stillen Zession ist eine Übersicherung ausgeschlossen, da die Forderungen trotz der Abtretung wirtschaftlich weiterhin dem Abtretenden zufließen.

Zu einer Übersicherung kann es hier erst dann kommen, wenn die Bank aufgrund Zahlungsschwierigkeiten des Zedenten den Schuldnern die Abtretung anzeigt und in diesem Moment ein unverhältnismäßig hohes Missverhältnis zwischen sicherungshalber abgetretenen Forderungen und der Schuld des Zedenten besteht. Für ein solches Missverhältnis finden sich im Sachverhalt aber keine Anhaltspunkte. Die Globalzession ist damit nicht bereits aus dem Gesichtspunkt der Übersicherung sittenwidrig.

hemmer-Methode: Beachten Sie, dass allein aus dem Mehrwert der Außenstände gegenüber dem geschuldeten Darlehen noch keine sittenwidrige Übersicherung resultiert.
Die Bank als Sicherungsnehmer muss nämlich auch die Zinsen, ein etwaiges Prozessrisiko- und das Risiko einer eventuellen Uneinbringbarkeit einiger Forderungen („faule Eier sind immer dabei") mit einkalkulieren.

Ein Mehrwert der sicherungshalber abgetretenen Forderungen ist deshalb zulässig, wenn nicht der Wert der zu sichernden und der Wert der sichernden Forderungen in unangemessenem Verhältnis zueinander stehen. Hier wird teilweise ein Mehrwert von bis zu 50 % noch als zulässig gewertet. Seit BGH GrZS, NJW 98, 671 hat der Sicherungsgeber bei formularmäßig bestellten, revolvierenden Globalsicherungen im Falle der nachträglichen Übersicherung einen ermessensunabhängigen Freigabeanspruch gegen den Sicherungsnehmer. Die Wirksamkeit einer formularmäßig bestellten, revolvierenden Globalsicherung hängt weder von der Vereinbarung einer ausdrücklichen Freigaberegelung noch von der Festlegung einer zahlenmäßig bestimmten Deckungsgrenze, noch von einer Klausel für die Bewertung der Sicherungsgegenstände ab. Eine Klausel, die die Freigabe in das Ermessen des Sicherungsnehmers stellt, ist als solche unangemessen, berührt aber gem. § 306 I BGB die Wirksamkeit der Globalsicherung nicht. Ein Freigabeanspruch des Sicherungsgebers soll sich bereits aus dem fiduziarischen Charakter der Globalzession ergeben. Aus dieser Treuhandnatur des Sicherungsvertrages folgt auch ohne ausdrückliche Regelung die Pflicht des Sicherungsnehmers, die Sicherheit gem. § 242 BGB zurück zu gewähren, wenn und soweit sie endgültig nicht mehr benötigt wird. Dieser Freigabeanspruch tritt nun an die Stelle einer anderweitigen, unwirksamen Klausel, die die Freigabe in das Ermessen des Sicherungsnehmers stellt. Diese Rechtsprechung hat zur Folge, dass es zu einer Unwirksamkeit des Sicherungsvertrages aufgrund nachträglicher Übersicherung nicht mehr kommen kann. Sie begünstigt daher eindeutig die Banken, die nun noch weniger Anlass haben, weitgehende Freigabevereinbarungen zu treffen.

Dieser Problemkreis stellt einen Klassiker der Rechtsprechung dar. Sie sollten hierzu unbedingt den Beitrag in Life&LAW 1998, 138 ff. durcharbeiten.

b) Die Sittenwidrigkeit könnte sich aber aus einer Knebelung des Z ergeben. Sittenwidrig ist nämlich ein Vertrag, durch den einer der beteiligten Vertragspartner in seiner wirtschaftlichen Bewegungsfreiheit mehr als zumutbar eingeschränkt wird.

Mit der Globalzession entzieht die X dem Z praktisch die Möglichkeit, Waren unter verlängertem EV zu beziehen.

Wenn Z Waren aber tatsächlich nur unter EV beziehen kann, etwa weil ihm weder die nötigen Barmittel noch andere Sicherungsmittel zur Verfügung stehen, legt der Sicherungsvertrag mit X den Geschäftsverkehr des Z lahm.

Schon aus diesen Gründen ließe sich hier eine Sittenwidrigkeit der Sicherungsabrede bejahen.

c) Die Sittenwidrigkeit lässt sich zudem auch mit dem Gedanken der Gläubigergefährdung erklären, einem dem Knebelungsgedanken eng verwandten Ansatz.

Die Lieferanten des Z werden regelmäßig nur unter verlängertem EV liefern, wenn keine Barzahlung erfolgt. Würde Z seinen Lieferanten die Globalzession mitteilen, so würde er zukünftig keine Waren mehr erhalten, was ihn letztlich über kurz oder lang ruinieren würde. Will Z trotz der Globalzession auch künftig wirtschaftlich überleben und dazu Waren unter verlängertem EV beziehen, so ist er geradezu gezwungen, gegenüber seinen Lieferanten Täuschungen, Vertragsbrüche und möglicherweise sogar strafbare Handlungen zu begehen (sog. Vertragsbruchtheorie). An diesem sittenwidrigen Verhalten des Z gegenüber seinen Lieferanten nimmt X zumindest teil, letztlich nötigt sie es ihm geradezu auf.

Die Sicherungsabrede ist deshalb aufgrund der Gläubigergefährdung sittenwidrig und damit gemäß § 138 I BGB nichtig.

hemmer-Methode: Die Sittenwidrigkeit aufgrund Gläubigergefährdung können die Banken auch nicht dadurch vermeiden, dass sie sich in ihren AGB zur Freigabe der abgetretenen Forderungen im Fall der Kollision mit einem verlängerten Eigentumsvorbehalt verpflichten (sog. schuldrechtliche Freigabeklausel).
Der Eigentumsvorbehaltsverkäufer würde nämlich dennoch unzumutbar schlechter stehen, als wenn die Globalzession nicht vorgenommen worden wäre. Die Durchsetzung seiner Ansprüche wäre erschwert.
Er muss sich nicht nur mit seinem Abnehmer auseinandersetzen, sondern zusätzlich auch noch mit einer Bank. Er wird dadurch gegebenenfalls mit dem doppelten Prozessrisiko- belastet, zumal einer Bank ganz andere Mittel zur Wahrnehmung ihrer Interessen zur Verfügung stehen als dem Vorbehaltskäufer.
Die Bank kann somit eine Sittenwidrigkeit der Globalzession nur dadurch vermeiden, dass sie von dieser alle diejenigen Forderungen des Zedenten ausschließt, die unter einen verlängerten Eigentumsvorbehalt fallen, sog. dingliche Freigabe- bzw. Verzichtsklausel.[155]

Diese Sittenwidrigkeit der schuldrechtlichen Sicherungsabrede schlägt auch auf die grundsätzlich abstrakte Verfügung durch, da sich die Sittenwidrigkeit gerade aus der Veränderung der Forderungsinhaberschaft ergibt.

[155] Vgl. hierzu Hemmer/Wüst, Bereicherungsrecht, Rn. 403 a.E.

hemmer-Methode: Beachten Sie, dass im Fall der Sittenwidrigkeit nach § 138 I BGB die Unwirksamkeit nicht ohne weiteres auf das dingliche Geschäft durchschlägt. Schuldrechtliches und dingliches Rechtsgeschäft sind in ihrer Wirksamkeit unabhängig voneinander. Deshalb bedarf es einer besonderen Begründung, warum im konkreten Einzelfall auch die Forderungsabtretung und nicht nur die schuldrechtliche Verpflichtung dazu sittenwidrig und damit nichtig ist.
Fehler in diesem Zusammenhang werden vom Korrektor meist als Verkennung des Abstraktionsprinzips bewertet - einer der Kardinalfehler einer BGB-Klausur schlechthin.
Anders ist die Rechtslage im Fall des Wuchers nach § 138 II BGB. Hier ergibt sich aus dem Wortlaut des Gesetzes „sich ... gewähren lässt“, dass auch das dingliche Geschäft automatisch von der Nichtigkeit erfasst wird. § 138 II BGB ist damit de facto der einzige Fall, in dem das Gesetz selbst eine Fehleridentität anordnet. Beachten Sie dabei aber, dass nur das dingliche Rechtsgeschäft des Bewucherten nichtig ist und damit zu dessen Schutz § 985 BGB eingreift. Die dinglichen Rechtsgeschäfte des Wucherers dagegen sind wirksam!

4. Zwischenergebnis

Die Globalzession an X ist wegen Sittenwidrigkeit nichtig.

X hat somit die Zahlung des K als Nichtberechtigte empfangen.

II. Leistung dem Berechtigten V gegenüber wirksam?

1. Berechtigt ist die Lieferantin V, die die Forderung durch die Abtretung i.R.d. verlängerten EV erworben hat.

V gegenüber ist die Leistung des K wirksam, wenn dieser durch die Leistung an X gegenüber V frei wurde.

a) Da ein Fall der Doppelabtretung vorliegt, könnte K nach § 408 BGB freigeworden sein. Der Wortlaut des § 408 BGB geht jedoch von anderen Voraussetzungen aus. § 408 BGB regelt den Fall, dass der Schuldner an den Dritten, also an den Zweitzessionar leistet. Dann muss der tatsächlich berechtigte Erstzessionar diese Leistung gegen sich gelten lassen.

K leistete hier aber nicht an den Zweit-, sondern an den Erstzessionar. Anders als im Fall des § 408 BGB ist hier nicht die Zweitzession mangels Berechtigung des Zedenten, sondern die Erstzession wegen § 138 I BGB unwirksam.

b) § 409 BGB ist ebenfalls nicht direkt anwendbar. Diese Norm regelt den Fall, dass der „Altgläubiger“ (= Zedent) seinem Schuldner die unwirksame Abtretung anzeigt. Im vorliegenden Fall erfolgt die Anzeige aber nicht von dem Altgläubiger, sondern von dem Erstzessionar, nämlich der X.

2. In Betracht kommt damit allenfalls eine analoge Anwendung der §§ 408, 407 BGB. Voraussetzung für eine Analogie sind eine planwidrige Regelungslücke und eine vergleichbare Interessenlage.

hemmer-Methode: Eine gute Punktzahl erreichen Sie nicht allein mit dem zutreffenden Ergebnis. Viel wichtiger ist der Weg, wie Sie zu diesem Ergebnis gelangt sind. Ein Schwerpunkt der Arbeit in unseren Hauptkursen liegt deshalb darin, Ihnen ein Gespür für eine juristisch genaue Argumentation zu vermitteln. Mit diesem Handwerkszeug ausgerüstet, wird Ihnen auch eine „unbekannte“ Klausur im Examen kein Kopfzerbrechen bereiten.

a) Eine gesetzliche Regelung für den Fall, dass an den nichtberechtigten Erstzessionar gezahlt wird, findet sich nicht, sodass insoweit von einer planwidrigen Regelungslücke ausgegangen werden kann.

b) §§ 404 ff. BGB sind Schutzvorschriften zugunsten des Schuldners. Für eine Abtretung ist anders als für die Übereignung einer Sache kein Publizitätsakt erforderlich.

Der Schuldner befindet sich deshalb häufig in Ungewissheit über die Person seines Gläubigers. Vor dieser Ungewissheit wird er durch §§ 407 ff. BGB geschützt, nach denen auch die Zahlung an einen Nichtberechtigten für den Schuldner, der von den Abtretungsvorgängen keine Kenntnis hat, befreiende Wirkung haben kann.

hemmer-Methode: Denken Sie immer daran, dass §§ 404 ff. BGB nur Schutzvorschriften zugunsten des Schuldners sind. Er kann sich auf sie berufen, muss es aber nicht. Es kann für den Schuldner nämlich günstiger sein, die Leistung an den Nichtberechtigten über § 812 I S. 1 Alt. 1 BGB zu kondizieren und an den tatsächlich Berechtigten noch zu zahlen.

c) Diese Ungewissheit besteht nicht nur dann, wenn von zwei Zessionen die letzte mangels Berechtigung unwirksam ist, sondern auch dann, wenn - wie im vorliegenden Fall - die erste Zession wegen Verstoßes gegen § 138 I BGB unwirksam ist. Somit besteht auch eine vergleichbare Interessenlage.

§§ 408, 407 BGB können somit auf die vorliegende Konstellation entsprechend angewendet werden. K, der die Unwirksamkeit der Abtretung an die Bank nicht kannte, ist damit durch die Zahlung an X in analoger Anwendung des § 407 I BGB von seiner Verpflichtung gegenüber V frei geworden.

Die Tatbestandsvoraussetzungen des § 816 II BGB liegen demnach vor. V kann von X Herausgabe der gezahlten 25.000,- € verlangen.

B) Anspruch aus § 816 I S. 1 BGB

Derselbe Anspruch folgt aus § 816 I BGB, wenn man in der Einziehung einer Geldforderung eine Verfügung über die Forderung sieht.

Verfügung ist jedes Rechtsgeschäft, das auf ein bestehendes Recht in Form der Aufhebung, Änderung oder Übertragung einwirkt.

Bei der Einziehung einer Forderung liegt nach wohl h.M schon kein Rechtsgeschäft vor, sodass bereits aus diesem Grund eine Verfügung abzulehnen wäre.

Entscheidendes Argument gegen die Annahme einer Verfügung dürfte aber wohl sein, dass der Gesetzgeber selbst davon ausging, dass in der Einziehung einer Forderung keine Verfügung zu sehen ist. Andernfalls würden alle Fälle des § 816 II BGB zugleich auch unter § 816 I S. 1 BGB fallen. Die Vorschrift des § 816 II BGB wäre dann überflüssig (a.A. vertretbar).

C) Anspruch aus §§ 687 II S. 1, 681 S. 2, 667 BGB

Ein Anspruch aus angemaßter Eigengeschäftsführung nach §§ 687 II S. 1, 681 S. 2, 667 BGB dürfte wohl an der fehlenden positiven Kenntnis der Bank von der Unwirksamkeit der Globalzession scheitern. Es ist nicht sicher, ob die Bank tatsächlich von den Lieferungen unter verlängertem Eigentumsvorbehalt wusste. Dass sie damit nach den Geschäftsgepflogenheiten rechnen musste, reicht für § 687 II BGB nicht aus. Diese Vorschrift erfordert vielmehr positive Kenntnis.

D) Ergebnis

V kann von der X gemäß § 816 II BGB Herausgabe der von K gezahlten 25.000,- € verlangen.

hemmer-Methode: Das Problem der Kollision zwischen verlängertem Eigentumsvorbehalt und Globalzession ist ein absoluter Klassiker, den Sie als Examenskandidat beherrschen müssen. Lassen Sie sich aber auch nicht verwirren, wenn statt einer Globalzession plötzlich ein „Factoring" auftaucht.
Das Factoring ist einer der modernen Vertragstypen, mit dem aufgrund seiner praktischen Relevanz auch in Prüfungsarbeiten zu rechnen ist. Unterscheiden Sie hier zwischen dem echten und dem unechten Factoring.
Beim echten Factoring wird ein Rahmenvertrag geschlossen, in dem sich der Unternehmer verpflichtet, dem Factor seine gesamten gegenwärtigen und künftigen Forderungen zum Kauf anzubieten, während sich der Factor verpflichtet, die ihm angebotenen Forderungen auch zu kaufen. Auf den Zugang der Annahmeerklärung wird dabei im Einzelfall nach § 151 BGB verzichtet.
Das echte Factoring stellt rechtlich gesehen einen Forderungskauf dar. Der Unternehmer haftet dem Factor nur für die Verität, nicht aber für die Bonität der Forderung. Damit trägt der Factor das Risiko der Zahlungsunfähigkeit des Abnehmers (sog. Delkredererisiko). Der Unternehmer darf den Betrag, den der Factor ihm für die abgetretenen Forderungen gutschreibt - i.d.R. zwischen 80 % und 95 % des Nennbetrages der Forderungen - also auch dann behalten, wenn der Factor die abgetretenen Forderungen nicht verwirklichen kann.
Anders beim unechten Factoring.
Hier haftet der Unternehmer auch für die Bonität der abgetretenen Forderungen. Rechtlich gesehen handelt es sich um einen atypischen Darlehensvertrag. Die Forderungen werden zugleich zur Sicherheit und erfüllungshalber von dem Unternehmer an den Factor abgetreten.
Misslingt die Befriedigung aus diesen Forderungen, bleibt der Unternehmer dem Factor verpflichtet und wird wieder mit dem Betrag, den ihm der Factor zunächst für die abgetretenen Forderungen Vorschussweise gutgeschrieben hat, belastet.
Diese unterschiedliche Verteilung des Delkredererisikos macht sich bemerkbar, wenn eine im Rahmen eines Factorings vorgenommene Globalzession mit einem verlängerten Eigentumsvorbehalt kollidiert. Beim echten Factoring steht hier der Vorbehaltslieferant wirtschaftlich betrachtet nicht anders als ohne die Globalzession an den Factor. Ohne das Factoring dürfte der Unternehmer nämlich weiterhin den Kaufpreis von seinen Abnehmern einziehen. Beim echten Factoring erhält der Unternehmer diese Barmittel durch den Verkauf der Forderungen an den Factor, ohne dass er mit einem Rückgriff des Factors rechnen muss.
In beiden Fällen erhält der Factor also die Mittel, um seinen Vorbehaltslieferanten zu befriedigen. Für diesen spielt es also keine Rolle, ob die Abnehmer des Unternehmers den Kaufpreis auf das Konto des Unternehmers überweisen oder ob der Factor den (um ca. 5 % - 20 % geminderten) Kaufpreis dem Konto des Unternehmers gutschreibt.
Zwar schreibt der Factor nicht den vollen Forderungsbetrag zu. Hierdurch werden aber die schutzwürdigen Belange des Vorbehaltsverkäufers nicht beeinträchtigt, da der gutgeschriebene Betrag in aller Regel seine Forderung übersteigt.

Der Unternehmer verkauft nämlich die gelieferten Waren zu einem höheren Preis als dem Einkaufspreis.

Da somit durch die Globalzession im Rahmen eines echten Factorings keine schutzwürdigen Interessen des Eigentumsvorbehaltslieferanten berührt werden, besteht kein Grund, hier eine Sittenwidrigkeit aufgrund Gläubigergefährdung zu bejahen.

Anders stellt sich die Situation im Fall des unechten Factorings dar. Hier ist der Unternehmer mit einer Rückgriffsforderung des Factors belastet, wenn die abgetretene Forderung uneinbringbar ist (vgl. oben). Der Vorbehaltslieferant hat jedoch ein berechtigtes Interesse daran, dass die Zahl der Gläubiger des Unternehmers möglichst gering bleibt. Dies zeigt sich u.a. im Konkurs des Unternehmers; durch das Auftreten weiterer Gläubiger würde hier die Forderung des Lieferanten gekürzt.

Aus diesem Grund ist nach Ansicht des BGH eine im Rahmen eines unechten Factorings vorgenommene Globalzession wegen Gläubigergefährdung sittenwidrig. Die Gegenansicht im Schrifttum verneint hier eine Sittenwidrigkeit mit dem Argument, dass der Factor dem Unternehmer den Betrag ja zumindest Vorschussweise gutschreibe. Der Lieferant hat die gleiche Chance, an sein Geld zu kommen, wie im Fall der Barzahlung durch Käufer des Unternehmers.[156]

[156] Vgl. ausführlich hierzu Hemmer/Wüst, Bereicherungsrecht, Rn. 407.

Zusammenfassung

Teil 1: Eigentumslage an der Fräsmaschine

I. Vereinbarungen zwischen V und H: Bedingungseintritt nicht erfolgt.

II. Rechtsgeschäft zwischen H und C

1. Dingliche Einigung, § 929 S. 1 BGB.

2. Übergabe i.S.d. § 929 S. 1 BGB (-), aber Übergabesurrogat nach § 930 BGB.

3. Berechtigung des H (-)

4. Gutgläubiger Erwerb nach §§ 929 S. 1, 932 II, 933 BGB?

a) Gutgläubigkeit i.S.d. § 932 II BGB (+).

b) §§ 930, 933 BGB: Sicherungsabrede als konkretes BMV (+). Aber: Besitzverschaffung i.S.d. § 933 BGB (-). Daher hier Eigentumsverlust des V (-).

III. Rechtsgeschäft des C mit E

1. Dingliche Einigung, § 929 S. 1 BGB.

2. Übergabesurrogat i.S.d. § 931 BGB.

a) Fraglich, ob C mittelbarer Besitzer. Problem, ob das Fehlschlagen der Übereignung von H an C Auswirkungen auf die Sicherungsabrede als BMV hat ⇨ Mindermeinung: Nichtigkeit des BMV nach § 139 BGB.

b) BGH: BMV ist gültig, da fehlgeschlagene Übereignung von H an C als Übertragung des AnwR auszulegen (a.A.: umzudeuten) ist und die SiAbrede zu dessen Übertragung nach §§ 929, 930 BGB nötig ist. Daher § 139 BGB (-).

§ 139 BGB passt außerdem auch gar nicht.

3. Nichtberechtigung des C

4. Gutgläubiger Erwerb gem. §§ 929, 931, 934 Alt. 1 BGB.

Ergebnis:

Eigentumserwerb der E (+).

Teil 2: V gegen die X-Bank

A) Anspruch aus § 816 II BGB

I. X als Nichtberechtigte

1. Bestimmtheit der Vorausabtretung

2. Kollision mit Vorausabtretung i.R.d. verlängerten Eigentumsvorbehalts

⇨ Prioritätsgrundsatz, zeitlich vorhergehende Globalzession wirksam

3. Nichtigkeit der Globalzession nach § 138 I BGB.

(+), wegen Gläubigergefährdung

⇨ Sittenwidrigkeit erstreckt sich auch auf das dingliche Rechtsgeschäft

4. Ergebnis: X ist nichtberechtigt

II. Leistung dem Berechtigten V gegenüber wirksam

1. §§ 408, 409 BGB nicht direkt anwendbar

2. Analogie zu §§ 408, 407 BGB möglich

⇨ § 816 II BGB (+)

B) Anspruch aus § 816 I BGB

(-), da Einziehung einer Forderung keine Verfügung

C) Anspruch aus §§ 687 II S. 1, 681 S. 2, 667 BGB

(-), da keine positive Kenntnis der X

Fall 7:

Sachverhalt:

In der Gemeinde G besteht seit einigen Jahren der Reitclub „Oben bleiben" e.V. In der rechtswirksam zustande gekommenen Satzung des Clubs heißt es:

„Der Vorstand besteht aus drei Personen, dem Vorsitzenden, seinem Stellvertreter und dem Kassenwart. Er vertritt den Verein im Bereich des amateurmäßig betriebenen Reitsports."

Die nach § 64 BGB nötigen Eintragungen in das Vereinsregister sind erfolgt. Insbesondere ist zur Vertretung die Beschränkung auf den amateurmäßig betriebenen Reitsport eingetragen worden.

Protzig (P) amtiert als Vorsitzender, Gernegroß (G) als sein Vertreter und Knausrig (K) als Kassenwart. Am 11. Juni findet eine Vorstandssitzung statt. Die an alle Vorstandsmitglieder ergangene Einladung enthält unter anderem den Tagesordnungspunkt „Veranstaltung eines Reitturniers am 23. August". Knausrig kann an dieser Sitzung nicht teilnehmen. In seiner Abwesenheit beschließen Protzig und Gernegroß, den bekannten Berufsreiter Paul Schottermüller einzuladen, um das Turnier attraktiver zu gestalten. Protzig übernimmt es, den Kontakt zu Paul Schottermüller herzustellen. Dieser verlangt für seine Teilnahme 10.000,- €. Protzig und Gernegroß sind zwar von der Höhe der Forderung überrascht, beide rechnen aber mit erheblichen Einnahmen aus Eintritts- und Startgeldern. Auch hoffen sie, Rundfunk und Fernsehen würden wegen der Teilnahme des Paul Schottermüller über das Turnier berichten. Daher akzeptiert Protzig im Einverständnis mit Gernegroß die Forderung des Paul Schottermüller. Knausrig erfährt zwar von der Einladung an Paul Schottermüller, aber nicht von dem diesem zugesagten Betrag.

Zu dem Turnier kommen wegen strömenden Regens kaum Zuschauer; auch Rundfunk und Fernsehen bleiben aus. Als Paul Schottermüller von dem Verein 10.000,- € verlangt, weigert sich der entsetzte Knausrig, diesen Betrag aus der unzulänglichen Vereinskasse zu bezahlen. Er macht geltend, der Beschluss über die Einladung des Paul Schottermüller sei unwirksam, weil er, Knausrig, daran nicht in gesetzmäßiger Weise beteiligt worden sei. Ein „profihaftes" Entgelt für Paul Schottermüller liege überhaupt außerhalb der Vertretungsmacht des Vorstands. Schließlich sei Paul Schottermüller auch nur mit seinem zweitklassigen Ersatzpferd „Rosinante" an den Start gegangen, weil sein Spitzenpferd „Jolly Jumper" angeblich verschnupft war. Er sei daher nur Vierter geworden. Tatsächlich habe er sein Spitzenpferd aber nur für das wichtige Turnier „CHIO" in Aachen schonen wollen (was zutrifft). Deshalb habe er höchstens einen Teil der vereinbarten Vergütung verdient.

Bearbeitervermerk:

In einem Gutachten sind folgende Fragen in der vorgegebenen Reihenfolge zu beantworten:

1. *Was kann Paul Schottermüller von dem Verein verlangen? Dabei ist auf das gesamte Vorbringen des Knausrig einzugehen.*

2. *An wen kann sich Paul Schottermüller halten und welchen Betrag kann er fordern, wenn sein Vorgehen gegen den Verein keinen Erfolg hat?*

3. Kann der Verein gegen Protzig und Gernegroß Rückgriff nehmen, wenn Paul Schottermüllers Vorgehen gegen den Verein Erfolg hat?

Lösung: Frage 1:

I. Anspruch auf Zahlung von 10.000,- € aus Vertrag

Schottermüller verlangt für seine Teilnahme am Turnier 10.000,- €.

Er kann dies dann verlangen, wenn er gegen den e.V. einen vertraglichen Anspruch auf Erfüllung in voller Höhe hat.

1. Der Zahlungsanspruch des S könnte sich entweder aus Dienstvertrag, §§ 611, 614 BGB, oder aus Werkvertrag, § 631 BGB, ergeben.

Bei dem von Schottermüller geltend gemachten Primäranspruch, d.h. dem Anspruch, der nur auf Erfüllung des Vertrags gerichtet ist, kann die Abgrenzung Dienstvertrag (die Tätigkeit ist zeitbestimmt)/Werkvertrag (im Vordergrund steht die Erfolgsbestimmtheit der Leistung) dahingestellt bleiben, denn in beiden Fällen besteht bei wirksamem Vertrag ein Zahlungsanspruch.[157]

hemmer-Methode: Schreiben Sie die Klausur mit „leichter Hand", d.h. die Entscheidung, ob Dienst- oder Werkvertrag vorliegt, ist nur da zu treffen, wo sie notwendig ist. Geben Sie gleichwohl zu erkennen, dass Ihnen die Abgrenzung Dienst- und Werkvertrag geläufig ist, indem Sie Zeit- und Erfolgsbestimmtheit einfließen lassen. Die Abgrenzung wird erst beim Gewährleistungsrecht erheblich, da sich beim Werkvertrag die Gewährleistungsrechte des Bestellers nach § 634 BGB richten, während beim Dienstvertrag direkt auf das allgemeine Leistungsstörungsrecht aus §§ 280 ff. BGB zurückzugreifen ist.

2. Der Erfüllungsanspruch besteht dann, wenn der Verein wirksam vertreten worden ist, § 164 BGB.

Da sich aus den Umständen ergibt, dass als Vertragspartner nur der Verein als Turnierveranstalter in Betracht kommt, § 164 I S. 2 BGB, ist der Vertrag nur dann wirksam mit dem Verein zustande gekommen, wenn der den Vertrag abschließende Protzig mit Vertretungsmacht gehandelt hat.

a) Gem. § 26 I BGB wird der Verein durch den Vorstand vertreten. Diese Vertretung ähnelt zwar der Vertretung durch die gesetzlichen Vertreter (z.B. beim Minderjährigen), jedoch wird hier von einer Vertretung durch Organe gesprochen. Voraussetzung ist wie bei jeder Vertretung ein Handeln in fremdem Namen mit Vertretungsmacht.

b) Die Vertretungsmacht könnte bereits deshalb gefehlt haben, weil der Beschluss über die Einladung des Schottermüller fehlerhaft war.

K war an der Beschlussfassung nicht beteiligt.

Zwar war dem Erfordernis eines Mehrheitsbeschlusses der erschienenen Vorstandsmitglieder, §§ 28, 32 I S. 3 BGB, dennoch Genüge getan. Problematisch könnte aber sein, dass angekündigter Tagesordnungspunkt nur die Veranstaltung eines Reitturniers, nicht aber die Einladung des S war.

aa) Die Angabe in der Tagesordnung muss so genau sein, dass die Vorstandsmitglieder über die Notwendigkeit ihrer Teilnahme entscheiden und sich auf die Angelegenheit vorbereiten können.

[157] Vgl. zur Abgrenzung Grüneberg vor § 611 BGB, Rn. 16 ff., vor § 631 BGB, Rn. 5 ff.

Ein Verstoß gegen dieses formelle Erfordernis hat grundsätzlich die Nichtigkeit des Beschlusses zur Folge, §§ 28, 32 I S. 2 BGB.[158]

bb) Die Beschlussfassung über die Einladung hat aber mit der späteren möglichen Verpflichtung des Vereins aus Vertrag nichts zu tun.

Ähnlich wie im Gesellschaftsrecht sind beim Verein interne und externe Vorgänge, d.h. Innen- und Außenverhältnis, zu unterscheiden. Nur ein externer Vorgang führt i.d.R. zur Verpflichtung im Außenverhältnis. Das Vorbringen des Knausrig ist deshalb insoweit unerheblich, da die Beschlussfassung der internen Willensbildung und damit dem Innenverhältnis zuzuordnen ist. Maßgeblich für das Zustandekommen des Vertrages ist aber gerade die Wirksamkeit der Vertretung im Außenverhältnis.

hemmer-Methode: Lesen Sie bei der Lösung immer den Sachverhalt mit und beziehen Sie ihn in ihre Bearbeitung mit ein! Deshalb war hier auch in jedem Fall die Beschlussfassung in der Lösung anzusprechen. Setzen Sie dabei aber die Schwerpunkte richtig! Das heißt: Beschlussfassung knapp darstellen - erst jetzt kommt das Hauptproblem, das dann auch entsprechend ausführlicher zu behandeln ist!

c) Beachtlich könnten aber die Darlegungen des Knausrig insoweit sein, als er geltend macht, das profihafte Entgelt für Schottermüller habe außerhalb der Organmacht und damit der Vertretungsmacht des Vorstandes gelegen.

Gehandelt hat hier nur Protzig im Einverständnis mit Gernegroß.

Es könnte daher mangels Vertretungsmacht an einer der Voraussetzungen einer wirksamen Stellvertretung fehlen, § 164 BGB. Dies hätte zur Konsequenz, dass der Verein keiner vertraglichen Bindung unterliegt.

Bis 2009 war bei einem mehrköpfigen Vorstand umstritten, ob Einzel-Gesamt- oder Mehrheitsvertretung gelten sollte.

aa) Der Gesetzgeber hat allerdings mittlerweile klargestellt, dass das Mehrheitsprinzip gilt, vgl. § 26 II S. 1 BGB. Daher läge jedenfalls insoweit eine wirksame Vertretung vor.

Stimmt die Mehrheit der Stimmen zu, ist auch anerkannt, dass ein Vorstandsmitglied mit dem Abschluss des Geschäfts betraut werden kann.[159] Es handelt sich dann um eine rechtsgeschäftliche Bevollmächtigung.

bb) Unabhängig davon ist jedoch zu klären, ob die Vertretungsmacht des Protzig das Engagement des Schottermüller überhaupt mitumfasst.

(1) Die Vertretungsmacht des Vorstands ist grundsätzlich unbeschränkt, § 26 I S. 3 BGB. Zwar ist anerkannt, dass sie sich nicht auf Geschäfte erstreckt, die auch für Dritte erkennbar ganz außerhalb des Vereinszwecks liegen[160], dies ist aber bei der Verpflichtung eines Turnierreiters durch einen Reitverein nicht der Fall.

(2) Es könnte jedoch eine Beschränkung der Vertretungsmacht mit Wirkung gegenüber Dritten durch die Satzung vorliegen, § 26 I S. 3 BGB.

Die Beschränkung könnte darin liegen, dass der Verein nur amateurmäßig Reitsport betreibt. Auszulegen ist, ob die eingegangene Verpflichtung i.H.v. 10.000,- € noch von der in der Satzung festgelegten Vertretungsmacht gedeckt ist. Fehlt die Vertretungsmacht, so gilt § 177 BGB. Der Verein ist ohne Genehmigung durch die Mitgliederversammlung, vgl. § 32 BGB, nicht gebunden.

[158] Vgl. Grüneberg, § 32 BGB, Rn. 4, 9.

[159] Vgl. Grüneberg, § 26, Rn. 9.

[160] Vgl. Grüneberg, § 26 BGB, Rn. 6.

Abzustellen ist auf den konkreten Zuschnitt des jeweiligen Vereins.

Für einen Amateur-Reitverein sind die Durchführung eines Reitturniers und der Abschluss der damit zusammenhängenden Geschäfte grundsätzlich noch von der Vertretungsmacht gedeckt.

Bei einem Vertrag mit einem Berufsreiter über 10.000,- € für einen einzigen Auftritt fehlt bei dem Zuschnitt des Vereins allerdings die Vertretungsmacht, da dies den Rahmen des amateurmäßigen Betriebs sprengt. Anders wäre wohl zu entscheiden gewesen, wenn der Sportler mit einer Kostenpauschale einverstanden gewesen wäre. Die Zahlung von 10.000,- € aus der „unzulänglichen Vereinskasse" liegt jedoch außerhalb der Vertretungsmacht.

Es besteht sonst die Gefahr, dass der amateurmäßig betriebene Verein illiquide wird, was durch die Beschränkung der Vertretungsmacht in der Satzung gerade verhindert werden sollte.

hemmer-Methode: Da damit die Vertretungsmacht beschränkt ist, handelt es sich auch nicht um einen Fall des Missbrauchs der Vertretungsmacht, denn bei Missbrauch der Vertretungsmacht besteht die Vertretungsmacht im Außenverhältnis grds. unbeschränkt. Der Vertretene wird nur ausnahmsweise, d.h. bei evidentem Missbrauch (§ 177 BGB analog) oder bei Kollusion (§ 138 BGB), nicht verpflichtet.
Achten Sie auf die Gewichtung der Klausur. Die Ermittlung der Vertretungsmacht ist die Zentralproblematik bei Frage 1. Sie muss deshalb ausführlich behandelt werden. Insoweit erscheint es auch angebracht, kurz zum Missbrauch der Vertretungsmacht Stellung zu nehmen, um zu zeigen, dass man die Abgrenzung zum Vertreter ohne Vertretungsmacht kennt.

cc) Nach § 70 BGB i.V.m. § 68 S.1 BGB wirkt die Beschränkung der Vertretungsmacht des e.V. aber nur dann gegen Dritte, wenn eine Eintragung ins Vereinsregister erfolgte (sog. „negative Publizität" des Vereinsregisters). Nach dem Sachverhalt ist dies jedoch gem. § 64 BGB geschehen. Die Publizitätswirkung des Vereinsregisters hat zur Folge, dass die eingetragene Rechtslage maßgeblich ist, und nicht die, welche sich aus den gesetzlichen Normen des Vereinsrechts unmittelbar ergeben würde.

Aber: Gem. § 68 S.2 BGB müsste sich S diese Beschränkung nicht entgegensetzen lassen, wenn er sie nicht kennt und seine Unkenntnis auch nicht auf Fahrlässigkeit beruht.

Dass S die Beschränkung positiv kennt, lässt sich dem Sachverhalt nicht entnehmen. Allerdings ist von Fahrlässigkeit auszugehen, wenn sich eine Privatperson nicht vor Vertragsschluss über die Verhältnisse Klarheit verschafft, indem sie einen Registerauszug einsieht (Grüneberg, § 69, Rn. 1). Nur wenn die Änderung in dem Auszug noch nicht vermerkt wäre, weil sie etwa erst kurz vor Vertragsschluss stattgefunden hat, wäre die Fahrlässigkeit wiederum zu verneinen.

Da vorliegend aber gar keine Änderung stattgefunden hat, sondern die Beschränkung von Anfang an bestand, wirkt diese auch gegenüber S.

hemmer-Methode: Erkennen Sie die Parallelen in den gesetzlichen Regelungen! Der bekannte Fall einer „negativen Publizität" eines Registers ist die des Handelsregisters gem. § 15 I HGB. Die Wirkung einer Eintragung regelt dann § 15 II HGB. Übertragen Sie das dort Gelernte auf die Ihnen bekannte Norm und gewinnen Sie die nötige Sicherheit beim Umgang mit der unbekannten Norm.

Ergebnis

Da keine wirksame Vertretung vorlag und eine Genehmigung nach § 177 I BGB durch die Mitgliederversammlung nicht erfolgt ist, entfällt ein Erfüllungsanspruch des S gegenüber dem e.V.

hemmer-Methode: Mit welcher Argumentation erschließe ich mir weitere Problemfelder! Aus der Fallfrage ergibt sich fast zwangsläufig, dass der Verein nicht verpflichtet sein darf, denn nur bei Ablehnung der Vertretungsmacht ergibt sich die Frage, ob und in welcher Höhe der oder die Vertreter ohne Vertretungsmacht haften (vgl. Frage 2 des Bearbeitervermerks). Wenn man Missbrauch der Vertretungsmacht annimmt, würde der Vertretene nur bei Evidenz nicht gebunden. Dazu enthält der Sachverhalt zu wenig Anhaltspunkte.

II. Anspruch aus § 179 I BGB i.V.m. § 31 BGB

Auch ein Anspruch aus § 179 I BGB i.V.m. § 31 BGB entfällt, da sonst jede Beschränkung der Vertretungsmacht wegen der wiederum quasivertraglichen Haftung hinfällig würde.

hemmer-Methode: Nicht Theorien auswendig lernen, sondern die dahinterstehenden Wertungen verstehen! Deshalb wäre § 31 BGB auch nur anwendbar, wenn P und G bei Überschreiten ihrer Vertretungsmacht eine unerlaubte Handlung begangen hätten, für die der e.V. dann nach § 31 BGB i.V.m. § 823 BGB einstehen müsste.
Bei einem Delikt tritt der Wertungswiderspruch zum Vertragsrecht zurück, weil der „deliktische Vertragsverletzer" nicht privilegiert werden darf.[161]
Dies ist aus dem Sachverhalt aber nicht ersichtlich, insbesondere spricht nichts für das Vorliegen von § 823 II BGB i.V.m. § 263 StGB.

III. Anspruch auf Zahlung von 10.000,- € aus §§ 280 I, 311 II, 241 II BGB i.V.m. § 31 BGB (c.i.c.)

Ein Zahlungsanspruch könnte sich aber aus §§ 280 I, 311 II, 241 II BGB i.V.m. § 31 BGB (c.i.c.) ergeben, wenn die Anspruchsvoraussetzungen gegeben sind. Es müsste also dem Verein eine schuldhafte Pflichtverletzung im vorvertraglichen Bereich vorzuwerfen sein.

Des Weiteren müsste der Anspruch in der Rechtsfolge auch den Erfüllungsanspruch umfassen und auch dann eingreifen, wenn der Erfüllungsanspruch wegen fehlender Vertretungsmacht gescheitert ist.

hemmer-Methode: Achten Sie auf Ihre Sprache! Wenn Sie in kurzer Form die wesentlichen Probleme, die sich aus der Anwendung der c.i.c. gem. §§ 280 I, 311 II, 241 II BGB ergeben, in die Fragestellung einbeziehen, macht Ihre Klausur dem Korrektor Spaß. Denken Sie daran: Er hat im Examen eine Vielzahl von Klausuren zu korrigieren.
Gedanklich läuft bei ihm etwa folgendes ab: Endlich ein Student, der den maßgeblichen Wertungsaspekt zu erkennen gibt und nicht sinnlos Meinungen aneinander reiht. Maßgeblicher Wertungsaspekt war, ob die §§ 280 I, 311 II, 241 II BGB in Form des Schadensersatzanspruchs zu einem Quasi-Erfüllungsanspruch führen können, obwohl der vertragliche Erfüllungsanspruch wegen fehlender Vertretungsmacht gescheitert ist.

1. Durch die Aufnahme der Vertragsverhandlungen mit Paul Schottermüller ist zwischen diesem und dem Verein ein vorvertragliches Schuldverhältnis i.S.d. § 311 II Nr. 1 BGB entstanden.

---

[161] Vgl. zum Verhältnis Deliktsrecht/Vertragsrecht, Medicus, Rn. 639 f.!

Hierzu war eine bestehende Vertretungsmacht des P und des G nicht erforderlich. Es genügte vielmehr, dass die beiden generell verhandlungsbefugt waren.

2. Es müsste weiterhin eine Pflichtverletzung des Vereins vorliegen.

a) Eine solche käme in Betracht, wenn seine verantwortlichen Organe P und G nicht ausreichend kontrolliert hätten. Für ein derartiges Überwachungsverschulden enthält der Sachverhalt aber keine Anhaltspunkte.

b) Alleiniger Anknüpfungspunkt für eine Pflichtverletzung ist daher das Verhalten von P und G. Diese haben die Honorarforderung des S akzeptiert.

§ 31 BGB rechnet das Verschulden des Organs dem Verein zu.

Das Tatbestandsmerkmal „in Ausführung der zustehenden Verrichtung" meint dabei, dass die Haftung des Vereins auf Handlungen beschränkt ist, die das Organ in amtlicher Eigenschaft vorgenommen hat. Dies war bei der Einladung des S durch P und G zum Turnier der Fall.

Denn obschon die Satzung eine Beschränkung der Vertretungsmacht vorsah, akzeptierte P im Einverständnis mit G in ihrer Funktion als Vereinsvorstand die Forderung. Dieses Verhalten stellt zumindest eine fahrlässige Pflichtverletzung gegenüber dem Schottermüller dar, welche dem Verein über § 31 BGB zugerechnet wird.

3. Problematisch ist aber, ob der Schadensersatzanspruch aus §§ 280 I, 311 II, 241 II BGB, der aus der Aufnahme von geschäftlichem Kontakt resultiert, auch wie ein Erfüllungsanspruch wirken, d.h. hier auf Zahlung von 10.000,- € gehen kann.

Dieses Ergebnis scheint der Wertung der §§ 177 ff. BGB zu widersprechen:

Der Verein würde dann nämlich genauso gestellt, als ob P und G ihn wirksam verpflichtet hätten.

Dieser Konflikt wird am besten durch eine vermittelnde Ansicht gelöst.

Grundsätzlich ist eine Haftung nach den §§ 280 I, 311 II, 241 II BGB neben den §§ 177 ff. BGB anwendbar. Liegt aber kein eigenes Verschulden des Vertretenen vor, sondern wird ihm nur fremdes Verschulden nach § 278 BGB oder § 31 BGB zugerechnet, so sind Einschränkungen zu machen.

Zum einen müssen natürlich die Voraussetzungen der einschlägigen Zurechnungsnorm gegeben sein. Insbesondere ist es bei § 278 BGB nicht ausreichend, dass sich der in Anspruch Genommene grundsätzlich des angeblichen Vertreters als Erfüllungsgehilfe bedient.

Vielmehr muss der angebliche Vertreter in die fragliche Vertragsverhandlung konkret eingeschaltet worden sein.[162]

Im Rahmen einer Zurechnung über § 31 BGB ist aber die Einschaltung kein geeignetes Einschränkungskriterium.

Daher muss eine weitere Eingrenzung vorgenommen werden:

Erschöpft sich die Pflichtverletzung in dem bloßen Handeln ohne Vertretungsmacht, würde der Anspruch aus §§ 280 I, 311 II, 241 II BGB immer in Konkurrenz zu den §§ 177 ff. BGB treten. In diesem Fall scheidet ein erfüllungsähnlicher Schadensersatzanspruch aus. Nur wenn sich durch zusätzliche Umstände weitere Pflichtverletzungen begründen lassen, kommt ein erfüllungsähnlicher Anspruch aus §§ 280 I, 311 II, 241 II BGB in Betracht.

Dies war hier aber nicht der Fall. Außer dem Handeln ohne Vertretungsmacht kann ein weitergehender Vorwurf gegen P und G nicht erhoben werden.

162 BGHZ 92, 175.

Die Wertung aus §§ 177 ff. BGB (dass der Vertretene nicht haftet) darf deshalb durch einen Quasi-Erfüllungsanspruch aus §§ 280 I, 311 II, 241 II BGB nicht aus den Angeln gehoben werden. Die c.i.c. dient schließlich nicht dazu, gescheiterte Verträge aufrechtzuerhalten.[163]

IV. Anspruch aus §§ 812 I S. 1 Alt. 1, 818 II BGB i.V.m. § 632 BGB bzw. § 612 BGB

In Betracht kommt noch ein Bereicherungsanspruch gem. §§ 812 I S. 1 Alt. 1, 818 II BGB i.V.m. § 632 BGB bzw. § 612 BGB wegen der von Schottermüller erbrachten Leistungen.

1. Dann müsste der e.V. durch eine Leistung des Schottermüller etwas erlangt haben.

Problematisch ist dabei nur, ob die Tätigkeit des Schottermüller für den Verein „Etwas" i.S.d. § 812 I S. 1 BGB darstellt.

Teilweise wird vertreten, dass „Etwas" i.S.d. § 812 BGB nur dann vorliegt, wenn der Bereicherte eigene Aufwendungen erspart hat. Die Konsequenz wäre, dass bei Annahme von Luxusaufwendungen, also Aufwendungen, die der Bereicherte normalerweise nicht getätigt hätte, dieser nichts i.S.d. § 812 BGB erlangt hat.

Hierfür könnte auch sprechen, dass der Verein amateurmäßig betrieben wird und dass sich deshalb der Verein normalerweise nie die Teilnahme eines Berufsreiters an dem Turnier erkauft hätte.

Gegen diese Auffassung spricht aber, dass es sich richtigerweise bei der Abgrenzung, ob eine Ersparnis von Aufwendungen oder eine Luxusaufwendung vorliegt, um ein Problem der Entund nicht der Bereicherung handelt.[164] Der Gegenstand der Bereicherung ist nämlich objektiv zu bestimmen, während die subjektive Brauchbarkeit, etc. erst i.R.d. Frage der Entreicherung anzusprechen ist.

„Etwas" erlangt ist somit jeder vermögenswerte Vorteil und damit auch die erlangte Reitleistung. Denn diese ist grundsätzlich geeignet, Zuschauer anzuziehen und damit die Einnahmen des e.V. zu steigern.

hemmer-Methode: Verlieren Sie nicht den roten Faden der Klausur! Nur bei Annahme von § 812 BGB schaffen Sie sich die notwendigen Folgeprobleme (§§ 818 II, 818 III BGB), die zur guten Klausur führen. Folgen Sie der anderen Meinung, die bei Luxusaufwendungen „Etwas" i.S.d. § 812 BGB verneint, müssen Sie die übrigen Prüfungspunkte von §§ 812 ff. BGB im Hilfsgutachten erörtern. Dies ist nicht die Intention des Erstellers der Klausur!
Versetzen Sie sich immer in die Gedanken des Erstellers der Klausur und versuchen Sie, Ihre Lösung dessen Ideen anzunähern.

Die Reitleistung wurde auch ohne Rechtsgrund erbracht, weil aufgrund der fehlenden Vertretungsmacht ein Vertrag zwischen S und dem Verein nicht zustande gekommen war.

2. Da eine Herausgabe des Erlangten in Natura nicht möglich ist, ist Wertersatz zu leisten, § 818 II BGB.

Als solcher kommt das übliche Entgelt in Betracht. Bei Annahme eines Werkvertrags gilt § 632 BGB, bei Annahme eines Dienstvertrages § 612 BGB.

[163] Vgl. aber Medicus, Rn. 797, 121.

[164] Anders die Rspr., vgl. dazu und zu Nachweisen Hemmer/Wüst, Bereicherungsrecht, Rn. 83 ff., insbes. Rn. 111 ff.; Rn. 468 ff.

hemmer-Methode: Mit obigem Ansatz, den Wertersatz objektiv zu bestimmen, stellt sich die Frage, ob dann die Schlechtleistung bereits i.R.v. § 818 II BGB zu berücksichtigen ist. Stellt man bei Annahme eines Werkvertrages auf das Werk als solches ab, erschiene dies nur konsequent.
Es wird aber nicht das Werk als solches, sondern die Werkleistung vergütet. Eine Aufspaltung erscheint insoweit nicht möglich. Auch gewährt das Gesetz die Minderung nur als Gewährleistungsrecht vgl. §§ 634 Nr. 3, 638 BGB, geht also zunächst - auch bei mangelhaftem Werk - vom vollen Vergütungsanspruch aus. Gleiches ergibt sich bei Annahme eines Dienstvertrages, wo ebenfalls die Tätigkeit als solche Gegenstand der Vergütung ist und sich ein selbstständiger Gegenanspruch nur aus § 280 I BGB ergeben kann.

3. Ein Abzug zugunsten des Vereins gem. § 818 III BGB kommt aber insoweit in Frage, als S auf seinem zweitklassigen Ersatzpferd an den Start gegangen ist.

Insoweit liegt eine Schlechtleistung vor, weil bei dem Engagement der Verein davon ausgehen konnte, dass S auch auf einem adäquaten Pferd antreten würde.

a) I.R.d. § 818 III BGB ist zu berücksichtigen, dass der Herausgabeanspruch nur auf Herausgabe des Überschusses geht, daher ist die Schlechtleistung des S vermögensmindernd abzuziehen.

Hierbei kann dahingestellt bleiben, ob S aus Werkvertrag, dann Minderung, vgl. § 634 Nr. 3, 638 BGB, oder aus Dienstvertrag, dann möglicherweise § 280 I BGB, verpflichtet war, denn ein Bereicherungsanspruch besteht nur insoweit, als wirklich beim Bereicherten eine Bereicherung vorhanden ist, soweit also für die erbrachte Leistung tatsächlich im Ergebnis eine Vergütung zu entrichten gewesen wäre.

Der Verein kann die Schlechtleistung damit i.R.d. § 818 III BGB geltend machen.

hemmer-Methode: Examenstypische Schwerpunktbildung! Immer wieder stellt sich beim gescheiterten Primäranspruch die Problematik des § 812 BGB. Handelt es sich dabei um eine schlechte Leistung, stellt sich dann die Frage, ob ein Abzug i.R.d. § 818 III BGB erfolgt. Auch insoweit enthält die Klausur eine exemplarische Fragestellung!

b) § 818 III BGB könnte aber auch insoweit zur Anwendung kommen, als es sich um Luxusaufwendungen handelt, die außerhalb der normalen Aufwendungen des Vereins liegen.

Dass dem so ist, ergibt sich wieder aus der Amateurmäßigkeit des Vereins. Damit ist der Verein entreichert.

hemmer-Methode: Bereicherungsrecht ist die Suche nach dem billigen Ergebnis.
Wenn beim Verein „Etwas" i.S.d. § 812 I S. 1 BGB bejaht wird, müssen die Schlechtleistung und die Luxusaufwendung bei § 818 III BGB berücksichtigt werden. Wegen des gänzlichen Wegfalls der Bereicherung bei Annahme von Luxusaufwendungen muss zuerst die Wertminderung durch die Schlechtleistung geprüft werden. Die gute Klausur zeigt sich daran, dass alle im Sachverhalt angesprochenen Probleme in die Lösung eingearbeitet werden. Prüfen Sie sich nicht frühzeitig „aus der Klausur". Probleme schaffen, nicht wegschaffen!

4. Die nach § 818 III BGB vorhandene Entreicherung des Vereins könnte aber unbeachtlich sein, wenn der erste Vorsitzende bzw. dessen Stellvertreter als Organ des Vereins bösgläubig war und diese Bösgläubigkeit dem Verein i.R.d. § 819 I BGB zuzurechnen ist.[165]

Dem Verein wird die Kenntnis eines Organs nach der Organtheorie gem. § 31 BGB analog zugerechnet. Für die verschärfte Haftung des § 819 BGB ist aber positive Kenntnis des Organs von dem Mangel an Vertretungsmacht erforderlich. Fahrlässige Unkenntnis und Bösgläubigkeit i.S.d. § 26 II S. 2 BGB, genügen nicht. Ob dies beim ersten Vorsitzenden vorliegt, erscheint fraglich.

5. Letztlich kann dies jedoch dahingestellt bleiben: Selbst bei Annahme von Bösgläubigkeit darf der Anspruch aus § 812 BGB nicht zu einer Umgehung der §§ 177 ff. BGB führen und so eine quasivertragliche Haftung begründen. Die Wertung, die im Vertragsrecht getroffen wird, muss stärker sein als die bereicherungsrechtliche Haftung.[166]

Damit scheidet ein Anspruch des S gegen den Verein aus § 812 BGB aus.

V. Ergebnis

Da auch kein Anspruch aus §§ 823 ff. BGB gegeben ist, kann S vom e.V. nichts verlangen.

hemmer-Methode: Mögliche Einwendungen, die sich aus der Fehlerhaftigkeit der Leistung des S ergeben, sind daher bei Frage 1 nicht zu berücksichtigen, da keine Haftung des Vereins in Frage kommt.

Jede andere Lösung wäre ein Systembruch, denn der einzige Mangel, der vorliegt, ist das Fehlen der Vertretungsmacht. Über die §§ 177 ff. BGB und die darin getroffene Wertung kann man sich aber nicht hinwegsetzen. Denken Sie daran: Der Vertrag ist zwar unwirksam, d.h. er hat keine rechtliche Bedeutung und Wirkung gegenüber dem Verein, § 177 BGB. Dies ist aber noch kein Bruch einer Verpflichtung durch den Verein.
Deswegen darf Schadensersatz als Sanktion nicht in Betracht kommen. Bei der Bereicherungshaftung hätte man sich nur dann anders als hier in der Lösung entscheiden können, wenn der Verein wirklich im Ergebnis einen Vermögensvorteil erlangt hätte. Das hätte man hier allenfalls in dem Umfang bejahen können, in dem Vertretungsmacht für den Verein bestanden hat. Dabei wäre aber gleichwohl noch an Entreicherung wegen der Schlechtleistung zu denken.

Lösung Frage 2:

I. Anspruch gegen K auf Zahlung von 10.000,- € aus § 179 I BGB

Hätte K genehmigt, würde er als falsus procurator auf Zahlung der 10.000,- € haften, § 179 BGB, da die Beschränkung der Vertretungsmacht auf amateurmäßig betriebenen Motorsport auch für ihn gilt.

Da K von dem vereinbarten Entgelt aber nichts wusste, hat er nicht einmal konkludent genehmigt.

Genehmigen kann man nur das, was man als genehmigungsbedürftig erkannt hat.[167]

[165] Vgl. Hemmer/Wüst, Bereicherungsrecht, Rn. 504 ff.

[166] Vgl. Hemmer/Wüst, Bereicherungsrecht, Rn. 514, 518 mit weiteren Bsp. zu dieser Problematik.

[167] Vgl. Grüneberg, § 182 BGB, Rn. 3.

hemmer-Methode: Mit K ist zu beginnen, da seine Haftung entfällt (Vereinfachungsaspekt).
Da unproblematisch ersichtlich ist, dass K nicht nach § 179 BGB haftet, bedarf es nicht des Gutachtenstils. Es kann in knapper Form das Ergebnis dargestellt werden.

Damit haftet K nicht.

hemmer-Methode: Achten Sie auf die kurze, knappe Sprache, die die wesentlichen Probleme wiedergibt. Die wesentlichen von den unwesentlichen Problemen unterscheiden zu lernen, ist nur anhand von examenstypischem Fallmaterial möglich. Denken Sie wiederum an den „genervten" Korrektor!

II. Anspruch gegen P und G auf Zahlung von 10.000,- € aus § 179 I BGB

In Betracht kommt damit nur eine Haftung von P und G nach § 179 I BGB auf Zahlung von 10.000,- €.

1. P jedenfalls haftet als falsus procurator, da er ohne Vertretungsmacht gehandelt hat. Es fehlt eine Genehmigung der Mitgliederversammlung. Ob eine rechtsgeschäftliche Verpflichtung über die eingeräumte Vertretungsmacht hinaus wirksam eingegangen werden kann, entscheidet nur die Mitgliederversammlung. Diese kann angesichts der unzulänglichen Vereinskasse auch nicht unterstellt werden.

2. Problematisch ist jedoch die Haftung des G nach § 179 BGB: Dieser ist nicht nach außen aufgetreten und hat somit kein Vertrauen des Vertragspartners Schottermüller in Anspruch genommen. Dieser Gesichtspunkt kann allerdings nicht entscheidend sein: Das Einverständnis gilt als vorherige Zustimmung (§ 182 BGB) und damit quasi als Übertragung der eigenen Vertreterstellung.

Bei der gem. § 26 II S. 1 BGB geltenden Mehrheitsvertretung ist nicht erforderlich, dass alle Vertreter dem Vertragspartner gegenüber handeln.[168]

Es wäre auch unbillig, wenn der Zustimmende nicht haftet und dementsprechend der Handelnde allein in Anspruch genommen wird, obwohl die anderen dieses Handeln mitveranlasst haben. Außerdem besteht nur bei Annahme von Gesamtschuldnerschaft von P und G die Regressmöglichkeit der §§ 426 I und II BGB. Es wäre unbillig, wenn der Handelnde keinen Rückgriff nehmen könnte.

hemmer-Methode: Achten Sie auf die Interessenlage und auf das „billige" Ergebnis. Diese Auslegung erreichen Sie mit gesundem Menschenverstand!

3. Beide Vertreter haften als Gesamtschuldner grds. auf Erfüllung.

Zwar hat nach § 179 I BGB der Vertragspartner ein Wahlrecht zwischen Erfüllung und Schadensersatzanspruch, da jedoch der Erfüllungsanspruch im Fall den Schadensersatzanspruch umfasst, besteht bei einer Geldforderung wie im vorliegenden Fall kein Unterschied zwischen Erfüllungs- und Schadenersatzanspruch.

4. Es könnte jedoch gem. § 179 II BGB die Haftung auf das Vertrauensinteresse begrenzt sein.

Dann müssten P und G den Mangel der Vertretungsmacht nicht gekannt haben. Gegen die Anwendbarkeit des § 179 II BGB ist jedoch entscheidend vorzubringen, dass P und G zumindest den Mangel bezogen auf die Amateurmäßigkeit des Geschäfts kannten. Beweispflichtig für die Voraussetzungen des § 179 II BGB ist der Vertreter.[169]

---

168 Vgl. Baumbach/Hopt, § 125 HGB, Rn. 16 zur Gesamtvertretung bei § 125 HGB.

169 Vgl. Grüneberg, § 179 BGB, Rn. 10.

Die Nichterweislichkeit ginge daher zu Lasten von P und G.

5. Eine Haftung wäre jedoch unter den Voraussetzungen des § 179 III S. 1 BGB gänzlich ausgeschlossen. Eine Nachforschungspflicht des Vertragspartners über die behauptete Vertretungsmacht besteht jedoch nur dann, wenn die Umstände des Einzelfalls zu Zweifeln Anlass geben.

Keineswegs ist der Vertragspartner generell zur Einsichtnahme in das Vereinsregister verpflichtet. Beweispflichtig für die Voraussetzung des § 179 III S. 1 BGB ist der Vertreter.[170] Ein non liquet geht zu seinen Lasten, d.h. wenn er die Voraussetzungen des § 179 III S. 1 BGB nicht beweisen kann, haftet er nach § 179 I BGB.

hemmer-Methode: Klausurtaktisches Vorgehen muss dazu führen, hier § 179 I BGB anzunehmen, denn nur bei Annahme von § 179 I BGB erlangen die übrigen Einwendungen (Wegfall der Zuschauer, Schlechtleistung des Reiters) Bedeutung.
Denken Sie an den „roten Faden" der Klausur! In der Klausur wäre es zu kompliziert, hier i.R.d. § 179 II BGB beim negativen Interesse diese Einwendungen zu berücksichtigen.
Der Aufgabensteller muss bei der Klausurerstellung beachten, dass der Klausur ein gewisser Schwierigkeitsgrad innewohnt, um die notwendige Notendifferenzierung zu ermöglichen.
Die Klausur darf aber nicht „unlösbar" werden („Schwer, aber nicht zu schwer").

6. P und G haften demnach nach § 179 I BGB.

7. Fraglich ist die Höhe des Anspruchs.

a) Wenn der falsus procurator auf Erfüllung in Anspruch genommen wird, kann er sämtliche Gegenrechte des Vertretenen geltend machen, obwohl er durch die Wahl nach § 179 I BGB nicht zum Vertragspartner wird. Die Vertragspartei darf nicht besser stehen, wenn Anspruchsgegner die Vertreter ohne Vertretungsmacht sind.

Zu untersuchen ist damit, in welcher Weise der Verein bei wirksamer Vertretung haften würde, denn nur so haften auch P und G.

hemmer-Methode: Problemkreise verbinden, nicht isolieren! Fragen Sie sich immer: Wie schaffe ich mir die notwendigen Probleme, d.h. suchen Sie immer nach dem Lösungsweg, der Ihnen die Folgeprobleme eröffnet und damit auch den intellektuellen Rahmen der Klausur ausschöpft!
Nur so kommen Sie im Fall weiter, denn sonst würden die im Sachverhalt vorgebrachten Einwendungen des Vereins in der Lösung keine Berücksichtigung finden. Prüfungen im Hilfsgutachten sind in der Regel nicht gewollt!

b) Geltend gemacht wird, dass nur ein Teil der vereinbarten Vergütung zu entrichten sei. Beachtlich könnte hierbei der Umstand sein, dass die Zuschauerzahlen wegen des Wetters nicht den erwarteten Vorstellungen des ersten Vorsitzenden entsprachen, dass das Fernsehen ausblieb und der Profireiter eine schlechte Leistung erbrachte.

hemmer-Methode: Der Sachverhalt ist auch in diesem Punkt genau zu lesen, es empfiehlt sich wieder, ganz kurz den Sachverhalt in die Fragestellung mit aufzunehmen. Hüten Sie sich aber, den Sachverhalt zu breit nachzuerzählen!

aa) Nicht in Betracht kommt die Anfechtung nach § 119 I BGB i.V.m. § 31 BGB analog.

[170] Vgl. Grüneberg a.a.O.

Ein Irrtum des Organs wird analog § 31 BGB (Organtheorie) dem Verein zugerechnet.[171] Insoweit könnte die falsche Vorstellung von P und G maßgeblich sein.

Es handelt sich aber bei der irrigen Vorstellung über das Wetter, das Ausbleiben des Fernsehens und der Zuschauer um unbeachtliche Motivirrtümer.

bb) Eine Reduzierung des Anspruchs könnte sich wegen des Wegbleibens der Zuschauer aus dem Rechtsinstitut der Störung der Geschäftsgrundlage (SGG) in Form der Vertragsanpassung ergeben, § 313 I BGB.

hemmer-Methode: Argumentation von der Rechtsfolge her! In einer guten Klausur darf die Rechtsfolge, die sich aus dem jeweiligen Rechtsinstitut ergibt, nicht getrennt von den Voraussetzungen behandelt werden. Nur wenn z.B. die Rechtsfolge der SGG überhaupt zur Geldanpassung des Anspruchs führt, kommt das Rechtsinstitut in Betracht. Zeigen Sie auch hier, dass Sie die Schwerpunkte der Klausur erkennen.
Prüfen Sie niemals schematisch Rechtsinstitute, die von der Rechtsfolge her abwegig sind. Behalten Sie immer den Korrektor der Klausur im Auge!

Allerdings folgt aus § 313 I BGB nicht die automatische Vertragsanpassung kraft Gesetzes. § 313 I BGB gibt vielmehr dem Teil, dem ein Festhalten am unveränderten Vertrag unzumutbar ist, einen Anspruch auf Vertragsanpassung.

hemmer-Methode: Die Gesetzesbegründung sieht darin kein Problem. Es kann unmittelbar auf die angepasste Leistung geklagt werden.

Dieses Ergebnis ist zwar dogmatisch angreifbar, dennoch aber alleine interessengerecht. Verfehlt ist indes der Verweis der Gesetzesbegründung auf § 60 VwVfG.
Denn für diese Vorschrift, die die SGG beim öffentlich-rechtlichen Vertrag regelt und ebenfalls einen Anspruch auf Anpassung vorsieht ist anerkannt, dass die Klage auf die angepasste Leistung mit der Klage auf Anpassung verbunden werden muss.

Die Anwendung des § 313 BGB scheitert nicht an der Subsidiarität, denn der Umstand, der als Geschäftsgrundlage in Frage kommt (Regen sowie Ausbleiben des Fernsehens und der Zuschauer) steht in keinem Konkurrenzverhältnis zum möglichen Gewährleistungsrecht aus § 633 ff. BGB und zu § 280 I BGB, denn die Geschäftsgrundlage, die gestört oder gar weggefallen sein kann, lag zeitlich vor dem möglichen Fehler i.S.d. §§ 633 ff. BGB.

Bejaht man das Rechtsinstitut der SGG, dann ist die Geschäftsgrundlage schon durch den Regen gestört, sodass eine nachträgliche Minderung nur noch den angepassten Betrag betreffen könnte. Deshalb ist ausnahmsweise SGG vor der möglichen Minderung zu prüfen.

Das Rechtsinstitut der SGG ist in drei Schritten zu prüfen: Es bedarf der Untersuchung und Feststellung des **realen**, **des hypothetischen** und des **normativen** Elementes.

Das reale Element der Geschäftsgrundlage i.S.d. § 313 I BGB ist ein Umstand, der von mindestens einer Partei bei Vertragsschluss als entscheidendes Element vorausgesetzt wird, was dem Vertragspartner bekannt sein muss.

[171] Vgl. Grüneberg, § 166 BGB, Rn. 2; allgemein Hemmer/Wüst, BGB AT I, Rn. 199 f.

Das hypothetische Element meint, dass dieser Umstand für die eine vertragsschließende Partei so wesentlich ist, dass sie den Vertrag bei Fehlen dieses Elements nicht oder nicht so geschlossen hätte. Auch dies muss dem Vertragspartner bewusst sein. Das normative Element schließlich befasst sich mit der Frage der Vertragsanpassung, indem es auf die Zumutbarkeit der geänderten Situation abstellt.

Vom hypothetischen Element abzugrenzen sind Umstände, die ausschließlich zur Risikosphäre einer Vertragspartei gehören. So liegt es hier im Fall. Es zählt zur Risikosphäre des e.V., dass wegen Regens kaum Zuschauer kommen und die Berichterstattung in den Medien ausbleibt.

hemmer-Methode: Untersuchen Sie die Interessenlage und fragen Sie sich, welches Rechtsinstitut einen Regelungsvorschlag für diese Konstellation bietet. Maßgeblich ist bei der Falllösung wiederum nicht die schematische Kenntnis des § 313 BGB, sondern das Erkennen, dass die SGG von der Rechtsfolge her überhaupt eingreifen könnte. Nur wer im Sachverhalt den Problemkreis „SGG" entdeckt, schreibt die gute Klausur.
„Schlachten“ Sie den Sachverhalt aus! Er gibt Ihnen hier genügend Hinweise, dass der Ersteller der Klausur SGG geprüft wissen will: „beide rechnen mit.., auch hoffen Sie... „. Die meisten Studenten lernen falsch: Sie lassen sich mit Begriffen und Meinungen füttern.
Dies führt zur Anhäufung von abstraktem Einzelwissen, welches so isoliert ohne Bezug auf den konkreten Fall und die Interessenlage gelernt wird, dass sie die Einbettung des Problemkreises in den Kontext der Examensklausur erst gar nicht erkennen. Sie entwickeln nicht die Assoziationen, die zur richtigen Erörterung führen:
Wer im Fall nicht erkennt, dass die Prüfung des Wegfalls der GG vom Ersteller gewollt ist, kann sein Wissen nicht anbringen.

Merke: Nicht immer ist der, der viel gelernt hat, erfolgreich! Deshalb hemmer-Methode: Inzidente Vermittlung des Begriffs, orientiert an der Interessenlage, eingebettet in den Kontext des examenstypischen Falles!

cc) Da der Vertrag als solcher damit nicht anzupassen ist, besteht der Erfüllungsanspruch in voller Höhe weiter, es sei denn, es besteht ein aufrechenbarer Gegenanspruch.

(1) Als Anspruchsgrundlage käme §§ 280 I, III, 283, 634 I Nr. 4 BGB (Schadensersatzanspruch wegen mangelhafter Werkvertragsleistung) in Betracht.

Dies setzt eine vom Schuldner zu vertretende Pflichtverletzung (§ 280 I S. 2 BGB) aus einem Schuldverhältnis und einen kausal darauf beruhenden Schaden voraus.

Fraglich ist zunächst, ob ein Dienst- oder Werkvertrag vorliegt. Bei einem Werkvertrag ist nicht nur die Vornahme einer bestimmten Handlung, sondern vielmehr darüber hinaus noch der Erfolg geschuldet. Im Vordergrund steht die besondere profihafte Leistung des Schottermüller. Gerade diese soll die Zuschauer anlocken.

Diese Situation ist vergleichbar mit Verträgen über Kunstaufführungen, bei denen eine ganz besondere künstlerische Darbietung geschuldet ist.

Nach dem Vertragsinhalt ist der Vertrag des Schottermüller als Werk- und nicht als Dienstvertrag einzuordnen.

Fraglich ist, ob Schottermüller eine pflichtwidrige und schuldhafte Handlung dadurch begangen hat, dass er mit einem zweitklassigen Pferd an den Start ging.

Unabhängig von der genauen Bestimmung des Vertragsinhaltes fehlt es aber am kausalen Schaden: Die Zuschauer sind nicht wegen schlechter Leistung des Schottermüller unter Rückforderung des entrichteten Entgelts gegangen, sondern wegen des schlechten Wetters ferngeblieben. Auch Rundfunk und Fernsehen hatten von Anfang an kein Interesse an dem Rennen. Kausal für das Ausbleiben der Zuschauer war das schlechte Wetter und nicht eine Pflichtverletzung des Schottermüller.

hemmer-Methode: Die Entscheidung, ob Werk- oder Dienstvertrag, hat erst an dieser Stelle ihre Bedeutung. Geben Sie dies zu erkennen. Hätten Sie sich bereits beim Erfüllungsanspruch, wo die Unterscheidung bedeutungslos war, für den Werkvertrag entschieden, dann wirkt die Erörterung zu § 280 I BGB und zur Kausalität überflüssig. Eine gute Klausur zeichnet sich aber dadurch aus, dass sie alle Probleme, die im Sachverhalt angelegt sind, behandelt. Ein solches Problem ist auch der möglicherweise bestehende aufrechenbare Anspruch aus § 280 I BGB (Pflichtverletzung i.R.d. Dienstvertrages).
Außerdem geben Sie zu erkennen, dass häufig nur bei Sekundäransprüchen der Vertragstyp von maßgeblicher Bedeutung ist. Daneben würde auch die Prüfung der Kausalität, ein klassisches Problem des Schuldrechts, entfallen. Wiederum gilt die hemmer-Methode: Optimales Ausschlachten des Sachverhalts!

(2) In Betracht kommt daher nur eine Minderung nach § 634 Nr. 3, 638 BGB. Die Anwendung von Werkvertragsrecht wurde bereits bejaht. Es müssten gemäß § 638 I BGB die Voraussetzungen des Rücktritts vorliegen, um das Gestaltungsrecht der Minderung geltend machen zu können.

Dann müsste ein Mangel i.S.d. § 633 II BGB vorliegen. § 633 II S. 1 BGB beinhaltet einen subjektiven Mangelbegriff. Ein Mangel liegt demnach dann vor, wenn die Beschaffenheit des Werkes von der Vereinbarung der Parteien negativ abweicht.

Wesentlich für das geschuldete Werk i.S.d. § 634 BGB ist hier die besondere Leistung des Profis. Bei einem vereinbarten Entgelt von 10.000,- € ist von einem Profireiter bestmögliche Leistung zu erwarten. Diese kann er nicht erbringen, wenn er mit einem zweitklassigen Pferd an den Start geht. Damit war das Werk mit einem Mangel behaftet.

hemmer-Methode: Keine lange Auseinandersetzung mit Unproblematischem! Dieser Prüfungspunkt war knapp abzuhandeln.

Die nach § 638 I, 323 I BGB („statt zurückzutreten“) eigentlich erforderliche Fristsetzung zur Nacherfüllung ist entbehrlich. Die Beseitigung des Mangels ist wegen fehlender Nachholbarkeit des Werkes unmöglich, § 275 I BGB. Es handelt sich bei der Erbringung der besonderen Leistung um ein absolutes Fixgeschäft, d.h. um ein Geschäft, bei dem die Leistung zu einem anderen als dem vereinbarten Termin schlechthin erfüllungsuntauglich ist.

Wohl kann der S noch einmal mit seinem Spitzenpferd antreten, es könnten jedoch weder alle Zuschauer, noch die anderen Teilnehmer des Reitturniers zur selben Zeit wiederkommen.

Der Minderung des Werklohnanspruches musste deshalb gem. § 326 V BGB keine Nachfristsetzung vorausgehen.

Auf die Erheblichkeit des Mangels kommt es gem. § 638 I S. 2 BGB nicht an. Damit ist der Anspruch des S nach §§ 634 Nr. 3, 638 III S. 1 BGB herabzusetzen.

III. Ergebnis

Da der Verein bei wirksamem Vertragsschluss Minderung geltend machen könnte, wirkt dies auch für die Vertreter P und G.

Denn ratio legis der Falsus-Procurator-Haftung des § 179 I BGB ist es, den Vertragspartner genau so, nicht besser und nicht schlechter, zu stellen, wie er stünde, wenn der Vertrag wirksam wäre.

Für den geminderten Anspruch haften P und G als **Gesamtschuldner gemäß §§ 421 f. BGB.**

Frage 3:

I. Haftung von P, G und e.V. als Gesamtschuldner

Wenn sowohl P und G als auch der e.V. im Außenverhältnis haften - z.B. der Verein haftet, anders als in der Lösung angenommen, aus §§ 280 I, 311 II, 241 II BGB (c.i.c.) - liegt Gesamtschuldnerschaft vor.

Es ist nicht Voraussetzung für eine gesamtschuldnerische Haftung, dass die Haftung auf derselben Anspruchsgrundlage beruht. Früher forderte die Rechtsprechung eine gewisse innere Verbundenheit in Form eine Zweckgemeinschaft, um eine gesamtschuldnerische Haftung annehmen zu können.[172]

Eine solche liegt dann vor, wenn mehrere einen Schaden verantwortlich mitverursacht haben, gleichgültig, ob sie aus §§ 280 I, 311 II, 241 II BGB (hier der Verein) oder aus § 179 BGB (hier P und G) haften.

Heute stellt auch die Rechtsprechung auf die sog. Gleichstufigkeit ab.[173] Es muss um die Befriedigung desselben Gläubigerinteresses gehen. Andernfalls ist die wechselseitige Tilgungswirkung nicht interessengerecht. Diese ist hier zu bejahen. Ein Gesamtschuldverhältnis liegt somit vor.

Rückgriff kann der Verein dann nach §§ 426 I und II BGB nehmen. Dabei handelt es sich um zwei selbstständige, nebeneinander bestehende Anspruchsgrundlagen:

Nach § 426 I BGB besteht ein Ausgleichsanspruch, nach § 426 II BGB kann aus der übergegangenen Gläubigerforderung vorgegangen werden.

Grundsätzlich tragen die Gesamtschuldner den Schaden zu gleichen Teilen. Im vorliegenden Fall würde dies aber zu dem unbilligen Ergebnis führen, dass P und G nur anteilig haften. Die notwendige Korrektur erfolgt über § 254 BGB analog, der im Innenverhältnis dazu führen kann, dass nur ein Gesamtschuldner haftet.[174]

Ergebnis

Deshalb gilt hier voller Regress, so dass P und G ausschließlich haften.

172 Vgl. Hemmer/Wüst, BGB AT I, Rn. 375.

173 Vgl. Hemmer/Wüst, BGB AT I, a.a.O.; zum Ganzen auch Grüneberg, § 421 BGB, Rn. 7.

174 Vgl. Grüneberg, § 426 BGB, Rn. 10.

II. Haftung von P und G gegenüber e.V. aus § 280 I BGB (Pflichtverletzung des Geschäftsbesorgungsvertrags)

P und G könnten aus § 280 I BGB haften, da sie die Grenzen ihrer im Innenverhältnis bestehenden Verpflichtung nicht eingehalten haben.

Wenn ein Vertreter im Außenverhältnis den Vertretenen wirksam verpflichtet, handelt er zwar im Rahmen seines rechtlichen Könnens; dies sagt aber noch nichts darüber aus, ob er sich im Innenverhältnis so verhalten darf.

Haben die Vertreter rechtswidrig und schuldhaft das der Vollmacht zugrunde liegende Rechtsverhältnis verletzt, so haften sie aus § 280 I BGB.

Wie dieses Rechtsverhältnis qualifiziert wird, ist dann i.R.d. § 280 I BGB unerheblich, vgl. auch § 27 III BGB, und die Verweisung auf die Bestimmungen des Auftragsrechts.

III. Ergebnis

Die Haftung des P und G geht hier auf Freistellung des Vereins gegenüber dem S, solange der Verein noch nicht an S gezahlt hat, denn der Schaden des Vereins besteht in dem Anspruch des S gegenüber dem Verein aus §§ 280 I, 311 II, 241 II BGB. Befriedigen P und G den Verein, haben sie ihre Verbindlichkeit aus § 280 I BGB durch Erfüllung gem. § 362 BGB getilgt.

Zusammenfassung

Frage 1:

I. Anspruch auf Zahlung von 10.000,- € aus Vertrag (-)

1. Anspruchsgrundlage §§ 611, 614 BGB bzw. § 631 BGB

2. wirksame Stellvertretung, § 164 BGB - Problem: Vertretungsmacht

a) Vertretung durch den Vorstand, § 26 I BGB

b) fehlerhafter Vorstandsbeschluss

aa) Keine Angabe des Beschlussgegenstandes „Engagement eines Berufsreiters" in der Tagesordnung

bb) Beschlussfassung für Vertretung im Außenverhältnis egal

c) Keine Organmacht für Engagement eines Profireiters

aa) Zwar Mehrheitsvertretung, § 26 II S. 1 BGB

bb) Beschränkung der Vertretungsmacht gem. § 26 I S. 3 BGB durch Satzung

cc) Wegen Eintragung auch Wirkung nach außen, §§ 68, 70 BGB.

Ergebnis:

Keine wirksame **Stellvertretung**

II. § 179 I BGB i.V.m. § 31 BGB (-), da Wertungen des Vertragsrechts vorrangig

III. Anspruch auf Zahlung von 10.000,- € aus §§ 280 I, 311 II, 241 II BGB i.V.m. § 31 BGB (c.i.c.) (-)

1. Vorvertragl. Schuldverhältnis

2. Verschuldenszurechnung gem. § 31 BGB

3. Erfüllungsanspruch aus §§ 280 I, 311 II, 241 II BGB (-)

IV. §§ 812 I S. 1 Alt. 1, 818 II BGB i.V.m. § 632 BGB bzw. § 612 BGB (-)

1. „Etwas erlangt" i.S.v. § 812 BGB

2. Wertersatz gem. § 818 II BGB

3. Entreicherung gem. § 818 III BGB

a) Wg. Schlechtleistung (+)

b) Wg. Luxusaufwendungen (+)

4. Unbeachtlich wg. Bösgläubigkeit, § 819 I BGB ⇨ Zurechnung analog § 31 BGB

5. Jedenfalls (-) ⇨ Wertung des Vertragsrechts

V. Ergebnis:

Kein Anspruch

Frage 2:

I. Anspruch gegen K auf Zahlung von 10.000,- € aus § 179 I BGB (-)

II. Anspruch gegen P und G auf Zahlung aus § 179 I BGB (+)

1. Bzgl. P (+); P = falsus procurator

2. Bzgl. G (+) wg. Genehmigung

3. Haftung als Gesamtschuldner

4. Haftungsbeschränkung gem. § 179 II BGB auf Vertrauensinteresse (-) ⇨ Beschränkung auf Amateurmäßigkeit bekannt

5. Haftungsausschluss gem. § 179 III BGB (-), da Kenntnis des S nicht beweisbar

6. Haftung (+)

7. Höhe

a) Gegenrechte wie Vertragspartner

b) Mögliche Gegenrechte

aa) Anfechtung § 119 I BGB i.V.m. § 166 I BGB (-), da bloßer Motivirrtum

bb) Wegfall d. GG gem. § 313 BGB (-), da Risikosphäre d. Turnierveranstalters betroffen

cc) Minderung gem. §§ 634 Nr. 3, 638 III BGB (+)

III. Ergebnis:

Haftung von P und G als Gesamtschuldner für geminderten Anspruch

Frage 3:

I. Gesamtschuld i.S.v. § 421 BGB zwischen e.V. und P und G (+), aber § 254 BGB ⇨ im Innenverhältnis ausschließlich Haftung von P und G

II. Haftung des P und G aus § 280 I BGB ggü. e.V. ⇨ Freistellungsanspruch

Fall 8:

Sachverhalt:

Die X-GmbH ist Eigentümerin eines Grundstücks. Auf diesem lastet eine Grundschuld zugunsten des V in Höhe von 150.000,- €.

V verkauft die Grundschuld an K und überträgt sie ihm. K zahlt den Kaufpreis in Höhe von 150.000,- €. Bei den Kaufverhandlungen hatte sich K nach der Höhe der Mietzinserträge des Grundstücks erkundigt. Da V hierüber keine Auskunft geben konnte, wandte sich K an den Geschäftsführer G der X-GmbH. Dieser gab K die Höhe der Mietzinserträge des Grundstücks mit 20.000,- € pro Jahr an, obwohl er wusste, dass sie nur 10.000,- € betrugen. K kaufte daraufhin die Grundschuld.

Bald stellt sich heraus, dass K über die Höhe der Mietzinserträge getäuscht wurde.

Bearbeitervermerk:

K möchte wissen, ob er Rückzahlung oder Ersatz der 150.000,- € verlangen kann.

Lösung

A) Ansprüche des K gegen V

I. § 346 I BGB i.V.m. §§ 453 I S.1, 435, 437 Nr. 2, 326 V BGB

Ein Anspruch auf Rückzahlung von 150.000,- € könnte sich nach erklärtem Rücktritt vom Vertrag gem. § 346 I BGB i.V.m. §§ 453 I S.1, 435, 437 Nr. 2, 326 V BGB ergeben.

1. Fraglich ist, ob im vorliegenden Fall Kaufrecht überhaupt Anwendung findet. Nach § 453 I S. 1 BGB finden die Vorschriften über den Sachkauf auch auf den Kauf von Rechten Anwendung. Der Kauf einer Grundschuld ist ein solcher Rechtskauf, da die Grundschuld ein dingliches Recht an einem Grundstück ist.

Der Kaufvertrag ist formlos wirksam, da er nicht auf den Erwerb eines Grundstücks gerichtet ist. Die Form des § 311b I BGB ist damit nicht erforderlich.

2. Weiter müssten die Voraussetzungen der §§ 437 ff. BGB vorliegen.

hemmer-Methode: Gehen Sie mit dem richtigen juristischen Vorverständnis assoziativ an den Fall heran.
Lassen Sie sich nicht dadurch irritieren, dass Kaufgegenstand eine Grundschuld ist. Wie häufig wird kein exotisches Spezialwissen verlangt. Benötigt wird nur das notwendige Handwerkszeug, um den Fall sicher in den Griff zu bekommen. Das Begehren des K nach Rückzahlung oder Ersatz gibt die Anspruchsgrundlagen vor. Checken Sie alle von der Rechtsfolge her in Betracht kommenden Anspruchsgrundlagen im Kopf durch. Punkten Sie dadurch, dass Sie „Probleme schaffen“ und damit dem Korrektor zu erkennen geben, dass Sie den intellektuellen Rahmen der Klausur ausschöpfen. Zeigen Sie dann in knapper Sprache, warum Gewährleistungsrecht in Form der Sachmängelhaftung entfällt.

Mängelrechte des K setzen voraus, dass die Grundschuld mangelhaft ist.

Die Grundschuld ist aber keine Sache i.S.d. § 90 BGB, sodass § 434 BGB darauf nicht anwendbar zu sein scheint. Ein Recht kann bereits begrifflich keinen Sachmangel aufweisen (Ausnahme § 453 III BGB). Allerdings gilt gem. § 434 I Var.1, II S. 1 Nr. 1 BGB ein Beschaffenheitsbegriff, der es auch hinsichtlich eines Rechtes durchaus ermöglicht, sich über eine bestimmte Beschaffenheit eines Rechts zu verständigen.

Da eine derartige Vereinbarung fehlt, käme allenfalls ein Mangel i.S.d. § 434 I Var.2, III S. 1 Nr. 2 BGB in Betracht. Die Anwendung dieser Vorschrift auf den Rechtskauf würde aber zu einer Bonitätshaftung des Verkäufers führen, die vom Gesetzgeber gerade nicht gewollt war. Es gehört zwar zu der Erwartungshaltung des Käufers, dass er eine Forderung durchsetzen kann. Dies kann er aber nicht als vom Verkäufer geschuldet voraussetzen. Dem Käufer muss bewusst sein, dass der Verkäufer auf die Durchsetzbarkeit keinen Einfluss hat. Denn die Durchsetzbarkeit hängt zumeist maßgeblich von der Solvenz des Schuldners ab, die der Verkäufer aber nicht beeinflussen kann.

hemmer-Methode: Prägen Sie sich den Sound ein: Haftung nur für Verität, nicht für Bonität, d.h. der Verkäufer haftet nur für den Bestand, also die Existenz des Rechts, nicht für seine Durchsetzbarkeit.

Jedenfalls entsprechend kann aber auf die Vorschrift des § 435 BGB zurückgegriffen werden. Danach liegt ein Rechtsmangel vor, wenn das verkaufte Recht mit dem Recht eines Dritten belastet ist. Das ist aber nicht der Fall. Die Durchsetzbarkeit der Grundschuld scheitert allenfalls am zu geringen Wert des Grundstücks.

V K kann sich nach der Übertragung (§§ 1192 I, 1154 BGB) mittels der Grundschuld befriedigen, §§ 1192 I, 1147 BGB. Die Voraussetzungen der §§ 437, 435 BGB liegen nicht vor.

Ergebnis

Ein Rückzahlungsanspruch aus § 346 I BGB i.V.m. §§ 453 I S.1, 435, 437 Nr. 2, 326 V BGB kommt nicht in Betracht. Da die Grundschuld nicht mangelhaft ist, kann K sein Zahlungsbegehren auch nicht im Wege des Schadensersatzes nach § 311a II BGB i.V.m. §§ 453 I S.1, 437 Nr. 3, 435 BGB geltend machen.

II. Anspruch auf Rückzahlung der 150.000,- € aus §§ 280 I, 311 II, 241 II BGB i.V.m. § 249 I BGB (c.i.c.)

1. Der Anspruch aus §§ 280 I, 311 II, 241 II BGB führt i.V.m. § 249 I BGB zur Wiederherstellung des gleichen wirtschaftlichen Zustandes, der ohne das schädigende Ereignis bestehen würde (Naturalrestitution). Dies bedeutet, dass sich aus der c.i.c. auch ein Anspruch auf Vertragsaufhebung und Rückzahlung ergeben kann.

Durch die Aufnahme von Vertragsverhandlungen entsteht ein vertragsähnliches Vertrauensverhältnis, das die Parteien zur Beachtung der Sorgfalt von „Schuldnern“ verpflichtet. Dabei ist unerheblich, ob der intendierte Vertrag später zustande kommt oder nicht.

2. Fraglich ist aber, ob die c.i.c. gemäß §§ 280 I, 311 II, 241 II BGB mit der Rechtsfolge Anspruch auf Vertragsaufhebung und Rückzahlung gem. § 249 I BGB auch dann möglich ist, wenn die Anfechtung des Vertrages in Betracht kommt (dann §§ 812 ff. BGB).

hemmer-Methode: Die Bedeutung der §§ 280 I, 311 II, 241 II BGB besteht darin, die strengere Vertragshaftung (insbesondere § 278 BGB) auf das Stadium der Vertragsanbahnung zu erstrecken und damit die Lücke zwischen Vertragsrecht und dem Deliktsrecht zu schließen. Die c.i.c. führt deswegen häufig zu einer typischen Examenskonstellation, weil man nur die Schwäche des Deliktsrechts überwinden wollte, an die Konkurrenz zu anderen Rechtsinstituten (wie z.B. §§ 434 ff. BGB) aber nicht gedacht hat.

Insbesondere im Fall des § 123 BGB, der hier vorliegen könnte, besteht die Gefahr, dass bei Annahme der c.i.c. die Frist des § 124 BGB umgangen würde.

Des Weiteren besteht die Möglichkeit, entgegen der verschärften Anforderungen des § 123 BGB (Voraussetzung ist arglistige Täuschung!) bereits bei leichter Fahrlässigkeit zu einer Aufhebung des Vertrags zu kommen.

Die h.M.[175] lässt gleichwohl den Anspruch aus §§ 280 I, 311 II, 241 II BGB neben § 123 BGB eingreifen. Die c.i.c. ist danach generell von der Anfechtung zu unterscheiden: Während die Anfechtung unabhängig davon ist, ob ein Schaden besteht, setzt die c.i.c. einen Schaden voraus. Weiterhin wird bei §§ 119 ff. BGB die freie Willensbildung geschützt, während die c.i.c. in erster Linie den Vermögensschutz im Auge hat.

Dieser Streit kann aber dahinstehen, wenn die Voraussetzungen der §§ 280 I, 311 II, 241 II BGB fehlen:

hemmer-Methode:. Die Entscheidung, ob der Anspruch aus §§ 280 I, 311 II, 241 II BGB durch § 123 BGB ausgeschlossen wird, ist nur dann zu treffen, wenn seine Voraussetzungen im Streitfall auch erfüllt sind. Geben Sie gleichwohl zu erkennen, dass Ihnen das Problemfeld bekannt ist. Zeigen Sie, dass Sie den maßgeblichen Wertungsaspekt im Verhältnis §§ 280 I, 311 II, 241 II BGB zu § 123 BGB erfasst haben. Es handelt sich um einen examenstypischen, kritischen Grenzfall.

3. Gem. § 280 I BGB müsste V eine Pflicht aus einem Schuldverhältnis i.S.d. §§ 311 II, 241 II BGB verletzt haben.

a) V selbst hat keine Aufklärungspflicht verletzt.

Dem Verkäufer einer Grundschuld obliegt nicht die generelle Pflicht, über die Höhe der Mietzinserträge informiert zu sein und darüber Auskunft zu geben.

b) Fraglich ist, ob V sich das schuldhafte Verhalten des G nach § 278 BGB zurechnen lassen muss.

Dann müsste G bzw. die X-GmbH Erfüllungsgehilfe des V gewesen sein. Erfüllungsgehilfe kann nur der sein, den der Schuldner zur Erweiterung seines Geschäftskreises und damit Risikobereiches einsetzt. Es fehlt aber am Wissen und Wollen des Schuldners V, dass G bzw. die GmbH für ihn in seinem Pflichtenkreis tätig wird.[176] Da, wie oben ausgeführt, keine Pflicht zur Auskunft bestand, ist G auch nicht im Pflichtenkreis des V tätig geworden.

hemmer-Methode: Achten Sie auf die knappe Sprache und die Spannung des Ausdrucks. Erörtern Sie nicht seitenlang den Begriff des Erfüllungsgehilfen, wenn es am Wissen und Wollen des Schuldners fehlt. Zeigen Sie, dass Sie gelernt haben, mit den Begriffen umzugehen. Im Vordergrund muss beim Lernen immer Sinn und Zweck der Norm stehen.

---

175 Grüneberg, § 276 BGB, Rn. 78.

176 Vgl. Grüneberg, § 278 BGB, Rn. 7.

Der Begriff ist nur Produkt des maßgeblichen, hinter der Norm stehenden Wertungsaspekts.

Ergebnis

Ein Anspruch aus §§ 280 I, 311 II, 241 II BGB entfällt.

III. Anspruch auf Rückzahlung der 150.000,- € gem. § 812 I S. 2 Alt. 1 BGB nach erfolgter Anfechtung

1. Da ein Rechtsgrund (Kaufvertrag) bis zur Anfechtungserklärung besteht, ist § 812 I S. 1 Alt. 1 BGB einschlägig (str.; a.A.: wegen Rückwirkung der Anfechtung gem. § 142 BGB gilt § 812 I S. 1 Alt. 1 BGB).

hemmer-Methode: Halten Sie sich mit der Abgrenzung des § 812 I S. 1 Alt. 1 BGB zu § 812 I S. 2 Alt. 1 BGB nicht zu lange auf. Beachtlich wird die Abgrenzung nur in den Fällen des § 814 BGB, der nur für § 812 I S. 1 Alt. 1 BGB gilt. Nur dann müssten Sie zu dem Streit ausführlicher Stellung nehmen!

2. V hat bei Barzahlung Eigentum und Besitz am Geld durch Leistung des K erlangt.

Sollte das Geld überwiesen worden sein, so hat V zunächst einen Anspruch aus dem Girovertrag § 675 t BGB, auf Gutschrift, sowie nach Gutschrift den Auszahlungsanspruch gegenüber seiner Bank aus der Gutschrift erlangt. Nach periodischem Rechnungsabschluss stellt die Gutschrift ein abstraktes Schuldversprechen i.S.d. § 780 BGB dar, das die Bank dem Empfänger erteilt.[177]

hemmer-Methode: Dieses Problem spielt sich hauptsächlich im Bereicherungsrecht bei „Dreiecksverhältnissen" ab.
Lassen Sie sich auf den intellektuellen Rahmen der Klausur ein. Die Banküberweisung schafft dem Ersteller der Examensklausur im Gegensatz zur Barzahlung die Möglichkeit, ein Problem mehr in die Klausur einzubauen, um die vorgegebene Notendifferenzierung voll auszuschöpfen. Vermeiden Sie auf jeden Fall den Satz: V hat das Geld erlangt. Sie begeben sich sonst auf Erstsemesterniveau!

3. Der Rechtsgrund könnte nach erfolgter Anfechtungserklärung entfallen sein, §§ 142 I, 143 BGB.

a) In Betracht kommt der Anfechtungsgrund des § 123 I BGB.

V selbst hat nicht getäuscht. Daher ist eine Anfechtung nur möglich, wenn ihm die Täuschung des G zugerechnet werden kann.

Das hängt davon ab, ob G „Dritter" i.S.d. § 123 II BGB ist. Handelt ein sog. „Nicht-Dritter", d.h. jemand, der am Vertragsschluss auf Seiten des Vertragspartners beteiligt ist, ist § 123 II BGB gar nicht anwendbar, sodass die Täuschung unproblematisch zugerechnet werden kann. Bei der Täuschung durch einen Dritten erfolgt die Zurechnung nur dann, wenn der Vertragspartner des Getäuschten die Täuschung kannte oder kennen musste.

Die h.M.[178] stellt unter Heranziehung des Rechtsgedankens des § 278 BGB darauf ab, ob die Rechtsbeziehungen zwischen dem Täuschenden und dem Erklärungsgegner (V) so eng sind, dass dieser sich die Täuschung als eigene zurechnen lassen muss („Lagertheorie").

[177] Hemmer/Wüst, Bereicherungsrecht, Rn. 88 ff. mit Beispiel.

[178] Grüneberg, § 123 BGB, Rn. 12.

So werden Vertreter und Vertrauensperson als sog. „Nicht-Dritte“ gesehen. Zwischen G und V bestand keine derartig enge Beziehung. G ist daher Dritter i.S.d. § 123 II BGB.

Da V die Täuschung durch G weder bekannt war, noch er sie kennen musste, scheidet der Anfechtungsgrund des § 123 I BGB aus.

hemmer-Methode: Bei dem Begriff des Dritten/Nicht-Dritten handelt es sich wieder um ein klassisches examenstypisches Problemfeld.
Erneut steckt hinter dem Begriff eine Wertung. Nur wer in unterschiedlichen Varianten die Anwendung von examenstypischen Fallkonstellationen trainiert hat, kann mit dem sicheren Gefühl ins Examen gehen, sich richtig vorbereitet zu haben.

b) Der Anfechtungsgrund des § 119 I BGB entfällt.

Es fehlt im Zeitpunkt der Abgabe der WE die in § 119 I BGB zugrunde gelegte Inkongruenz von Wille und Erklärung.

c) Fraglich ist aber, ob § 119 II BGB eingreift.

§ 119 II BGB stellt einen Fall des ausnahmsweise beachtlichen Motivirrtums dar. Voraussetzung für § 119 II BGB ist ein Irrtum über verkehrswesentliche Eigenschaften einer Person oder Sache.

aa) Eine Grundschuld müsste zunächst eine Sache i.S.d. § 119 II BGB sein.

Der Begriff der Sache i.S.d. § 119 II BGB ist nicht im Wortsinn (vgl. § 90 BGB), sondern als Bezeichnung für jeden „Geschäftsgegenstand“ zu verstehen, der verkehrsfähig ist. Die Grundschuld ist verkehrsfähig, vgl. §§ 1192 I, 1154 BGB. Sie ist daher Sache i.S.d. § 119 II BGB.

bb) Der Mietertrag des Grundstücks müsste eine Eigenschaft der Grundschuld sein. Eigenschaft ist jeder wertbildende Faktor, der der Sache auf Dauer anhaftet.

Darunter sind neben den auf der natürlichen Beschaffenheit beruhenden Merkmalen auch tatsächliche oder rechtliche Beziehungen der Sache zur Umwelt zu verstehen, soweit sie nach der Verkehrsanschauung für die Wertschätzung oder Verwendbarkeit von Bedeutung sind.

Diese Beziehungen müssen aber in der Person oder Sache selbst ihren Grund haben, von ihr ausgehen oder sie unmittelbar kennzeichnen.

Ob der Ertrag des Grundstücks ein wertbildender Faktor der Grundschuld i.d.S. ist, ist streitig.

(1) In der Literatur wird teilweise der Ertrag des Grundstücks als Eigenschaft der Grundschuld angesehen.

Begründet wird dies damit, dass der Ertrag des belasteten Grundstücks für die wirtschaftliche Bewertung der Grundschuld ebenso bedeutsam ist, wie für das Grundstück selbst. Da die Sicherheit, die die Grundschuld dem Grundschuldinhaber bietet, auch von dem Ertrag des belasteten Grundstücks abhängt, betrifft ein Irrtum über den Ertrag des Grundstücks eine Eigenschaft der Grundschuld selbst.

(2) Nach der Rspr. stellen Erträge des Grundstücks dagegen keine Eigenschaften der Grundschuld dar.

Die Erträge bestimmen den Wert des Grundstücks, und der Wert des Grundstücks bestimmt den Wert der Grundschuld. Daher sind die Erträge nur mittelbar den Wert der Grundschuld kennzeichnende Faktoren.

Die wertbildenden Faktoren und damit auch die Eigenschaften müssen dem Gegenstand aber selbst, d.h. unmittelbar, anhaften.

Damit sind nach der Rspr. Mieterträge des Grundstücks keine Eigenschaften der Grundschuld. § 119 II BGB ist danach nicht gegeben.

(3) Interessengerecht ist die Literaturmeinung aber nur, wenn sonst dem Käufer der Grundschuld keine Rechte zustünden.

Ein Schutz des Käufers könnte aber über die Störung der Geschäftsgrundlage (SGG) gem. §§ 313 BGB erreicht werden. Daher ist zu prüfen, ob die Voraussetzungen aus § 313 BGB vorliegen und in welchem die Vorschrift zu § 119 II BGB steht.

hemmer-Methode: Leiten Sie geschickt zum nächsten Problemkreis über. Zeigen Sie, dass Sie auch von der Wertung her an den Fall herangehen. Beide Lösungsmöglichkeiten (§ 313 BGB bzw. § 119 II BGB) kommen in Betracht. Die Abgrenzung, ob mittelbare Eigenschaften auch unter § 119 II BGB fallen, ist willkürlich. Vergleichen Sie die Rechtsinstitute im Hinblick auf Voraussetzungen und Rechtsfolgen direkt miteinander. Denken Sie an den Ersteller, der eine engagierte Auseinandersetzung erwartet.

Fraglich ist aber, ob § 313 BGB überhaupt zur Anwendung kommt.

Grundsätzlich geht § 119 II BGB als spezialgesetzliche Vorschrift der Störung der GG vor.

Wegen der ex-tunc-Nichtigkeit des Vertrags kann bei wirksamer Anfechtung die Geschäftsgrundlage auch nicht mehr entfallen.

Da aber das tatsächliche Vorliegen des § 119 II BGB gerade strittig ist, muss die Abgrenzung zwischen SGG und § 119 II BGB von der Rechtsfolgenseite vorgenommen werden. Dann sprechen die besseren Argumente für die SGG.

Gegen § 119 II BGB spricht sowohl die Haftung aus § 122 BGB als auch das grundsätzlich bei der Anfechtung geltende Alles- oder Nichts-Prinzip.

Für die Lösung über die Grundsätze der SGG spricht die flexiblere Handhabung der Opfergrenze. Außerdem ist die Vertragsanpassung in den meisten Fällen sachgerecht, z.B. der Vertragswert ist nur um 10 % gemindert. Daher ist der Rechtsprechung zu folgen, § 119 II BGB scheidet aus (andere Ansicht vertretbar).

Ergebnis

Ein Anspruch des K gegen den V aus § 812 I S. 2 Alt. 1 BGB scheidet aus.

hemmer-Methode: Geben Sie dem Korrektor zu erkennen, dass Sie sich bei dem strittigen Grenzfall (§ 313 BGB oder § 119 II BGB) entscheiden können. Es gibt keine schlagenden Argumente für die eine oder andere Auffassung. Nur die flexiblere Rechtsfolge spricht für den Wegfall der GG. Entscheiden Sie hier pragmatisch und nicht rechtstheoretisch.

IV. Anspruch aus § 313 BGB (SGG)

In Betracht kommt danach ein Anspruch nach den Grundsätzen der Störung der Geschäftsgrundlage.

1. Dazu müssten überhaupt die Voraussetzungen des § 313 I BGB vorliegen:

Ein reales Element, nämlich ein Umstand, den mindestens eine Partei beim Vertragsschluss vorausgesetzt hat, was für die andere Partei erkennbar war.

Ein hypothetisches Element, denn dieser Umstand muss für diese Partei auch so wichtig gewesen sein, dass sie den Vertrag nicht oder anders abgeschlossen hätte, wenn sie die Richtigkeit ihrer Voraussetzung als fraglich erkannt hätte.

Ein normatives Element, wonach die andere Partei auf Berücksichtigung der Störung sich redlicherweise hätte einlassen müssen.

Diese Voraussetzungen liegen hier vor:

Die Höhe der Mietzinserträge ist ein wesentlicher Umstand, der von K beim Kauf der Grundschuld zugrunde gelegt wurde (reales Element). Dies zeigt auch seine Erkundigung bei V, sodass V von der Entscheidungserheblichkeit des Umstandes Kenntnis nehmen konnte.

Hätte K die tatsächliche Höhe der Mieteinnahmen gekannt, hätte er den Kaufvertrag nicht abgeschlossen (hypothetisches Element).

Auf diesen Umstand hätte V sich auch einlassen müssen. Der niedrigere Mietertrag ist ein so gewichtiger Umstand, dass V ihn nach Treu und Glauben berücksichtigen muss (normatives Element). Der niedrigere Mietertrag stellt auch keinen Umstand dar, der (lediglich) im Risikobereich des K liegt.

hemmer-Methode: Sie befinden sich auf der Wertungsebene, deshalb ist hier eine andere Ansicht gut vertretbar. Insbesondere weil V nicht für Bonität haftet (s.o.), kann mit der vertraglichen Risikoverteilung argumentiert werden.

2. Fraglich ist, ob sich daraus ein Anspruch auf Rückzahlung der 150.000,- € ergeben kann.

a) Grundsätzlich führt die Störung der Geschäftsgrundlage gem. § 313 I BGB zu einem Anspruch gegen den anderen Teil auf Anpassung des Vertrages an die wirklichen Verhältnisse.

b) Ist eine Anpassung des Vertrages nicht möglich oder einem Teil nicht zumutbar, so kann der benachteiligte Teil gem. § 313 III BGB ausnahmsweise vom Vertrag zurücktreten.

Ob Vertragsanpassung stattfindet oder ein Rücktrittsrecht eingreift ist anhand einer umfassenden Interessenabwägung unter Berücksichtigung der Umstände des Einzelfalls zu ermitteln.

Wegen der um 50 % niedrigeren Mieterträge ist K ein Festhalten am Vertrag nicht zumutbar. Die überwiegenden Gründe sprechen damit für ein Rücktrittsrecht (a.A. vertretbar).

Der Vertrag ist gem. § 313 III BGB nach §§ 346 ff. BGB rückabzuwickeln.

Ergebnis

K erhält sein Geld nach Rücktritt gem. § 313 III BGB i.V.m. § 346 I BGB zurück.

B) Ansprüche des K gegen die X-GmbH

I. Anspruch aus § 280 I BGB

K könnte gegen die X-GmbH einen Schadensersatzanspruch aus §§ 280 I, 662 BGB haben.

1. Es handelt sich um einen Auftrag, da die Geschäftsbesorgung unentgeltlich erfolgt ist. Eine rechtliche Bindung besteht, denn die Auskunft über die Mietzinserträge war für K entscheidend für den Kauf der Grundschuld. G war die Bedeutung der Auskunft bewusst.

Aus § 675 II BGB ergibt sich nichts anderes. § 675 II BGB besitzt lediglich deklaratorische Funktion, dies ergibt sich aus dem Wort „unbeschadet“.

Damit liegt der erforderliche Rechtsbindungswille vor.

hemmer-Methode: Die Abgrenzung Gefälligkeitsverhältnis/rechtliche Bindung ist ein typischer Klassiker im Examen.
Ob Rechtsbindungswille vorliegt oder nicht, ist in allen Bundesländern häufig Prüfungsgegenstand. § 675 II BGB ist die Bestimmung, die hier zitiert werden muss („unbeschadet!“).

2. Die X-GmbH ist auch Vertragspartner, da die Willenserklärung des Geschäftsführers G gemäß § 35 I S. 1 GmbHG für und wider die GmbH wirkt.

a) Es gelten die Grundsätze des Geschäfts für und wider den Unternehmensträger. Aus den Umständen ergibt sich, dass G die Willenserklärung in fremdem Namen abgegeben hat, vgl. § 164 I S. 2 BGB. Ein Vertretergeschäft liegt selbst dann vor, wenn K den G für den Geschäftsinhaber selbst gehalten hat.

hemmer-Methode: Zeigen Sie, wie die Grundsätze des Geschäfts mit dem Unternehmensträger einzuordnen sind. Bedeutung hat dies nur beim Tatbestandsmerkmal „in fremdem Namen“. Wie bei dem „Geschäft für den, den es angeht“ wird der Auftretende nicht der Vertragspartner. Allerdings handelt es sich beim „Geschäft für den, den es angeht“ nicht um einen Fall des § 164 I S. 2 BGB, sondern um eine Ausnahme vom Offenkundigkeitsprinzip.

b) Vertretungsmacht besteht gem. § 35 I S. 1 GmbHG.

3. Eine Pflichtverletzung seitens des G liegt vor. Der Beweis des Nichtverschuldens wird dem G nicht gelingen, § 280 I S. 2 BGB.

Das Verhalten des G wird der GmbH als eigenes Verschulden über §§ 31, 276 BGB zugerechnet. § 31 BGB gilt analog für alle juristischen Personen.

Die GmbH ist gem. § 13 I GmbHG juristische Person, und G ist als ihr Geschäftsführer Organ der GmbH.

hemmer-Methode: Verantwortlichkeit im Sinne von Verschulden ist das klassische Prüfungsfeld im Schuldrecht überhaupt. Bestimmungen, die die Zurechenbarkeit beim Verschulden regeln, sind: §§ 31, 89, 278 BGB. Den juristischen Personen muss das Organverhalten als eigenes zugerechnet werden, da eine natürliche Person fehlt. Geben Sie das knapp zu erkennen, indem Sie §§ 31, 276 BGB zitieren. Die GmbH haftet nach § 31 BGB anders als bei Zurechnung über § 278 BGB für eigenes, nicht für fremdes Verschulden. Beim deliktischen Organverschulden gelten deshalb auch §§ 823 I, 823 II, 826 BGB i.V.m. §§ 31, 89 BGB, nicht aber § 831 BGB.

4. K ist auch ein Schaden entstanden, denn er hat eine Grundschuld erhalten, die zumindest wirtschaftlich gesehen weniger wert ist, als angenommen.

In Höhe dieses Minderwertes besteht damit ein Schadensersatzanspruch gegen die X-GmbH aus § 280 I BGB.

5. Der Schaden entfällt allerdings, wenn K gegenüber V den Rücktritt wählt und sein Geld zurückerhalten hat.

II. § 823 I BGB i.V.m. § 31 BGB

§ 823 I BGB i.V.m. § 31 BGB entfällt, da kein Rechtsgut i.S.d. § 823 I BGB verletzt ist. Das Vermögen als solches ist in § 823 I BGB nicht geschützt.

III. §§ 823 II, 31 BGB i.V.m. § 263 StGB

In Betracht kommt ein Anspruch gem. §§ 823 II, 31 BGB i.V.m. § 263 StGB. § 263 StGB ist ein Schutzgesetz i.S.d. § 823 II BGB.

Zwar liegt zumindest eine Vermögensgefährdung vor.

Diese genügt für den objektiven Tatbestand des § 263 StGB. Subjektiv sind aber Vorsatz und insbesondere Bereicherungsabsicht erforderlich. Im Sachverhalt fehlen dazu aber die entsprechenden Anhaltspunkte.

hemmer-Methode: Es handelt sich um eine zivilrechtliche Klausur. Nehmen Sie deshalb zum strafrechtlichen Problem nur knapp Stellung.

IV. §§ 826, 31 BGB

Es liegt aber ein Anspruch gem. §§ 826, 31 BGB vor, denn G hat den Schaden des K billigend in Kauf genommen, was für den Vorsatz i.d.S. genügt.

Damit besteht die Haftung der X-GmbH auf Schadensersatz.

C) Anspruch des K gegen G

1. In Betracht könnte eine Eigenhaftung des G als Vertreter aus §§ 280 I, 311 III S. 1, 241 II BGB kommen.

Allerdings genügt das allgemeine Interesse des Geschäftsführers einer GmbH am Erfolg seines Unternehmens nicht.[179]

Für die Inanspruchnahme besonderen persönlichen Vertrauens, was auch zur Eigenhaftung des Vertreters nach § 311 III S. 1 BGB führen kann, liegen keine Anhaltspunkte vor.

2. Es besteht daher ein Anspruch aus § 826 BGB.

D) Ansprüche der X-GmbH gegen G

1. Die X-GmbH hat gegen G einen Anspruch aus § 280 I BGB.

Der Schaden besteht darin, dass die GmbH von K in Anspruch genommen werden kann. Vor Zahlung besteht ein Freistellungsanspruch der X-GmbH gegen G.

Sie kann verlangen, den Zustand wiederherzustellen, der vor dem schädigenden Ereignis bestand, § 249 I BGB. Geregelt ist ein solcher Freistellungsanspruch nur bei den Aufwendungen, vgl. § 257 BGB. Bei Schadensersatzansprüchen ergibt er sich aus dem Rechtsgedanken des § 257 BGB, von der Rechtsfolge aber aus § 249 I BGB.

2. Daneben besteht ein Anspruch aus § 43 II GmbHG (Geschäftsführerhaftung), der eine eigene Anspruchsgrundlage darstellt. Für die Rechtsfolge gelten obige Ausführungen.

hemmer-Methode: Vertretbar erscheint, bei Bejahung des § 43 II GmbHG, den Anspruch aus § 280 I BGB als subsidiär entfallen zu lassen.

3. Da die X-GmbH und G Gesamtschuldner sind, vgl. § 840 BGB, steht der X-GmbH im Innenverhältnis der Regress gem. § 426 I und II BGB (zwei Anspruchsgrundlagen!) zu. Gem. § 254 BGB analog haftet G im Innenverhältnis voll.

E) Haftung von V, G und der X-GmbH im Außenverhältnis zu K

1. Die X-GmbH und G haften im Außenverhältnis als Gesamtschuldner, § 840 BGB, s.o.

2. V ist nicht Gesamtschuldner.

[179] Vgl. Grüneberg, § 276 BGB, Rn. 97.

K hat ein Wahlrecht, wen er in Anspruch nimmt, wobei die Rechtslage nicht der typischen wechselseitigen Tilgungswirkung der § 421 ff. BGB entspricht:

Tritt K zurück und erhält er von V die gezahlten 150.000,-€ zurück, entfallen mangels Schaden seine Ansprüche gegen die X-GmbH und G. Behält er die Grundschuld (K muss nicht zurücktreten, die Störung der GG gibt ihm nur das Recht dazu[180]) und verlangt Schadensersatz von der X-GmbH und G, entfällt V als Schuldner.

hemmer-Methode: Runden Sie Ihre Lösung ab! Wie im Strafrecht, wo die Konkurrenzen zu prüfen sind, ist im Zivilrecht bei mehreren Anspruchsgegnern an die Gesamtschuld zu denken. Nur wer auch diesen Punkt noch „abhakt" schreibt die gute Klausur!
Generell macht dieser Fall deutlich, wie wichtig die Behandlung des „Dritten" in der Klausur ist. Verschaffen Sie sich einen Überblick über die examensrelevanten Probleme im Zusammenhang mit der Einschaltung eines Dritten anhand von Life&LAW 2015, 209 ff. sowie 446 ff.

[180] Vgl. Medicus, Rn. 170.

Zusammenfassung

A) Ansprüche des K gegen den V

I. Rückzahlungsanspruch nach Rücktritt gem. § 346 I BGB i.V.m. §§ 453 I S.1, 435, 437 Nr. 2, 326 V BGB (-)

Grundschuld ist nicht mangelhaft, Verkäufer haftet nur für Verität, nicht für Bonität

II. Anspruch aus §§ 280 I, 311 II, 241 II BGB (c.i.c.) (-)

1. für Verkäufer keine generelle Aufklärungspflicht über Höhe der Mieterträge bei Verhandlung über Grundschuld

2. G ist nicht Erfüllungsgehilfe des V; es fehlt Wissen und Wollen des V ⇨ § 278 BGB (-)

III. Anspruch aus §§ 812 I, 142 I, 119 II BGB (-)

1. Bei „Sache" i.S.d. § 119 II BGB ist auf Verkehrsfähigkeit abzustellen. Grundschuld ist verkehrsfähig, vgl. § 1154 BGB

2. Mietertrag müsste Eigenschaft der Grundschuld sein (wertbildender Faktor)

a) Teil der Lit.: Ertrag hat für wirtschaftl. Bewertung der Grundschuld dieselbe Bedeutung wie für das Grundstück ⇨ § 119 II BGB (+)

b) Rspr.: Erträge bestimmen Wert des Grundstücks und dieser erst den Wert der Grundschuld. Erträge sind damit nur mittelbar den Wert der Grundschuld kennzeichnende Faktoren ⇨ § 119 II BGB (-)

Nach der Rspr. liegt dann Störung der Geschäftsgrundlage vor

c) Für BGH spricht: Bei Anwendung des § 119 II BGB haftet K nach § 122 BGB für Vertrauensinteresse. Rechtsfolge der Störung der GG beinhaltet flexiblere Handhabung der Opfergrenze.

Rechtsfolge nur dann Rücktritt, wenn Vertragsanpassung unzumutbar, so im Fall.

Ergebnis:

Anfechtung (-)

IV. Anspruch aus §§ 346 I, 313 I, III BGB (+)

Ausnahmsweise Rückabwicklung des Vertrages, s.o., sodass Anspruch auf Rückzahlung der 150.000 €

B. Anspruch K gegen X-GmbH

I. Anspruch aus § 280 I BGB auf Schadensersatz

1. Rechtsbindungswille (+), vgl. § 675 II BGB: "unbeschadet"

2. X-GmbH ist Vertragspartner (vgl. § 164 I S. 2 BGB); Vertretungsmacht des G gem. § 35 GmbHG

3. Rechtswidrigkeit und Verschulden der Pflichtverletzung (+) i.H.d. Minderwerts der GS (Wert der GS ergibt sich aus Wert des Grundstücks)

4. Schaden (+)

5. Schaden entfällt, wenn K Rücktritt wählt und Geld zurückerhält

II. § 823 I BGB i.V.m. § 31 BGB (-)

III. §§ 823 II, 31 BGB i.V.m. § 263 StGB (-)

IV. §§ 826, 31 BGB (+)

C) Anspruch des K gegen G

I. §§ 280 I, 311 III S. 1, 241 II BGB (c.i.c.) (-)

II. § 826 BGB (+)

D) Ansprüche der X-GmbH gegen G

I. Freistellungsanspruch aus § 280 I BGB (+)

II. Anspruch aus § 43 II GmbHG (+)

III. Rückgriffsmöglichkeiten gem. § 426 I/II BGB (+)

E) Haftung von V, G und X-GmbH im Außenverhältnis

1. § 840 BGB bzgl. X-GmbH und G (+)

2. V kein Gesamtschuldner

Fall 9:

Sachverhalt:

Herr Kaiser (K), der aufgrund seiner Popularität durch Radio- und TV-Werbespots bei der H.-M.-Versicherungsgesellschaft vom Versicherungsvertreter zum leitenden Angestellten aufgestiegen ist, kaufte Anfang März 2019 beim Händler Hinrichsen (H) in Hamburg eine fabrikneue Motoryacht, Typ „Neptun", des Produzenten Power-Boat GmbH (P) (Sitz Hamburg) zum Preis von 250.000,- €. Da H die Yacht nicht auf Lager hatte, wies er K darauf hin, dass dieser mit einer ca. viermonatigen Lieferzeit zu rechnen habe. Dies war K, der mit der Yacht möglichst bald repräsentieren wollte, gar nicht recht. Auf seine Frage nach einer schnelleren Liefermöglichkeit bot H an, bei befreundeten Händlern nach einer bereits ausgelieferten, entsprechenden Yacht zu suchen und diese zu besorgen. K müsse dann allerdings u.U. mit einer verkürzten Herstellergarantie rechnen, weil diese regelmäßig mit der Auslieferung beginne. K ging dennoch hocherfreut auf das Angebot ein. H konnte tatsächlich eine Yacht in der vorgegebenen Preisklasse kurzfristig besorgen. Es handelte sich dabei um ein Einzelstück des Produzenten P. K ließ sie noch im März 2019 bei H abholen. Die Kaufpreiszahlung erfolgte ebenfalls noch im März.

Am 28. August 2021 erlitt K dann mit der - ausschließlich privat genutzten - Yacht einen schweren Unfall, bei dem die Yacht sank. K war bei einem Wendemanöver im Hamburger Hafen infolge eines Bruchs des Lenkgestänges, der zu einem Versagen des Steuerruders führte, mit der Yacht gegen die Bordwand des Kreuzfahrtschiffes MS Europa geprallt, das dort gerade für Dreharbeiten für die ZDF-Serie „Traumschiff" vor Anker lag. Nach dem Versagen des Steuerruders hätte K den Zusammenprall weder verhindern noch abmildern können. Das Wrack der Yacht hatte nur noch Schrottwert (2.000,- €).

Laut Sachverständigengutachten beruhte das Versagen des Steuerruders auf einem von Anfang an brüchigen Einzelteil, das bei rechtzeitiger Entdeckung - die freilich eine besonders eingehende Inspektion vorausgesetzt hätte - ohne große Mühe und Kosten (250,- €) austauschbar gewesen wäre. Worauf die fehlerhafte Herstellung oder der Einbau des schadhaften Teils zurückzuführen ist, ob sie insbesondere auf einem Verschulden von Mitarbeitern des Produzenten P beruhen, lässt sich nicht mehr aufklären.

H und P verweigern jede Zahlung an K mit dem Hinweis, die von P abgegebene „Herstellergarantie" sei zum Zeitpunkt des Unfalls bereits abgelaufen gewesen.

Mit seiner am 07.10.2021 beim Landgericht Hamburg eingereichten und eine Woche später zugestellten Klage verlangt K von H und P als Gesamtschuldnern:

Zahlung von 248.000,- € (Kaufpreisrückzahlung oder Sachschadensersatz)

Zahlung eines (der Höhe nach angemessenen) Schmerzensgeldes von 5.000,- €.

In der Klageschrift trägt der Anwalt des K vor, dass der Anspruch aus Ziffer 1 bereits deshalb gegeben sei, weil die Yacht von Anfang an nicht die volle Herstellergarantie gehabt habe, als K sie erwarb.

H hatte die Yacht nämlich bei einem holländischen Händler besorgt, dem sie selbst vom Hersteller P bereits im September 2018 geliefert worden war. Die Herstellergarantie beginnt aber jeweils ab Auslieferung der Yacht durch den Produzenten zu laufen.

Außerdem gelten für die erworbene Yacht die holländischen Garantiebedingungen des P, welche unter anderem nur eine zweijährige Garantie anstelle der für die nach Deutschland ausgelieferten Boote geltenden dreijährigen Garantiedauer vorsehen. Darauf, dass H dies selbst nicht wissen konnte, da dies sein erstes Auslandsgeschäft dieser Art war, käme es für den Gewährleistungsanspruch nicht an. Im Übrigen trägt der Anwalt (nur) den gesamten vorstehenden Sachverhalt vor.

Im Termin zur mündlichen Verhandlung erscheint trotz ordnungsgemäßer Ladung für die Beklagten niemand. Der Anwalt des K beantragt unter Bezugnahme auf den vorgetragenen Sachverhalt Versäumnisurteil.

Bearbeitervermerk:

Wie wird das Landgericht entscheiden?

Lösung

Das Gericht müsste dem Antrag des Anwalts des K stattgeben und ein Versäumnisurteil (VU) gegen die Beklagten H und P erlassen, wenn die Voraussetzungen der §§ 330 ff. ZPO vorliegen. In Betracht kommt hier nur ein Versäumnisurteil gegen die Beklagten gem. § 331 ZPO:

Voraussetzung für ein solches VU ist insbesondere, dass ein entsprechender Antrag auf Erlass eines VU gestellt wird, der Beklagte säumig ist und die Klage zulässig und schlüssig ist.[181]

hemmer-Methode: Achten Sie auf die richtige Terminologie und verderben Sie sich nicht gleich den Einstieg in die Klausur, indem Sie von der „Begründetheit der Klage" sprechen. Begrifflich richtig ist Schlüssigkeit, da das Gericht lediglich prüft, ob der vorgetragene Sachverhalt - als richtig unterstellt - den behaupteten Anspruch trägt, ob der Sachvortrag also in sich schlüssig ist, vgl. § 331 I S. 1 ZPO. Das Gericht prüft aber gerade nicht, ob der Sachvortrag den Tatsachen entspricht bzw. durch den Kläger, soweit ihn die Beweislast trifft, auch tatsächlich bewiesen werden kann, ob also die Klage wirklich auch begründet wäre.

I. Antragstellung

Erforderlich ist zunächst ein Prozessantrag der anwesenden Partei, hier des K, vertreten durch seinen Rechtsanwalt, § 78 I ZPO, auf Erlass eines Versäumnisurteils.

Dabei müsste der Kläger eigentlich den Sachantrag aus der Klageschrift stellen und zusätzlich den in § 331 ZPO geforderten Prozessantrag, darüber durch VU zu entscheiden.

Dies geschieht in der Praxis aber i.d.R. uno actu mit dem so auszulegenden Antrag, „gegen den Beklagten VU zu erlassen".

Hier hat der Anwalt des K unter Bezugnahme auf den vorgetragenen Sachverhalt einen solchen Antrag gestellt.

[181] Vgl. allgemein zum VU Hemmer/Wüst, ZPO I, Rn. 387 ff.

II. Säumnis

Des Weiteren müssten H und P säumig gewesen sein.

1. Ein Termin zur notwendigen mündlichen Verhandlung war anberaumt.

2. Von ordnungsgemäßer Ladung ist nach dem Sachverhalt auszugehen (vgl. §§ 335 I Nr. 2, 214, 215, 216, 217 ZPO).

3. Ebenso ist von der rechtzeitigen Mitteilung des klägerischen Vorbringens auszugehen, vgl. § 335 I Nr. 3 ZPO.

4. Säumnis liegt dann vor, wenn eine Partei im ordnungsgemäß angeordneten Verhandlungstermin nach Aufruf (vgl. § 220 I ZPO) bis zum Schluss der mündlichen Verhandlung (vgl. § 220 II ZPO) nicht erscheint, § 331 I S. 1 ZPO (oder nicht verhandelt, vgl. § 333 ZPO!). Im Anwaltsprozess (vgl. § 78 ZPO) ist die Partei nicht erschienen, wenn für sie kein zugelassener Anwalt auftritt. Im Anwaltsprozess kommt es damit nur auf das Auftreten des Anwalts an (selbst eine anwesende, aber postulationsunfähige Partei ist säumig, wenn sie ohne Rechtsanwalt erscheint). H und P waren daher nicht bereits säumig, weil sie persönlich nicht erschienen waren. Ihre Säumnis folgt vielmehr letztlich daraus, dass sie nicht durch einen Rechtsanwalt vertreten waren.

hemmer-Methode: Zeigen Sie dem Korrektor, dass Sie das Zusammenspiel zwischen § 78 I ZPO und der Säumnis in §§ 330, 331 ZPO verstanden haben. Entscheidend ist also hier gar nicht, dass die Parteien selbst nicht erschienen waren, sondern die fehlende ordnungsgemäße Vertretung durch einen Rechtsanwalt.

III. Erlasshindernis gem. §§ 337, 335 ZPO

Es liegt auch kein Erlasshindernis gem. §§ 337, 335 ZPO vor.

Insbesondere liegen keine Anhaltspunkte dafür vor, dass die Rechtsanwälte von H und P unverschuldet am Erscheinen verhindert waren, § 337 S. 1 ZPO.

IV. Zulässigkeit der Klage

Die Klage müsste weiter zulässig sein.

Da das Versäumnisurteil ein Sachurteil ist, müssen die Sachurteilsvoraussetzungen vorliegen, anderenfalls ergeht ein zurückweisender Beschluss (vgl. § 335 I Nr. 1 ZPO) oder beim Vorliegen eines endgültigen Prozesshindernisses ein Prozessurteil als sog. „unechtes VU".[182]

hemmer-Methode: Lassen Sie sich durch die Bezeichnung „unechtes VU" nicht verwirren. Es handelt sich bei diesem sog. „unechten VU" nämlich gerade nicht um ein VU, sondern um ein „normales" Endurteil, das die Klage als unzulässig oder unbegründet abweist. Gegen ein „unechtes VU" ist als Rechtsbehelf deshalb auch nicht der Einspruch (§ 338 ZPO) statthaft, sondern entsprechend seiner Rechtsnatur als gewöhnliches Endurteil die Berufung (§§ 511 ff. ZPO). Merken Sie sich also: Ein (echtes) VU ist nur das Urteil, das gegen den Säumigen gerade auf Grund seiner Säumnis ergeht.

1. K hat, vertreten durch seinen Anwalt, § 78 I ZPO, ordnungsgemäß vor dem örtlich und sachlich zuständigen Landgericht Hamburg (§§ 12, 13, 17 ZPO sowie §§ 23, 71 GVG: Streitwert über 5.000,- €) Klage erhoben, § 253 II ZPO.

[182] Vgl. Hemmer/Wüst, ZPO I Rn. 398, 405.

Hinsichtlich der Schmerzensgeldforderung wäre in Ausnahme zu § 253 II Nr. 2 ZPO ein bezifferter Antrag gar nicht notwendig gewesen, da die Höhe des Schmerzensgeldes gem. § 287 ZPO durch das Gericht nach seinem freien Ermessen zu bestimmen ist.

Daher reicht ein unbezifferter Antrag aus, wenn der Kläger die notwendigen tatsächlichen Grundlagen für die Bemessung vorträgt und die ungefähre Größenordnung des geltend gemachten Anspruchs angibt.[183]

Das heißt aber selbstverständlich nicht, dass ein unbezifferter Antrag gestellt werden muss. Allerdings läuft der Kläger bei Bezifferung Gefahr, teilweise mit seiner Klage abgewiesen zu werden. Nach dem Sachverhalt war die Höhe des beantragten Schmerzensgeldes aber angemessen.

hemmer-Methode: Zeigen Sie, dass Sie die Regel und die Ausnahme zu § 253 II Nr. 2 ZPO kennen und stellen Sie dies in knapper Sprache dar. So nehmen Sie den Korrektor für sich ein, ohne zu langweilen - denken Sie daran, dass auch Praktiker im Examen korrigieren. Schließlich lag hier nicht das Problem des Falles. Beachten Sie noch: In der Praxis ist es weithin üblich, beim Schmerzensgeld einen Mindestbetrag anzugeben. So kann dem Gericht mitgeteilt werden, welche Summe sich die Partei vorstellt, ohne dass der Richter wegen § 308 ZPO daran gehindert ist, gegebenenfalls einen höheren Betrag zuzusprechen.

2. P ist als GmbH nach § 13 I GmbHG rechts- und damit parteifähig i.S.v. § 50 ZPO. Sie muss sich aber gemäß § 35 I S. 1 GmbHG durch ihre(n) Geschäftsführer vertreten lassen.

Von der Partei- und Prozessfähigkeit der übrigen Beteiligten ist auszugehen, §§ 50, 51, 52 ZPO.

3. K wurde ordnungsgemäß vor dem Landgericht durch seinen Anwalt vertreten, § 78 I ZPO, Postulationsfähigkeit ist auf seiner Seite also gegeben.

4. Da vom Vorliegen der übrigen Sachurteilsvoraussetzungen auszugehen ist, ist die Klage zulässig.

V. Subjektive und objektive Klagenhäufung, §§ 59, 260 ZPO

Da H und P zusammen verklagt werden, liegt subjektive Klagehäufung vor. H und P sind dabei einfache Streitgenossen.[184]

Gleichzeitig liegt auch eine objektive Klagehäufung gem. § 260 ZPO vor, da der Kläger im selben Verfahren gegen die Beklagten mehrere prozessuale Ansprüche geltend macht (Mehrheit von Streitgegenständen bei Einheit des Verfahrens).

hemmer-Methode: Richtige Schwerpunktsetzung! Mehr sollte zu diesem Komplex nicht geschrieben werden, da die Hauptprobleme der Klausur bei der Schlüssigkeit der Klage liegen.

VI. Schlüssigkeit der Klage, § 331 I S. 1 ZPO

Weiter müsste das als zugestanden anzusehende tatsächliche Vorbringen des Klägers den Klageantrag gegen die Beklagten rechtfertigen, vgl. § 331 I S. 1 ZPO (sog. Schlüssigkeit der Klage bei VU gegen den Beklagten):

Dies ist dann der Fall, wenn der Kläger hinsichtlich der in Betracht kommenden Anspruchsgrundlagen die anspruchsbegründenden Tatsachen vorträgt.

---

183 Näher dazu Hemmer/Wüst, ZPO I, Rn. 93 f.; Thomas/Putzo, § 254 ZPO, Rn. 12.

184 Näher dazu Thomas/Putzo, vor § 59 ZPO.

Die Klage kann aber unschlüssig werden, wenn der Kläger Einreden, die die Beklagten im vorprozessualen Rechtsverkehr geltend gemacht haben, vorbringt.[185]

hemmer-Methode: Führen Sie den Leser/Korrektor durch Ihre Klausur, indem Sie durch die Bildung von Obersätzen den Weg vorgeben. Schöpfen Sie dabei den Sachverhalt voll aus. Dort wurde ausdrücklich darauf hingewiesen, dass der Anwalt „(nur)" diesen Sachverhalt vortrug. Nehmen Sie dies als Signal, dass der Verfasser der Klausur von Ihnen erwartet, dass Sie dazu etwas in ihrer Lösung bringen.

A) Ansprüche des K gegen den Händler (H):

I. § 346 I BGB i.V.m. §§ 437 Nr. 2, 434, 326 V BGB

Möglicherweise steht K gegen H ein Anspruch auf Rückzahlung von 248.000,- € aufgrund des Rücktrittes vom Kaufvertrag gem. § 346 I BGB i.V.m. §§ 437 Nr. 2, 434, 326 V BGB zu.

Da der Rücktritt vom Vertrag in §§ 346 I, 349 BGB als Gestaltungsrecht konzipiert wurde, kann K unproblematisch direkt auf Rückerstattung des gezahlten Kaufpreises klagen.

1. Das Gewährleistungsrecht aus § 437 BGB findet Anwendung, da zwischen den Parteien ein Kaufvertrag über die Yacht gem. § 433 BGB geschlossen worden ist.

2. Gewährleistungsrechte des K aus § 437 BGB setzen aber voraus, dass die Yacht mangelhaft i.S.d. § 434 BGB gewesen ist.

Ein Sachmangel i.S.d. § 434 I Var.1, II S. 1 Nr. 1 BGB liegt vor, wenn die Yacht bei Gefahrübergang nicht die vereinbarte Beschaffenheit gehabt hat.

a) Vorliegend könnte sich ein Sachmangel gem. § 434 I Var.1, II S. 1 Nr. 1 BGB daraus ergeben, dass die Yacht nicht die für Deutschland übliche Garantie des Herstellers besitzt. Des Weiteren war die bestehende Garantie bereits zum Teil abgelaufen, als K das Boot erhielt.

Fraglich ist somit, ob das Fehlen der Herstellergarantie - dem ihr teilweiser Ablauf gleichzustellen ist - der vereinbarten Beschaffenheit der Yacht zuwiderläuft.

aa) Der Gesetzgeber hat auf eine Definition des Merkmals „Beschaffenheit" verzichtet und damit offen gelassen, ob der Begriff nur Eigenschaften umfasst, die der Kaufsache unmittelbar anhaften oder auch solche Umstände, die in der Beziehung der Sache zu ihrer Umwelt liegen.

Ausgehend von einem subjektiven Mangelbegriff, entspricht es heute letztlich einhelliger Meinung, dass sich die Erwartung, die an die Kaufsache gestellt wird, vornehmlich an der Parteivereinbarung zu orientieren hat. Insoweit erlaubt die Privatautonomie, auch solche Umstände zum Inhalt einer Beschaffenheitsvereinbarung zu machen, die der Sache nicht unmittelbar anhaften.

Dementsprechend hat der BGH einen Mangel i.S.d. § 434 I Var.1, II S. 1 Nr. 1 BGB in einem Fall angenommen, in dem für einen PKW im Kaufvertrag eine bestehende Herstellergarantie bis zu einem bestimmten Datum angegeben worden war, diese Garantie aber nicht bestand, weil die Garantiebedingungen nicht vorlagen (Tachomanipulation).[186]

---

185 Vgl. Hemmer/Wüst, ZPO I, Rn. 400; Thomas/Putzo, § 331 ZPO, Rn. 5.

186 BGH, Life&LAW 2016, 667 ff.

bb) Der vorliegende Fall unterscheidet sich allerdings von dem BGH-Fall dadurch, dass keine Vereinbarung getroffen worden war, die den Lauf der Garantie auch noch zum Zeitpunkt des Schadenseintritts vorgesehen hätte. Vielmehr hatte der Verkäufer laut Sachverhalt klar darauf hingewiesen, dass die Garantie verkürzt sei, da das Modell schon zuvor von P hergestellt und ausgeliefert worden war.

Insoweit konnte der K nicht mehr vom Bestand einer Herstellergarantie ausgehen.

Eine Abweichung von einer vereinbarten Beschaffenheit liegt daher nicht vor.

b) Ein Mangel könnte jedoch wegen des gebrochenen Rudergestänges vorliegen.

Da eine Vereinbarung insoweit nicht getroffen wurde, scheidet ein Mangel infolge Abweichens des Zustands von einer vereinbarten Beschaffenheit i.S.d. § 434 II S. 1 Nr. 1 BGB aus.

Auch wurde keine besondere Verwendungsart vorausgesetzt, § 434 II S. 1 Nr. 2 BGB.

Möglicherweise liegt jedoch ein Mangel i.S.d. § 434 I Var.2, III S. 1 BGB vor, da die objektiven Anforderungen an die Mangelfreiheit fehlen. Zwar eignet sich die Yacht für die übliche Verwendung § 434 III S. 1 Nr. 1 BGB; allerdings weist sie infolge des Materialfehlers nicht die Beschaffenheit auf, die der Käufer berechtigterweise erwarten kann § 434 III S. 1 Nr. 2 lit a) BGB. Ein Mangel liegt daher vor.

3. Vor Erklärung des Rücktritts muss im Rahmen eines Verbrauchsgüterkaufs (wie vorliegend) grundsätzlich eine angemessene Frist zur Nacherfüllung gem. § 475d I Nr.1 BGB abgelaufen sein, bzw. die Fristsetzung nach einem der anderen Tatbestände des § 475d I BGB entbehrlich sein, wobei die §§ 323 II, 440 BGB durch diese Norm verdrängt werden.

Hier ist allerdings V die Nacherfüllung in beiden Varianten des § 439 I BGB unmöglich i.S.d. § 275 I BGB.

Die Beseitigung des Mangels scheidet aus, denn die Yacht hat bei dem Unfall irreparable Schäden erlitten.

Weiterhin handelte es sich bei der Yacht um ein Einzelstück der Herstellerfirma P, sodass H auch keine neue liefern kann bzw. muss.

Da das Setzen einer Nachfrist somit sinnlos wäre, ist es hier gem. § 326 V BGB entbehrlich. K kann direkt vom Vertrag zurücktreten.

4. Zu prüfen bleibt, ob der Rücktritt hier möglicherweise ausgeschlossen ist.

Der gesamte Sachverhalt ist vom Anwalt des K vorgetragen worden. Damit ist auch vorgetragen, dass H und P jede Zahlung verweigern.

Möglicherweise ist der Erlass eines Versäumnisurteils dadurch ausgeschlossen, wenn so der Kläger die Schlüssigkeit wieder zunichte gemacht hat (s.o.).

a) In Betracht kommt ein Ausschuss des Rücktrittsrechts nach §§ 438 I Nr. 3, IV S. 1, 218 I S. 1 BGB.

Der Rücktritt ist danach ausgeschlossen, wenn der Anspruch auf Nacherfüllung aus §§ 437 Nr. 1, 434, 439 BGB verjährt ist und der Schuldner die Einrede der Verjährung erhoben hat.

hemmer-Methode: Der Rücktritt ist kein Anspruch, sondern ein Gestaltungsrecht und kann demzufolge nicht eigenständig verjähren, § 194 I BGB. § 218 I BGB normiert deshalb für das Rücktrittsrecht einen Ausschlusstatbestand, der an die Verjährung des Leistungsanspruches bzw. bei mangelhafter Leistung an die Verjährung des Nacherfüllungsanspruches anknüpft.
Achten Sie aber darauf, dass der Ausschluss des Rücktritts nach § 218 I S. 1 BGB nicht nur vom Ablauf der Verjährungsfrist abhängt. Der Schuldner muss die Einrede der Verjährung auch erhoben haben!

Im Fall verjährte der Anspruch des K auf Nacherfüllung gem. § 438 I Nr. 3, II BGB mit Ablauf von zwei Jahren, beginnend mit der Übergabe der Yacht im März 2019.

Die Klage des K am 07.10.2021 kann nicht mehr gem. §§ 204 I Nr. 1, 209 BGB die Hemmung der Verjährung bewirkt haben, da sie nach Ablauf der Verjährungsfrist im März 2021 erhoben wurde. Auch eine anderweitige Hemmung der Verjährung kommt nicht in Betracht.

Allerdings wurde die Einrede der Verjährung von den Beklagten H und P zu keinem Zeitpunkt erhoben. Die Zahlungsverweigerung mit dem Hinweis auf den Ablauf der Herstellergarantie kann nicht als Geltendmachung der Einrede der Verjährung ausgelegt werden. Die möglichen Einreden sind wesensverschieden. Der in Betracht kommende Zeitablauf allein genügt nicht, da es sich nicht um eine Einwendung, sondern um eine Einrede handelt.

Selbst wenn die Einrede außergerichtlich wirksam erhoben worden wäre, ist sie nur beachtlich, wenn der Kläger selbst vorträgt, der Beklagte habe sich auf Verjährung berufen.

Nur dann erfolgt Klageabweisung durch ein sog. unechtes VU. Aus dem vom Anwalt des K vorgetragenen Sachverhalt ergibt sich kein vorprozessuales Vorbringen der Verjährungseinrede (Der Anwalt bringt „nur“ den vorstehenden Sachverhalt vor).

Letztlich wird der Beklagte für sein Nichterscheinen „bestraft“. Die Einrede der Verjährung entfällt.

Das Rücktrittsrecht des K ist folglich nicht gem. § 218 I S. 1 BGB ausgeschlossen.

b) Anders als bei der Einrede der Verjährung wurden das Vorliegen und der Ablauf der Herstellergarantie durch den Kläger mit vorgebracht. Fraglich ist deshalb, ob der Ablauf der Herstellergarantie das Rücktrittsrecht des K ausschließen kann.

hemmer-Methode: Unterscheiden Sie die Garantie nach § 443 BGB streng von der Garantie i.S.d. §§ 276 I S. 1, 442 I BGB. Die in § 443 BGB geregelte Beschaffenheits- oder Haltbarkeitsgarantie ist dadurch gekennzeichnet, dass sie nicht zu den notwendigen Elementen eines Kaufvertrages gehört. Der Verkäufer oder ein Dritter (oft der Hersteller) verspricht darin, dass die Kaufsache bestimmte Eigenschaften besitze oder sie für eine bestimmte Dauer auch behalten werde. Sollte sich dieses Versprechen nicht bewahrheiten, werden dem Käufer bestimmte Ansprüche eingeräumt.
Die Garantie nach § 443 BGB ist also etwas Zusätzliches, das dem Käufer zusätzlich zu den gesetzlichen Gewährleistungsrechten aus Wettbewerbsgründen gewährt wird. Demgegenüber will der Verkäufer bei Übernahme einer Garantie i.S.d. §§ 276 I S. 1, 442 I BGB lediglich innerhalb des gesetzlichen Leistungsstörungsrechts eine Haftung verschuldensunabhängig übernehmen.

Im Einzelfall können beide Garantien sogar zusammentreffen: Wenn etwa ein Motorenhersteller die Garantie für einen bestimmten Kraftstoffhöchstverbrauch übernimmt und zugleich für die Motoren eine Haltbarkeitsgarantie für 100.000 Kilometer übernimmt, so beziehen sich zwar beide Garantien auf dieselbe Sache, haben aber unterschiedliche Inhalte:
Die Garantie hinsichtlich des Kraftstoffverbrauches bezieht sich auf den Zeitpunkt des Gefahrübergangs und hat zum Inhalt, dass der Verkäufer unabhängig von einem Verschulden für das Vorhandensein dieser Eigenschaft einstehen will, z.B. durch die Leistung von Schadensersatz. Die Haltbarkeitsgarantie hingegen bedeutet, dass die Motoren während der angegebenen Laufzeit ihre Beschaffenheit behalten sollen. Tun sie das nicht, ist der Hersteller verpflichtet, die in der Garantie versprochene Leistung zu erbringen.

Beim Kauf eines Produkts, bei dem der Produzent dem Käufer eine besondere, individuelle Garantieerklärung gibt, kommen zwei rechtlich selbstständige Verträge zustande. Zum einen ein Kaufvertrag zwischen Verkäufer (H) und Käufer (K), zum anderen ein Garantievertrag zwischen Hersteller (P) und Käufer.[187] Die Selbstständigkeit besteht auch dann, wenn die Garantie z.B. in Gestalt einer dem Produkt beigefügten Garantiekarte vom Hersteller ausgeht, wobei der Garantievertrag durch den Händler als Bote/Vertreter auf dem Weg nach § 151 BGB zwischen Hersteller und Endabnehmer zustande kommt, oder aber nach § 328 BGB durch Vertrag zwischen Hersteller und Verkäufer.

Dieser Garantievertrag hat also grundsätzlich keine Auswirkungen im Verhältnis des Händlers zum Käufer.

[187] BGH, NJW 1981, 345 ff. = **juris**byhemmer.

K hat daher durch die „Herstellergarantie“ nur eine zusätzliche Rechtsposition gegenüber dem Hersteller P erhalten.

Jede andere Auslegung würde die Herstellergarantie ohne dessen Zutun zu Lasten des Endabnehmers umfunktionieren.

c) Die mögliche Zug-um-Zug-Einrede des Händlers gem. §§ 348, 320, 322 BGB wegen der Rückgabe des Wracks bzw. wegen Zahlung von Wertersatz wurde ebenfalls nicht vorgetragen.

5. An sich könnten damit aus § 346 I BGB 250.000,- € verlangt werden.

Allerdings wurden nur 248.000,- € beantragt. Gem. § 308 I S. 1 ZPO darf das Gericht nicht mehr zusprechen, als beantragt wurde.

Der Klageantrag war wegen seiner Eindeutigkeit auch nicht dahingehend auslegbar, dass 250.000,- € verlangt werden. Dies ergibt sich auch nicht aus der Formulierung „Kaufpreisrückzahlung und Sachschadensersatz“.

hemmer-Methode: Schöpfen Sie die Klausur aus und zeigen Sie, dass Sie auch das Prozessrecht beherrschen. § 308 I S. 1 ZPO begrenzt als Ausfluss des zivilprozessualen Dispositionsgrundsatzes den Rechtsfolgenausspruch durch das Gericht. Zwar ist auch ein Prozessantrag der Auslegung zugänglich (§ 130 BGB analog), aber auch hier bildet der eindeutige Wortlaut die Grenze der Auslegung.

II. §§ 437 Nr. 3, 434, 280 I, III, 283 BGB

Fraglich ist, ob sich ein Anspruch auf Rückzahlung von 248.000,- € auch aus §§ 437 Nr. 3, 434, 280 I, III, 283 BGB ergeben kann.

Das setzt zunächst voraus, dass die geltend gemachte Schadensposition überhaupt statt der Leistung ersetzt wird.

Es muss zum Schadensersatz neben der Leistung abgegrenzt werden. Dies erfolgt anhand der Interessenlage. Vorliegend hat K kein Interesse mehr an der Leistung, welche auch unmöglich ist.

Würde man sich eine fiktive Nacherfüllung in der Zukunft denken, entfiele der Schaden, da i.R.d. Nacherfüllung auch die Beseitigung der sog. Weiterfresserschäden geschuldet ist. Also ist die Interessenlage eine alternative: Entweder die Leistung oder Schadensersatz statt dieser Leistung.

1. Zwischen K und H besteht ein Kaufvertrag.

2. Die verkaufte Sache hatte zur Zeit des Gefahrübergangs einen Mangel, § 434 BGB.

Die Behebung des Mangels ist nachträglich unmöglich geworden. Nachlieferung scheidet aus („Einzelstück"); eine Nachbesserung kommt wegen des Untergangs nicht in Betracht.

3. Allerdings ist Voraussetzung für die Haftung das Vertretenmüssen des Verkäufers. Fraglich ist zunächst, worauf sich das Vertretenmüssen beziehen muss.

In Betracht kommt einmal die Schlechtleistung als solche, zum anderen der Umstand, welcher die Nacherfüllung unmöglich gemacht hat.

Vorliegend resultiert die Unmöglichkeit unmittelbar aus der Mangelhaftigkeit, weil diese zum Untergang geführt hat. Daher hätte der Verkäufer die Unmöglichkeit der Nacherfüllung dann zu vertreten, wenn er die Mangelhaftigkeit zu vertreten hätte.

4. Das Vertretenmüssen wird gem. § 280 I S. 2 BGB grundsätzlich vermutet. Fraglich ist, ob dem H die Widerlegung dieser Vermutung gelingt.

a) Die Exkulpation scheidet aber aus, wenn H einer Untersuchungspflicht bezüglich der Yacht nicht in genügendem Umfang nachgekommen ist.

aa) Ein eigenes Verschulden gem. § 276 BGB scheidet insoweit aus. Eine besondere Verpflichtung zur Fahrzeuguntersuchung kann nur bei besonderen Anhaltspunkten angenommen werden.

Da solche Anhaltspunkte nicht bestanden, konnte das Boot ohne eine besonders eingehende Untersuchung ausgeliefert werden. Der Händler darf sich insoweit auf die Endkontrolle im Werk verlassen.

bb) Auch eine mögliche Zurechnung des Verschuldens des Herstellers gem. § 278 BGB scheidet aus: Der Hersteller ist kein Erfüllungsgehilfe des Händlers, da der Händler nicht die Herstellung der Sache, sondern nur ihre Lieferung und Übereignung schuldet, vgl. den Wortlaut des § 433 I BGB. H könnte demnach den Entlastungsbeweis erfolgreich führen.

hemmer-Methode: Schöpfen Sie die Möglichkeiten des Falles aus. Examenstypisch: Drei-Personen-Verhältnis. Häufig kommt in diesen Fällen § 278 BGB in Betracht. Zeigen Sie durch das nur kurze Anprüfen, dass Sie § 278 BGB verstanden haben. Hüten Sie sich aber davor, Begriffsjurisprudenz zu betreiben und den Begriff des Erfüllungsgehilfen zu breit zu erörtern. Die Sprache wird dann starr und schematisch.

cc) Das Eingreifen des Entlastungsbeweises müsste zwar grundsätzlich H im Prozess darlegen und beweisen, da es sich um eine für ihn günstige Tatsache handelt.

Hier hat jedoch schon der Rechtsanwalt des K die Tatsachen vorgetragen, aus denen sich das fehlende Verschulden des H ergibt.

Diese sind nun Gegenstand der Verhandlung geworden, vom Gericht zu berücksichtigen und können zur Unschlüssigkeit des geltend gemachten Anspruches führen.

b) Auf das Nichtverschulden gem. § 280 I S. 2 BGB käme es aber gar nicht an, wenn H eine Garantie i.S.d. § 276 I S. 1 BGB für die Mangelfreiheit der Yacht übernommen hatte.

Eine solche käme in Betracht, weil sich H verpflichtete, eine fabrikneue „Motoryacht“ zu liefern und weil die Yacht nach dem Herstellerkatalog bestellt wurde.

hemmer-Methode: Schlachten Sie den Sachverhalt aus! Er gibt Ihnen hier genügend Hinweise, was der Ersteller hören will (Echoprinzip!)!

Allein die Tatsache, dass eine „fabrikneue Motoryacht“ veräußert worden ist, bedeutet noch nicht, dass der Verkäufer über die normalen Gewährleistungsrechte hinaus zusätzlich auch die Gewähr dafür übernehmen will, dass Mangelfreiheit vorliegt. Darin liegt nur die Zusicherung, dass es sich um ein Neufahrzeug handelt.

Auch aus der Tatsache, dass K nach dem Herstellerkatalog kaufte, ergibt sich nichts anderes. Insbesondere folgt eine verschuldensunabhängige Haftung des H nicht aus § 434 III S. 1 Nr. 2 lit b), S. 3 BGB.

Danach erweitern öffentliche Äußerungen des Produzenten zwar die Sollbeschaffenheit der Kaufsache um weitere Eigenschaften, die an sich nicht zu der gem. § 434 II, III S. 1 Nr. 2 BGB geschuldeten Beschaffenheit gehören. Sie bewirken aber nicht die verschuldensunabhängige Haftung des Verkäufers für diese Merkmale.

Im Übrigen enthält der Sachverhalt auch keine Anhaltspunkte über den Inhalt des Herstellerkataloges.

Eine Garantiezusage des H lässt sich daraus also unter keinen Umständen ableiten.

Ergebnis:

Ein Anspruch auf Schadensersatz aus §§ 437 Nr. 3, 434, 280 I, III, 283 BGB scheidet aus.

III. Schadensersatz aus §§ 437 Nr. 3, 434, 280 I BGB

Soweit K den durch das fehlerhafte Lenkgestänge entstandenen Mangelfolgeschaden geltend macht, wäre der Anspruch auf §§ 437 Nr. 3, 280 I BGB zu stützen. Hier wäre auf der Rechtsfolgenseite das Schmerzensgeld als Folge der Gesundheitsverletzung zu nennen.

Die gem. § 280 I BGB relevante Pflichtverletzung läge bereits in der Lieferung einer mangelhaften Sache, vgl. § 433 I S. 2 BGB.

Allerdings scheitert auch dieser Anspruch daran, dass K das Nichtverschulden des H i.S.d. § 280 I S. 2 BGB inzident vorgetragen hat.

IV. § 812 I S. 1 Alt. 1 BGB

Ein Anspruch auf Rückzahlung der 248.000,- € könnte sich aus § 812 I S. 1 Alt. 1 BGB (wegen Rückwirkung der Anfechtung, § 142 BGB; a.A. § 812 I S. 2 Alt. 1 BGB) ergeben.

H hat zwar durch Leistung des K Eigentum und Besitz am Geld erlangt, der geschlossene Kaufvertrag war jedoch Rechtsgrund. Zwar stellt die Verkehrssicherheit eine verkehrswesentliche Eigenschaft i.S.d. § 119 II BGB dar.

Eine Anfechtung gem. § 119 II BGB scheidet aber aus, da §§ 434 ff. BGB für Rechte des Käufers leges speciales sind; § 438 BGB sowie der Vorrang der Fristsetzung würden sonst umgangen.

V. § 823 I BGB

Möglicherweise besteht ein Schadensersatzanspruch aus § 823 I BGB wegen der unterlassenen Untersuchung.

Hinsichtlich der schlechteren Garantieleistungen scheidet ein solcher Anspruch jedenfalls von vornherein deshalb aus, weil hier allein eine Schädigung des Vermögens des K vorliegt, welches durch § 823 I BGB gerade nicht geschützt wird.

Fraglich ist, ob durch die unterlassene Untersuchung durch den Händler überhaupt eine Eigentumsverletzung vorliegt, da eine bereits fehlerhafte Yacht an K übereignet worden ist (näher dazu unten).

Die Frage der Eigentumsverletzung kann hier aber offen bleiben, wenn ein solcher Anspruch jedenfalls am fehlenden Verschulden des H scheitert.

Da eine sonstige Verletzung von Sorgfaltspflichten nicht ersichtlich ist, könnte man ein Verschulden hier nur über den Verstoß gegen eine Verkehrssicherungspflicht begründen: Wer eine Gefahrenquelle schafft oder unterhält, ist verpflichtet, die Maßnahmen zu treffen, die zur Beseitigung und Geringhaltung der Gefährdung anderer erforderlich und zumutbar sind.[188] Dazu müsste für H eine Untersuchungspflicht bestanden haben, die er verletzt hätte. Eine solche Verkehrssicherungspflichtverletzung könnte allenfalls über eine Beweislastumkehr bejaht werden.

Diese könnte dann anzunehmen sein, wenn auf H die Grundsätze der Produzentenhaftung anwendbar wären. H ist aber nur Vertriebshändler, nicht Hersteller. Eine besondere Überprüfungspflicht besteht für diese nur, wenn besondere Umstände das nahe legen. Vermutet wird das aber nicht.[189]

H handelte damit nicht schuldhaft. Ein Anspruch aus § 823 I BGB besteht nicht.

hemmer-Methode: Schwerpunkt ist hier nicht, wie bei § 823 I BGB gegenüber dem Hersteller, das verletzte unbeschädigte Resteigentum, da die Haftung aus § 823 I BGB wegen Fehlen des Verschuldens sowieso entfällt. Geben Sie gleichwohl zu erkennen, dass auch hier beschädigtes Eigentum verletzt sein kann. Typischerweise wird das Problem bei der Produzentenhaftung erörtert. Erörtern sie es deshalb da, wo es hingehört.

VI. § 831 BGB

Auch für einen Anspruch aus § 831 BGB sind keine Anhaltspunkte ersichtlich:

Falls Verrichtungsgehilfen des H durch eine normale Inspektion zur Schädigung des K beigetragen haben, wäre zwar der Tatbestand einer unerlaubten Handlung erfüllt. Es kommt für § 831 BGB aber zusätzlich auf ein rechtswidriges Handeln des Gehilfen an.

Zwar wird auch das zunächst vermutet, bezüglich dieser Handlungen kann aber hier der Beweis des verkehrsgerechten Verhaltens geführt werden, welches einen anerkannten Rechtfertigungsgrund darstellt.[190] Die Verrichtungsgehilfen haben sich verkehrsgerecht verhalten, da für sie letztlich kein Anhaltspunkt zur Untersuchung des Bootes auf den vorliegenden Mangel hin bestand. Jedenfalls würde sich H wohl auch exkulpieren können.

---

[188] Hemmer/Wüst, Deliktsrecht I, Rn. 62 ff.; Grüneberg, § 823 BGB, Rn. 45 ff.

[189] MüKo, § 823 BGB, 290.

[190] Vgl. BGHZ 24, 21 = **juris**byhemmer.

VIII. Ansprüche aus ProdHaftG

Ansprüche aus dem ProdHaftG scheiden aus, H ist nicht Hersteller, vgl. § 4 ProdHaftG.

B) Ansprüche des K gegen den Produzenten (P)

In Betracht kommen Schadensersatzansprüche sowie ein Anspruch auf Schmerzensgeld.

Ein Rückzahlungsanspruch bezüglich des Kaufpreises kommt nur gegenüber H als Verkäufer in Betracht.

Die Haftung nach allgemeinen Grundsätzen und Bestimmungen kann grundsätzlich neben dem Produkthaftungsgesetz (ProdHaftG) eingreifen, vgl. § 15 II ProdHaftG. Damit bleiben die Ansprüche aus dem BGB auch nach Inkrafttreten des Produkthaftungsgesetzes anwendbar.

hemmer-Methode: Schreiben Sie auch hier mit „leichter Hand". Es gibt keine verbindliche Regel, mit welcher Anspruchsgrundlage Sie im Folgenden beginnen. § 15 II ProdHaftG lässt die Haftung nach allgemeinen Bestimmungen unberührt, damit verdrängt das ProdHaftG nicht andere in Betracht kommende Anspruchsgrundlagen. Für einen Aufbau, bei dem vorrangig die anderen Anspruchsgrundlagen geprüft werden, spricht aber, dass das ProdHaftG i.d.R. ungünstiger ist.

Für den Bereich der Haftung des Produzenten gegenüber dem Abnehmer des Produkts kommen zunächst vertragliche oder vertragsähnliche Ansprüche in Betracht, obwohl ein Kaufvertrag zwischen ihnen nicht besteht.[191]

I. Garantie- oder Haftungsvertrag

1. Offensichtlich unverbindliche Werbeslogans des Herstellers genügen für die Annahme eines Garantievertrages grundsätzlich nicht, s.o.

2. Allerdings wurde hier eine sog. „Herstellergarantie" übernommen. Insoweit kommt ein Schadensersatzanspruch aus Garantievertrag in Betracht. Der Garantievertrag kommt dadurch zustande, dass der Händler als Vertreter/Bote ein Angebot des Herstellers auf den Abschluss desselben, z.B. in Form einer Garantiekarte, an den Endabnehmer weiterleitet.

Die Annahme erklärt dieser konkludent durch die Entgegennahme, wobei der Hersteller gemäß § 151 BGB auf den Zugang der Annahmeerklärung verzichtet.

Allerdings ist schon fraglich, ob sich die „Herstellergarantie" auch auf eine Schadensersatzverpflichtung erstreckt, oder ob diese nur die Kosten des Austauschs des fehlerhaften Teils abdeckt.

Aus dem Sachverhalt kann ein derartiger Inhalt nicht entnommen werden. Aber selbst wenn man durch Auslegung eine derartige Verpflichtung annehmen wollte, entfällt diese wegen Ablaufs der „Herstellergarantie".

II. Vertrag mit Schutzwirkung

In Betracht kommen weiter Ansprüche aus einem Vertrag mit Schutzwirkung zugunsten Dritter.

Der Vertrag zwischen Hersteller und Verkäufer ist aber kein Vertrag mit Schutzwirkung zugunsten des Endabnehmers. K steht zwar als Käufer der Ware in Leistungsnähe zum Kaufvertrag zwischen Hersteller P und dem Händler H. Es fehlt jedoch am ausreichenden Schutzinteresse, d.h. an der Verantwortlichkeit des H für die Rechtsgüter des K.

---

[191] Vgl. im Einzelnen Hemmer/Wüst, Deliktsrecht II, Rn. 377 ff.

III. Drittschadensliquidation

Auch über die Figur der Drittschadensliquidation ergeben sich keine Ansprüche:

Es liegt keine zufällige Schadensverlagerung vor. Damit, dass H geschädigt wird, brauchte P nicht zu rechnen, denn ein Schaden tritt normalerweise bei den Endabnehmern ein und nicht beim Händler.

IV. Vertrauenshaftung, § 122 BGB analog

Möglicherweise besteht eine Vertrauenshaftung analog § 122 BGB.

Diese Haftung könnte man auf das Vertrauen des Verbrauchers auf Werbeerklärungen für die gekaufte Yacht stützen. Richtigerweise muss man aber Versuche, über die Anerkennung einer solchen Vertrauenshaftung zu Schadensersatzansprüchen zu kommen, ablehnen. Dadurch würde nämlich der fehlende Rechtsbindungswille des Herstellers unterlaufen.

Außerdem wurde das Problem der Haftung des Verkäufers für konkrete Werbeaussagen (auch) des Herstellers in § 434 III S. 1 Nr. 2 lit b), S. 3 BGB verortet, sodass nunmehr für die analoge Anwendung des § 122 BGB schon keine planwidrige Regelungslücke vorliegt.

V. §§ 280 I, 311 II, 241 II BGB analog (c.i.c. analog)

Aus demselben Grund muss auch die analoge Anwendung der c.i.c.-Grundsätze für den Bereich der Produzentenhaftung aufgrund „gesteigerten sozialen Rechtskontakts“ ausscheiden.

Von der h.L. wurde diese Lösung schon vor dem 01.01.2002 zu Recht als den Grundsätzen des BGB widersprechend abgelehnt.

Dafür spricht nach neuer Rechtslage zusätzlich, dass der Gesetzgeber eine Haftung für Werbeaussagen des Herstellers ausschließlich dem Verkäufer unter den Voraussetzungen des § 434 III S. 1 Nr. 2 lit b), S. 3 BGB zuweisen wollte.

hemmer-Methode: Verzögern Sie den Gedankenablauf! Stürzen Sie sich nicht gleich auf §§ 823 ff. BGB. Skizzieren sie in knapper Sprache die sonstigen in Betracht kommenden Anspruchsgrundlagen.
Der Korrektor erwartet die oben durchgeführte Erörterung.

VI. §§ 823 I, 31 BGB

In Betracht kommt weiter ein Anspruch aus §§ 823 I, 31 BGB.

1. Handlung des P

Es müsste eine Handlung des P vorliegen.

Das wird bei der Produzentenhaftung allgemein in dem Herstellen und Inverkehrbringen des fehlerhaften Produktes gesehen.[192]

Die Beweislast dafür trägt nach allgemeinen Regeln der Anspruchsteller. Anscheinsbeweis ist aber möglich. P hat unbestritten die Yacht fehlerhaft hergestellt und in den Verkehr gebracht hat.

2. Weiter müsste ein Rechtsgut i.S.d. § 823 I BGB des K verletzt sein.

Hier wurde die Yacht zerstört, damit liegt grundsätzlich eine Eigentumsverletzung vor.

Fraglich ist aber, ob auch der Erwerber einer mangelhaften Sache noch in seinem Eigentum verletzt werden kann.

[192] Vgl. Hemmer/Wüst Deliktsrecht II, Rn. 387; Grüneberg, § 823 BGB, Rn. 202, 216.

Die Lösung dieser Frage ist äußerst umstritten.

a) Nach einer Mindermeinung in der Lit. liegt keine Eigentumsverletzung vor, da der Erwerber einer mangelhaften Sache von vornherein mangelhaftes Eigentum erlange und das Resteigentum nicht selbstständig verletzt werden kann.

b) Die Rspr. geht davon aus, dass in den Fällen des Erwerbs einer mangelhaften Sache sehr wohl eine Eigentumsverletzung in Betracht kommen kann.

Zwar ist die Verschaffung mangelhaften Eigentums selbst keine Eigentumsverletzung, ebenso wenig wie die Tatsache, dass die Sache beim Erwerber in ihrer Funktionsfähigkeit beeinträchtigt ist. Allerdings kann in einer späteren, durch den Mangel hervorgerufenen Beschädigung der mangelfreien Restsache eine Eigentumsverletzung gesehen werden, sog. **„weiterfressender Mangel“**.

Dies soll allerdings nicht in allen Fällen so sein. Wann eine spätere Beeinträchtigung für § 823 BGB relevant wird und nicht nur Ausdruck der ursprünglichen Mangelhaftigkeit ist, soll nach dem BGH nach bestimmten Kriterien festgestellt werden.[193]

Diese haben sich im Laufe der Zeit gewandelt. Nunmehr soll nach dem BGH die sog. Stoffgleichheit maßgebliches Kriterium sein.

Dabei stellt der BGH darauf ab, dass von § 823 BGB das sog. Integritätsinteresse geschützt wird, d.h. das Interesse am unbeeinträchtigten Fortbestand vorhandenen Eigentums, nicht dagegen das Äquivalenzinteresse, also das Interesse des Käufers, für sein Geld eine entsprechende Ware zu erhalten. Letzterem wird durch die Gewährleistungsvorschriften Rechnung getragen.

Ob Stoffgleichheit vorliegt, ergibt sich durch den Vergleich des Mangelunwertes der Sache bei ihrer Übereignung an den Erwerber mit dem Schaden, der nach Beschädigung der Gesamtsache eingetreten ist. Es kommt entscheidend darauf an, ob sich der aufgrund eines Mangels im Zeitpunkt der Eigentumsübertragung bestehende Unwert einer Sache mit dem später eingetretenen Schaden deckt.[194] In einem solchen Fall scheidet ein Schadensersatzanspruch aus, da das Integritätsinteresse nicht verletzt ist.

---

[193] Vgl. ausführlich zum Ganzen Hemmer/Wüst, Deliktsrecht I, Rn. 34 ff.; Hemmer/Wüst, Deliktsrecht II, Rn. 389, jeweils m.w.N.: So hat der BGH im „Schwimmschalterfall“ auf den Umstand abgestellt, dass der fehlerhafte Teil (Schwimmschalter der Ölreinigungsanlage) eine bestimmte Funktion innerhalb der Gesamtsache (nämlich Sicherung der Anlage) hatte. Daneben hat er auf die Relation zwischen dem Wert des Schalters (gering) und der kompletten zerstörten Anlage (hoch) abgestellt. In diesen Fällen sollte bei Beschädigung der Gesamtsache eine Eigentumsverletzung gem. § 823 BGB vorliegen, da sich die in der Mitlieferung des schadhaften Teils liegende Gefahrenursache erst nach der Eigentumsübertragung zu einem über diesen Mangel hinausgehenden Schaden realisiert habe und dadurch das mangelfreie Eigentum im übrigen verletzt worden sei. Inzwischen hat der BGH seine Ansicht aufgegeben, dass es auf das Vorliegen einer bestimmten begrenzten Funktion ankomme.
In dem „Hinterreifen-Fall“ (NJW 1978, 2241 = **juris**byhemmer) hat der BGH als entscheidend angesehen, dass der Wagen trotz mangelhafter Bereifung als Ganzes ein wertvolles Vermögensstück dargestellt habe.
Auch sei im Vergleich zum Mangel ein anderer ungleich höherer Schaden entstanden.
Im „Gaszug-Fall“ (BGHZ 86, 256) hat der BGH noch als entscheidungserhebliches Kriterium angeführt, dass der Schaden auf das Zusammentreffen unglücklicher Umstände zurückzuführen war. Das hat er später wieder aufgegeben (BGH, NJW 1985, 2420 = **juris**byhemmer): „Dass der Schaden durch das Hinzutreten besonderer Umstände eintritt, kann nicht Voraussetzung für die Entstehung des Schadensersatzanspruchs sein“. Den Begriff der Stoffgleichheit hat der BGH erstmals im „Hebebühnen-Fall“ (WM 1983, 265) als entscheidend angesehen und sich auch im „Hinterreifen-Fall“, im „Gaszug-Fall“ und im „Kompressor-Fall“ (NJW 1985, 2420) darauf gestützt; vgl. zuletzt BGH, Life&LAW 2004, 361 ff.

[194] BGH, NJW 1985, 2420 = **juris**byhemmer.

Der BGH bejaht Stoffgleichheit, wenn das mit dem Fehler behaftete Einzelteil mit der Gesamtsache zu einer nur unter Inkaufnahme von erheblichen Beschädigungen trennbaren Einheit verbunden ist oder der Mangel nicht in wirtschaftlich vertretbarer Weise behoben werden kann.

Ausreichend ist dabei also auch, wenn die Beschädigung der Restsache erst bei der Entfernung der mangelhaften Teile auftritt. Ansonsten sei eine wertende Betrachtungsweise anzustellen.

Hier hätte der Mangel ohne größeren Aufwand beseitigt werden können. Die Yacht war nicht von vornherein betriebsunfähig. In diesem Fall hatte die mangelfreie Sache zunächst einen Wert. Dieser liegt über dem des Mangelunwerts und ist bei der Zerstörung der Sache heranzuziehen.

Danach kann K für die Beschädigung der Yacht insoweit Schadensersatz verlangen. Etwas anderes gilt aber bzgl. des schadhaften Teils, das gerade den Mangel darstellt. Die diesbezüglich entstandenen Kosten stellen keinen ersatzfähigen Schaden i.S.d. § 823 BGB dar und können auch sonst nicht herausverlangt werden.

c) Nach einer Gegenansicht in der Lit.[195] führen die vom BGH angestellten Erwägungen nicht weiter.

Selbst wenn man das Abgrenzungsmerkmal der Stoffgleichheit grundsätzlich anerkenne, sei es Willkür, den Hersteller von einer Haftung freizustellen, dessen Sache aufgrund des Mangels von vornherein unbrauchbar war, ihn aber haften zu lassen, wenn die Unbrauchbarkeit aufgrund des von Anfang an in ihr steckenden Mangels später eintritt. Das führe dazu, dass, je kleiner der Vorwurf ist, der dem Händler zu machen ist, umso größer seine Haftung sein soll. Der unsorgfältig Handelnde, dessen Sache von Anfang an unbrauchbar ist, haftet nicht.

Letztlich sei das Kriterium der Stoffgleichheit nicht geeignet, die Fälle, in denen eine Haftung des Herstellers für Schaden an der hergestellten Sache in Frage kommt, sachgerecht zu bestimmen.

Im Ergebnis muss sich nach dieser Auffassung der Erwerber mit den (verjährten) Gewährleistungsansprüchen gegen den Verkäufer begnügen.

d) Für den BGH spricht, dass seine Differenzierung bei der gesetzgeberischen Wertung (Schutz des Integritätsinteresses durch das Deliktsrecht, Schutz des Äquivalenzinteresses nur durch das Vertragsrecht) ansetzt und dieser durch das Kriterium der Stoffgleichheit gerade auch beim Erwerb mängelbehafteten Eigentums letztlich zur Durchsetzung verhilft. Die Kritik am Kriterium der Stoffgleichheit
übersieht, dass gerade nicht - wie sie suggeriert - der unsorgfältig Handelnde privilegiert wird.

Dieser haftet nämlich jedenfalls nach Gewährleistungsrecht.

Auch wird der Käufer im Falle der gänzlichen Unbrauchbarkeit der Sache typischerweise viel eher in der Lage sein, seine Ansprüche innerhalb der Gewährleistungsfrist geltend zu machen. Diese Ansicht ist folglich abzulehnen.

hemmer-Methode: Dass mit einer Aufrechterhaltung der Weiterfresser-Rechtsprechung auch nach der Schuldrechtsreform zu rechnen sein wird, zeigt gerade dieser Fall: Durch die Verlängerung der Gewährleistungsfrist in § 438 I Nr. 3, II BGB auf zwei Jahre ab Lieferung der Sache wurde die Diskrepanz zu den der regelmäßigen Verjährungsfrist unterliegenden Ansprüchen aus § 823 BGB zwar verringert.

[195] Reinicke/Tiedtke, NJW 1986, 10 ff.

Zwischen der relativen Frist aus § 195 BGB und der Zweijahresfrist des § 438 BGB kann aber deutlich mehr als das auf den ersten Blick zu erkennende eine Jahr liegen, wenn man berücksichtigt, dass die Frist des § 195 BGB nicht an die Ablieferung der Sache, sondern subjektiv an die Kenntnis des Gläubigers geknüpft ist.

So war auch im vorliegenden Fall die Verjährung der Gewährleistungsrechte bereits eingetreten, was lediglich aufgrund der Nichterhebung der Einrede nicht ins Gewicht gefallen ist. Die Frist des § 195 BGB begann hingegen mit Eintritt des Schadensfalles erst zu laufen, da erst jetzt die erforderliche Kenntnis i.S.d. § 199 I BGB vorliegt. Weiter wird gegen die Weiterfresser-Rechtsprechung vorgebracht, dass die Anerkennung eines Anspruches aus § 823 BGB mit dem im Mängelrecht geltenden Erfordernis der Fristsetzung zur Nacherfüllung (§§ 281, 323 BGB) in Konflikt trete. Diese Kritik ist nicht unberechtigt. Sie schlägt allerdings immer dann fehl, wenn eine Nacherfüllung unmöglich (§ 275 BGB) oder wegen §§ 281 II, 323 II, 440 bzw. (beim Verbrauchsgüterkauf) wegen 475d I, II BGB entbehrlich ist. Es ist daher keineswegs zwingend, von der Judikatur der Weiterfressermängel abzuweichen. Denn selbst wenn im Einzelfall die Nacherfüllung möglich ist, muss dies nicht zwingend zum Ausschluss einer Eigentumsverletzung führen. § 823 I BGB könnte man dann unter den Vorbehalt der abgelaufenen Frist stellen. Dadurch kann durch eine vorschnelle Anwendung des § 823 I BGB keine vertragliche Wertung unterlaufen werden. Das gilt freilich wiederum nur dann, wenn der Schädiger i.S.d. § 823 I BGB der Verkäufer selbst ist.

Ist Schädiger der Produzent, kann er sofort aus § 823 I BGB in Anspruch genommen werden, auch wenn eine Schadensersatzhaftung gegenüber dem Verkäufer noch abhängig von einer Fristsetzung sein sollte.

3. Rechtswidrigkeit der Handlung[196]

a) Nach der Lehre vom Erfolgsunrecht ergibt sich diese schon aus der Verletzung des absoluten Rechts.

Die Bedeutung des Tatbestandsmerkmals „widerrechtlich" in § 823 BGB erschöpft sich darin, dass ein Rechtfertigungsgrund nicht vorliegen darf.

b) Nach der Lehre vom Handlungsunrecht ist demgegenüber ein nicht vorsätzliches Handeln, das ein Recht des § 823 I BGB verletzt, nur dann rechtswidrig, wenn der Handelnde eine von der Rechtsordnung aufgestellte Verhaltenspflicht missachtet hat. Als solche Pflicht kommen entweder spezielle Normen (z.B. StVO) oder eine allgemeine Sorgfaltspflicht in Betracht.

c) Eine neuere vermittelnde Auffassung, der sich auch zunehmend der BGH anschließt,[197] unterscheidet:

Der unmittelbare Eingriff in ein Rechtsgut des § 823 I BGB ist als solcher rechtswidrig.

Das Handeln jedoch, das erst im Rahmen eines längeren Kausalverlaufs zur mittelbaren Verletzung führt (Verletzungserfolg außerhalb der Handlung), ist nur rechtswidrig, wenn ein objektiver Verstoß gegen eine Verhaltenspflicht vorliegt.

d) Folgt man der bisher herrschenden Meinung, also der Lehre vom Erfolgsunrecht, wofür die Klarheit und der Einklang mit der Terminologie des § 823 I BGB spricht, der ausdrücklich zwischen Widerrechtlichkeit und Fahrlässigkeit als Verschuldensform trennt, ist hier die Rechtswidrigkeit zu bejahen.

---

[196] Vgl. zum Ganzen Hemmer/Wüst, Deliktsrecht I Rn. 80 ff.; Hemmer/Wüst, Deliktsrecht II, Rn. 390 ff.

[197] BGH, NJW 2002, 2507.

Allein mit einem Rechtfertigungsgrund könnte sich P dann entlasten.

Als solcher wird auch das sog. „verkehrsrichtige Verhalten“ anerkannt.[198]

Nur ist dafür der Schädiger beweispflichtig. P kann verkehrsgerechtes Verhalten hier nicht beweisen.

Wollte man der vermittelnden Ansicht folgen, änderte sich im Ergebnis nichts. Da nur eine mittelbare Verletzung vorliegt, wäre die Rechtswidrigkeit von einem Verstoß gegen eine Verhaltenspflicht abhängig. Dieser könnte hier aber problemlos über eine Verletzung von Verkehrssicherungspflichten begründet werden (dazu sogleich). Auch insoweit würde eine Beweislastumkehr gelten.

4. P bzw. ihre Organe (§ 31 BGB) müsste ein Verschulden treffen, sie müssten zumindest fahrlässig gehandelt haben. Gem. § 276 II BGB ist das der Fall, wenn die im Verkehr erforderliche Sorgfalt außer Acht gelassen wurde.

Maßstab des Erforderlichen können dabei auch die sog. „Verkehrssicherungspflichten“ sein, vgl. oben.

Ein Fall der Verkehrssicherungspflichten ist die betriebliche Organisationspflicht[199] des Warenproduzenten. Der Hersteller hat seinen Betrieb so einzurichten, dass Konstruktions-, Fabrikations- und Instruktionsfehler so weit als möglich ausgeschaltet werden.

Dafür hat er den Produktionsablauf zu organisieren, zu überwachen und durch Kontrollvorkehrungen abzusichern, sodass Fehler bei Konstruktion und Fabrikation soweit irgend möglich vermieden oder entdeckt werden. Er hat außerdem die Verbraucher vor Gefahren aus der Verwendung seiner Produkte zu warnen und sie über die Möglichkeiten der Verhinderung dieser Gefahren zu informieren (Instruktionspflichten).

Zu weit ginge es demgegenüber, eine Verkehrspflicht des Inhalts anzunehmen, keine fehlerhaften Produkte auf den Markt zu bringen.[200] Die Erfüllung dieser Pflicht wäre unmöglich, da dies auf eine Gefährdungshaftung hinausliefe, die § 823 BGB nicht konstituiert, und die strenger als die Haftung nach dem ProdHaftG wäre.

Hielte man sich vorliegend an die allgemeinen Beweislastregeln, so müsste K beweisen, dass P ihren Betrieb nicht den obigen Anforderungen entsprechend organisiert hatte, dass P also wegen eines Verstoßes gegen die ihr obliegende Sorgfaltspflicht fahrlässig gehandelt hat. Dazu ist K aber kaum in der Lage, weil er keinen Einblick in den Produktionsablauf bei P hat. Um diese Schwäche des deliktischen Schutzes zu vermeiden, begründet der BGH[201] für den Bereich der Konstruktionsfehler und der Fabrikationsfehler eine Beweislastumkehr zu Lasten des Herstellers.

Danach hat der Geschädigte zu beweisen, dass (1) sein Rechtsgut verletzt worden ist, und er dadurch Schaden erlitten hat, (2) der Hersteller das Produkt in Verkehr gebracht hat und (3) es diesen Schaden herbeigeführt (Kausalität) hat.

Der Verstoß gegen die betriebliche Organisationspflicht wird dann vermutet und es ist Sache des Herstellers zu beweisen, dass er sich pflichtgemäß verhalten hat und ihn kein Verschulden trifft. Diese Vermutung zu widerlegen, wird bei Konstruktionsfehlern kaum gelingen, bei Fabrikationsfehlern ist es möglich (Ausreißer).

---

198 BGHZ 24, 21 = **juris**byhemmer.

199 Hemmer/Wüst, Deliktsrecht II, Rn. 393 ff.

200 So aber Tiedtke, a.a.O.

201 BGHZ 51, 91 = **juris**byhemmer.

hemmer-Methode: Für den Bereich der sog. „Instruktionsfehler“ galt die Beweislastumkehr nach früherer Rechtsprechung nicht!
Das Bestehen und die Verletzung von Warnpflichten hatte der Geschädigte zu beweisen.[202] Diese Rechtsprechung hat der BGH im sog. „Milupa-Urteil“ mittlerweile aufgegeben.[203] Der Verbraucher muss nunmehr nur noch beweisen, dass eine objektiv geboten erscheinende Instruktion nicht oder nicht im erforderlichen Umfang vorgenommen wurde und dass er dadurch eine Rechtsverletzung und einen Schaden erlitten hat. Es ist dann Sache des Herstellers, entsprechende Tatsachen vorzutragen und zu beweisen, woraus sich ergibt, dass die Gefahren für ihn zum Zeitpunkt des Inverkehrverbringens der Sache nicht erkennbar waren, er also nicht objektiv pflichtwidrig gehandelt hat oder ihm aus der subjektiven Pflichtwidrigkeit kein Vorwurf zu machen ist.

Im Fall handelt es sich um einen Fabrikationsfehler. Da P nicht in der Lage ist, zu beweisen, dass er die Anforderungen an die pflichtgemäße Organisation des Betriebes erfüllt hat, wird sein Verschulden (§ 31 BGB) angenommen.

hemmer-Methode: Wichtig bei der Abgrenzung Gewährleistungsrecht zu §§ 823 ff. BGB sind die diesen Bestimmungen zugrundeliegenden Grundaussagen: §§ 434 ff. BGB schützen das Verhältnis von Leistung und Gegenleistung, erhalten damit den Äquivalenzwert. §§ 823 ff. BGB beruhen auf dem Prinzip des „neminem laedere“ (niemanden verletzen), schützen damit das Integritätsinteresse. Ob das fehlerfreie Resteigentum von §§ 823 ff. BGB geschützt ist, ist dann der sog. strittige Grenzfall. Dieser eignet sich wie immer für Examensklausuren.

5. A ist durch die Beschädigung des Vermögenswertes Yacht ein Schaden entstanden, dessen Ersatz er gem. § 251 I BGB in Geld verlangen kann, weil eine Reparatur nicht mehr möglich ist.

Für den Schadensumfang ist der Wert der Yacht zum Zeitpunkt des Unfalls relevant, wobei davon der Restwert (2.000,- €) abzuziehen ist. Maßgeblich ist damit nicht der Kaufpreis, sondern der Zeitwert. Weiter ist der Wert des fehlerhaften Lenkgestänges abzuziehen (dazu oben).

hemmer-Methode: Damit gilt: Über den Zeitwert der Yacht wirken sich die gezogenen Nutzungen anspruchsmindernd aus.

Gem. § 253 II BGB kann K außerdem ein angemessenes Schmerzensgeld verlangen.

VII. § 823 II BGB i.V.m. Verkehrssicherungspflichten

§ 823 II BGB i.V.m. Verkehrssicherungspflichten scheidet als Anspruchsgrundlage aus.

Diese sind nach h.M. keine Schutzgesetze i.S.d. § 823 II BGB, da sonst der Deliktsschutz zu einem allgemeinen Vermögensschutz werden würde, was gerade nicht Sinn und Zweck ist.

VIII. § 831 I BGB

Fraglich ist, ob auch ein Anspruch aus § 831 I BGB besteht.

§ 831 BGB beinhaltet eine Haftung des Geschäftsherrn für vermutetes eigenes Verschulden, insbesondere bei der Auswahl und Leitung der Hilfspersonen.

---
202 BGH, NJW 1981, 1603 = jurisbyhemmer.
203 BGH, ZiP 1992, 38 = jurisbyhemmer - vgl. dazu auch Hemmer/Wüst, Deliktsrecht II, Rn. 396.

Da bei einer GmbH vermutetes Eigenverschulden nur bei den Organen vorliegen kann, wird das vermutete Eigenverschulden der Organe der GmbH über § 31 BGB zugerechnet. Es werden damit in diesem Fall der GmbH zwei Personen zugerechnet: Einmal als eigenes Verschulden das Organverschulden, zum anderen die rechtswidrige Handlung des weisungsgebundenen Verrichtungsgehilfen.

Die Anwendung des § 831 BGB neben der Haftung aus § 823 I BGB ist nicht unproblematisch, weil die Organisationspflichten, die bei § 823 BGB die unmittelbare Haftung des Geschäftsherrn begründen, sich mit den Aufsichtspflichten des § 831 BGB teilweise überschneiden.

Trotzdem ist § 831 BGB auch im Bereich der Produzentenhaftung anwendbar.

Durch die Handlung irgendeiner am Produktionsprozess beteiligten Person, nämlich der, die den Fehler verursacht hat, ist K ein Schaden ursächlich zugefügt worden.

Die bestimmte Person muss nicht bezeichnet werden, wenn feststeht, dass jeder in Frage kommende Verrichtungsgehilfe war.

Auch hier ist von der Widerrechtlichkeit auszugehen, solange nicht ein Rechtfertigungsgrund bewiesen ist. Verkehrsrichtiges Verhalten scheidet aus, weil Mitarbeiter der P das fehlerhafte Teil produziert bzw. eingebaut haben.

Gem. § 831 I S. 2 BGB haftet P nicht, wenn sie die Vermutung ihres Auswahl- oder Anleitungsverschuldens widerlegen kann.

Dieses Verschulden ist ein Eigenverschulden, das Organverschulden gilt als Verschulden der P bei Auswahl und Überwachung.

Die Rechtsprechung hat den Beweis des mangelnden Eigenverschuldens teilweise schon dann als geführt angesehen, wenn der Geschäftsherr (bzw. gem. § 31 BGB das Organ) darlegt, dass er die Auswahl und Überwachung auf solche höhere Angestellte übertragen hat, die er selbst sorgfältig ausgesucht und überwacht hat („dezentralisierter Entlastungsbeweis“[204]).

Für den Bereich der Produzentenhaftung lässt sie das jedoch nicht gelten. Hier muss der Hersteller entweder den Arbeitnehmer bezeichnen, der für den Fehler verantwortlich ist, und sich für diesen exkulpieren oder, weil das in der Regel unmöglich ist, sich für jeden einzelnen Arbeitnehmer entlasten, der den Fehler verursacht haben könnte.[205]

Einen solchen Beweis kann die P-GmbH hier nicht führen. Sie haftet deshalb auch nach §§ 831 I, 31 BGB.

Für den Schadensumfang gilt das gleiche wie oben.

IX. § 1 I ProdHaftG

Daneben kommt ein Anspruch aus § 1 I ProdHaftG bezüglich des Schadens an der Yacht in Betracht.

1. Das ProdHaftG ist anwendbar, §§ 16, 19 ProdHaftG. Die Auslieferung erfolgte durch P nach dem 01.01.1990.

2. P ist Hersteller, vgl. die gesetzliche Definition des § 4 I S. 1 ProdHaftG.

3. Bezüglich der Beschädigung der Yacht ist fraglich, ob eine über das ProdHaftG ersatzfähige Rechtsgutverletzung vorliegt, vgl. § 1 I S. 2 ProdHaftG:

---

[204] BGHZ 4, 1 = **juris**byhemmer.

[205] BGH, NJW 73, 1602.

Das ProdHaftG gilt grundsätzlich nur bei Beschädigung einer „anderen“ Sache, nicht aber bei Beschädigung der fehlerhaften Sache selbst.[206]

Nach einer Meinung besteht also keine Haftung des Herstellers für Schäden, die an dem hergestellten Produkt selbst eintreten, mag zunächst auch nur ein Teil mangelhaft sein, und dieser Teil später das gesamte Produkt zerstört haben.[207]

Nach a.A. soll bei einem funktionell klar abgrenzbaren Einzelteil (Teilprodukt) das Endprodukt eine „andere“ Sache i.S.d. § 1 I S. 2 ProdHaftG sein (sog. weiterfressender Fehler). Für diese Meinung spricht die dann gegebene Einheitlichkeit von bisheriger Rechtsprechung i.R.d. § 823 BGB (s.o.) und dem ProdHaftG.

Die Yacht war auch für den Privatgebrauch bestimmt.

4. Die Schädigung erfolgte durch ein Produkt (fehlerhaftes Rudergestänge) i.S.v. § 2 ProdHaftG

5. Ein Fehler i.S.d. § 3 I ProdHaftG liegt vor, es handelt sich um einen sog. Fabrikationsfehler, s.o.[208]

6. Die Haftung ist nicht nach § 1 II ProdHaftG ausgeschlossen. P hat die Yacht durch ihre Auslieferung in Verkehr gebracht.

7. Zu beachten ist jedoch die Selbstbeteiligung gem. § 11 ProdHaftG

8. Gem. § 8 S. 2 ProdHaftG kann K im Rahmen dieses Anspruches auch Schmerzensgeld verlangen.

[206] Vgl. dazu Hemmer/Wüst, Deliktsrecht II Rn. 361 ff.

[207] Tiedtke, a.a.O., S. 258.

[208] Zur Fehlerhaftigkeit von Produkten, bei denen nur die Wahrscheinlichkeit einer Funktionsuntauglichkeit besteht vgl. EuGH, Life&LAW 2015, 330 ff.

X. Einrede aus Ablauf der Herstellergarantie

Eine mögliche Einrede aus dem Ablauf der Herstellergarantie gegenüber sämtlichen Ansprüchen gegen den Hersteller kommt nicht in Betracht.

Eine Vereinbarung, dass sich die Herstellergarantie zu Lasten des Endabnehmers auswirken soll, fehlt. Dies ist eine zusätzliche Garantiehaftung des Herstellers und bezieht sich nicht auf den Ausschluss von Ansprüchen aus §§ 823 ff. BGB und dem ProdHaftG.

hemmer-Methode: Halten Sie sich hier nicht zu lange auf. Der Sachverhalt lässt keinen Schluss zuungunsten des Endabnehmers zu. Legen Sie das Wort „Garantie“ wörtlich aus: Gewährt werden sollen nur zusätzliche Rechte!

C) Haftung von H und P als Gesamtschuldner

I. § 840 BGB

§ 840 BGB, wonach Gesamtschuld kraft Gesetzes vorliegt, greift nicht ein, da H nicht aus § 823 ff. BGB haftet.

II. Zweckgemeinschaft bzw. Gleichstufigkeit

Allerdings ist Zweckgemeinschaft bzw. Gleichstufigkeit insoweit anzunehmen, als es um die Yacht geht: Rechtsfolge ist dann eine Tilgungswirkung in der Höhe, in der die Verpflichtung besteht und einer der beiden zahlt, § 422 I BGB (a.A. vertretbar).

hemmer-Methode: Immer wenn mehrere Schuldner in Betracht kommen, müssen Sie an Gesamtschuld denken. Lernen Sie, assoziativ an den Examensfall heranzugehen.
Hinterlassen Sie beim Korrektor noch einmal einen letzten guten Eindruck.

D) Ergebnis

Es wird gegen H und P ein echtes Versäumnisurteil ergehen.

H wird darin zur Rückzahlung in Höhe von 248.000,- € verurteilt. P zur Zahlung von Schadensersatz in Höhe des Wertes der Yacht zum Zeitpunkt des Unfalls, sowie eines Schmerzensgeldes von 5.000,- €.

Zusammenfassung

Das Gericht müsste dem Antrag des Anwalts stattgeben und ein Versäumnisurteil (VU) gegen die Beklagten erlassen, wenn die Voraussetzungen der §§ 331 ff. ZPO vorliegen.

I. Antrag wurde gestellt

II. Säumnis von H und P

1. Termin zur mündlichen Verhandlung war anberaumt.
2. Von ordnungsgemäßer Ladung ist auszugehen (vgl. §§ 335 I Nr. 2, 214, 215, 216, 217 ZPO).
3. Mitteilung des klägerischen Vorbringens (§ 335 I Nr. 3 ZPO)
4. Nichterscheinen von H und P i.S.v. § 331 ZPO (+)

III. Kein Erlasshindernis gem. §§ 337, 335 ZPO

IV. Zulässigkeit der Klage

1. Ordnungsgemäße Klageerhebung (§ 253 II ZPO) vor sachl. und örtl. zuständigem LG Hamburg (§§ 12, 13, 17 ZPO und §§ 23, 71 GVG)
2. Partei- u. Prozessfähigkeit (§§ 50, 51, 52 ZPO) bzgl. GmbH gem. §§ 13 I, 35 I S. 1, 6 I GmbHG
3. Postulationsfähigkeit, § 78 I ZPO (+)
4. Sachurteilsvoraussetzungen i.Ü. (+)

V. Objektive und subjektive Klagehäufung, §§ 260; 59 ZPO

VI. Schlüssigkeit der Klage, § 331 I S. 1 ZPO

A) Ansprüche des K gegen den Händler (H)

I. Anspruch aufgrund Rücktritts vom Vertrag auf Rückzahlung von 248.000,- € nach §§ 346 I, 437 Nr. 2, 434, 326 V BGB

1. Kaufvertrag (+)
2. Sachmangel i.Z.d. Gefahrübergangs, § 434 I Var.2, III BGB (+): zwar nicht aufgrund unvollständiger Herstellergarantie aber wegen fehlerhaften Lenkgestänges
3. Frist zur Nacherfüllung entbehrlich, da Nacherfüllung gem. § 275 BGB unmöglich
4. Rücktritt nicht durch Untergang der Yacht ausgeschlossen
5. Rücktritt nicht gem. § 218 I BGB ausgeschlossen, auch Herstellergarantie gibt keine Einrede; Zug-um-Zug-Einrede §§ 348, 320, 322 BGB nicht vorgetragen
6. Anspruch über 250.000,- €, aber nur 248.000,- € beantragt, vgl. § 308 I S. 1 ZPO

II. Anspruch auf Rückzahlung gem. §§ 437 Nr. 3, 434, 280 I, III, 283 BGB

1. Kann auf Erstattung des Kaufpreises gehen
2. Schadensersatz aus §§ 280, 283 BGB erfasst Weiterfresserschaden.
3. Aber: (-) weil Entlastungsbeweis § 280 I S. 2 BGB durch K vorgetragen: eigenes Verschulden (-), besondere Verpflichtung der Fahrzeuguntersuchung nur bei besonderen Anhaltspunkten; § 278 BGB (-), Hersteller kein Erfüllungsgehilfe des Händlers, da Händler nicht Herstellung schuldet.

III. Anspruch aus §§ 437 Nr. 3, 434, 280 I BGB

1. Umfasst Mangelfolgeschaden
2. Scheitert aber ebenfalls am fehlenden Verschulden, § 280 I 2 BGB

IV. Anspruch aus § 812 I S. 1 Alt. 1 BGB auf Rückzahlung

(-), Rechtsgrund Kaufvertrag, Anfechtung gem. § 119 II BGB scheidet aus, da §§ 434 ff. BGB für Rechte des Käufers leges specialis (Arg.: § 438 BGB würde umgangen)

V. 823 I BGB auf Schadensersatz (-), jedenfalls: Händler trifft kein Verschulden

VI. § 831 BGB (-)

falls Verrichtungsgehilfen tätig waren, kein rechtswidriges Verhalten

VIII. Ansprüche aus ProduktHaftG (-)

H ist nicht Hersteller.

B) Ansprüche gegen den Produzenten (P)

In Betracht kommen Schadensersatzansprüche sowie ein Anspruch auf Schmerzensgeld. Ein Rückzahlungsanspruch bezüglich des Kaufpreises kommt gegenüber P nicht in Betracht.

Haftung nach allgemeinen Grundsätzen und Bestimmungen grundsätzlich neben dem Produkthaftungsgesetz (ProdHaftG), vgl. § 15 II ProdHaftG.

I. Garantie- oder Haftungsvertrag (-)

weder über Anpreisungen im Herstellerkatalog, noch über Herstellergarantie

II. Ansprüche aus Vertrag mit Schutzwirkung (-)

Vertrag zwischen Hersteller und Verkäufer ist kein Vertrag mit Schutzwirkung zugunsten des Endabnehmers.

III. DriSchaLi (-), keine zufällige Schadensverlagerung

IV. Vertrauenshaftung analog § 122 BGB (-)

V. analoge Anwendung der c.i.c.-Grundsätze (-)

VI. §§ 823 I, 31 BGB

1. Handlung des P: Herstellen und Inverkehrbringen
2. Rechtsgutverletzung: Kriterium Stoffgleichheit - Integritätsinteresse geschützt, nicht aber Äquivalenzinteresse (brüchiges Ersatzteil) ⇨ Vergleich des Mangelunwerts bei Übereignung mit Schaden
3. Rechtswidrigkeit (+)
4. Verschulden: Verkehrssicherungspflichtverletzung: Fabrikationsfehler ⇨ Beweislastumkehr
5. Wert der Yacht zum Zeitpunkt des Unfalls abzüglich Restwert

VII. § 823 II BGB i.V.m. Verkehrssicherungspflichten (-)

Kein Schutzgesetz i.S.d. § 823 II BGB.

VIII. Anspruch aus § 831 BGB

Verrichtungsgehilfen des P haben brüchiges Teil eingebaut; mögliche Exkulpation gem. § 831 I S. 2 BGB nicht ersichtlich, insbesondere dezentralisierter Entlastungsbeweis unzulässig.

IX. Anspruch aus § 1 I ProdHaftG bezüglich Schaden an Yacht

1. ProdHaftG ist anwendbar, §§ 16, 19 ProdHaftG; Auslieferung nach dem 01.01.1990.

2. P ist Hersteller, vgl. § 4 I S. 1 ProdHaftG

3. Rechtsgutverletzung, vgl. § 1 I S. 2 ProdHaftG: ProdHaftG gilt grundsätzlich nur bei Beschädigung einer „anderen“ Sache, nicht aber bei Beschädigung der fehlerhaften Sache selbst; str., ob bei funktionell klar abgrenzbarem Einzelteil (Teilprodukt) Endprodukt „andere“ Sache; Yacht für Privatgebrauch bestimmt

4. Rudergestänge Produkt i.S.v. § 2 ProdHaftG

5. Fehler i.S.d. § 3 I ProdHaftG (+), Fabrikationsfehler

6. Haftung nicht nach § 1 II ProdHaftG ausgeschlossen; Inverkehrbringen durch Auslieferung

7. Selbstbeteiligung gem. § 11 ProdHaftG

8. Schmerzensgeld nach ProdHaftG (+)

X. Einrede aus Ablauf der Herstellergarantie (-)

C) H und P Gesamtschuldner

I. § 840 BGB (-)

II. Zweckgemeinschaft bzw. Gleichstufigkeit (+)

D) Ergebnis: Echtes Versäumnisurteil gegen H und P

H wird darin zur Rückzahlung i.H.v. 248.000,- € verurteilt. P zur Zahlung von Schadensersatz in Höhe des Wertes des Yacht zum Zeitpunkt des Unfalls, sowie eines Schmerzensgeldes i.H.v. 5.000,- €

Fall 10:

Sachverhalt:

Mona betreibt einen kleinen Bilderhandel. Als sie bei Privatmann Hein eine Tuschezeichnung entdeckt, will sie diese kaufen. M und H werden sich zum Preis von 5.000,- € handelseinig.

Da M gerade „nicht flüssig" ist, telefoniert sie mit dem mit ihr befreundeten Kaufmann K und bittet ihn, ihr auszuhelfen. Dieser erklärt sich bereit, M den Betrag zu „leihen" und das Geld am nächsten Tag vorbeizubringen. Da H sich aber allein mit der Zusage des K nicht vertrösten lässt und sofort Zahlung verlangt, erklärt sich M bereit, ihm alle Rechte aus der Zusage des K abzutreten.

H übergibt daraufhin M schon jetzt Bild und eine Quittung, worauf ausgeführt ist, die Tuschezeichnung „Frauenakt" sei von dem Gutachter Dr. S als eindeutiges Original des Malers Freudeneck bezeichnet worden. Davon geht H auch aus. M hingegen wittert ein gutes Geschäft und hofft, H würde sich irren. Sie geht davon aus, dass es sich auch um das Bild eines viel bekannteren Malers handeln kann.

Am nächsten Tag schickt K seine Angestellte A in den Laden der M, um dort einen Scheck über den vereinbarten Betrag abzugeben. A trifft dort aber nur den zufällig anwesenden Ehemann E der M an, der sich auch als solcher vorstellt und erklärt, sie könne ihm den Scheck ruhig geben, er werde ihn an M weiterleiten. E eilt aber sofort zu seiner Bank B, reicht den Scheck ein und verwendet das Geld für sich selbst. Als M davon Kenntnis erlangt, ist ihr die ganze Angelegenheit peinlich. Sie ruft K an und bedankt sich bei ihm für die prompte Einhaltung seiner Zusage.

M lässt weiter die Zeichnung zum Restaurator R bringen, der sie reinigt und neu rahmt, weil der M der zwar alte, aber noch intakte Rahmen nicht mehr gefällt. Dabei fallen für die Reinigung 100,- €, für die Rahmung 500,- € an, die M zahlt. Dabei stellt R fest, dass das Bild nicht von Freudeneck, sondern von Leidl stammt, dessen Bilder in Deutschland erheblich teurer gehandelt werden. Für einen Freudeneck lässt sich nur in den USA ein vergleichbarer Preis erzielen. Daraufhin veräußert M das Bild an die A-Galerie GmbH für 25.000,- €.

Als H das Bild in einer Ausstellung über Leidl entdeckt, schreibt er sofort an die M, dass er „die Veräußerung nicht gelten lassen wolle" und sofortige Rückgabe des Bildes verlange. M meint, eine Rückgabe komme nicht in Frage, da das Bild ja an die A-GmbH weiterveräußert sei. Dagegen wendet H ein, diese Veräußerung sei nur zum Schein erfolgt, was er aber nicht beweisen könne.

Bearbeitervermerk:

In einem Gutachten ist zu überprüfen, ob und von wem H, K und M noch Zahlung von 5.000,- € verlangen können und ob H mit seinem Rückgabeverlangen durchdringt. M fragt sich auch, was für den Fall, dass sie das Bild zurückgeben müsse, mit den Restaurationskosten sei.

Lösung

A) Zahlungsansprüche des H

I. H gegen M aus § 433 II BGB

hemmer-Methode: Nach der Fallfrage ist auch diese Anspruchsrichtung zu prüfen, da gefragt wird, ob und von wem H 5.000,- € verlangen kann.
Vertretbar wäre aber auch eine Argumentation dahin, dass vom Interesse her H jedenfalls von M nur Rückgabe verlangt, da er sich ja selbst auf die Unwirksamkeit des Rechtsgeschäfts beruft.
Dann müssten Sie das Folgende i.R.d. möglichen Herausgabeanspruchs ausführen. Ersparen Sie sich diese schwierige und komplizierte Inzidentprüfung, indem Sie die Frage nach den vertraglichen Ansprüchen vorziehen.

H könnte möglicherweise aus dem Bilderverkauf gegen M ein Zahlungsanspruch gem. § 433 II BGB auf 5.000,- € zustehen.

1. Wirksamer Kaufvertrag?

H und M sind sich über den Verkauf des Bildes an M handelseinig geworden, damit ist ein wirksamer Kaufvertrag zwischen H und M zustande gekommen.

hemmer-Methode: Fassen Sie sich hier kurz. Der Vertragsschluss ist unproblematisch zu bejahen. Ausschweifende Ausführungen hierzu langweilen nicht nur den Korrektor, sondern kosten auch Zeit, die Sie für die wirklichen Probleme der Klausur benötigen.

2. Wirksame Anfechtung?

Der daraus resultierende Zahlungsanspruch des H könnte aber dann weggefallen sein, wenn H selbst den Kaufvertrag wirksam angefochten hat, § 142 I BGB.

hemmer-Methode: Eine wirksame Anfechtung führt nach § 142 I BGB zur Vernichtung des Anspruchs ex-tunc. Bei der Anfechtung handelt es sich damit nach h.M. um eine rechtsvernichtende Einwendung.
Prüfen Sie bei einem vertraglichen Anspruch folgende Fragen, denen auch der Aufbau unserer Skripten BGB AT zugrunde liegt, immer zumindest gedanklich an:
⇨ Ist der Anspruch entstanden (BGB AT I)?
⇨ Bestehen anspruchshindernde (BGB AT II) oder anspruchsvernichtende (BGB AT III) Einwendungen?
⇨ Können dem bestehenden Anspruch Einreden entgegengesetzt werden (BGB AT III)?

a) Anfechtung überhaupt erklärt, § 143 I BGB?

Hier hat H die Anfechtung nicht ausdrücklich erklärt.

Allerdings ist ausreichend, dass der Erklärende erkennen lässt, dass er das Geschäft wegen eines Willensmangels nicht gelten lassen will, das Wort „anfechten“ braucht nicht benutzt zu werden,[209] insbesondere kann auch die Rückforderung des Geleisteten genügen.[210] Hier liegt damit in jedem Fall eine Anfechtungserklärung auch hinsichtlich des schuldrechtlichen Kausalgeschäfts vor, wenn H erklärt, „er wolle die Veräußerung nicht gelten lassen“ und deshalb das Bild zurückfordert.

209 BGHZ 88, 245; 91, 331; Grüneberg, § 143 BGB, Rn. 3.
210 BGH, a.a.O.

Der Anfechtungsgrund braucht in der Erklärung nicht angegeben zu werden, es genügt, wenn für den Anfechtungsgegner erkennbar ist, auf welchem tatsächlichen Grund die Anfechtung gestützt wird.[211] Hier ist davon auszugehen, dass H der M mitgeteilt hat, dass er sich über den Maler geirrt hat (näher dazu unten).

hemmer-Methode: Sie werden in Klausursachverhalten selten die juristische Idealsprache wiederfinden. Der Anfechtungsberechtigte wird kaum einmal erklären, dass er anfechte, weil er z.B. einem Inhaltsirrtum i.S.d. § 119 I BGB unterlegen sei. I.d.R. wird er stattdessen erklären, dass er sich vom Vertrag lösen wolle. Diese Erklärung können Sie laiengünstig möglicherweise als Anfechtungserklärung i.S.d. § 143 I BGB auslegen. Beachten Sie dabei immer, dass es sich auch um einen Rücktritt oder um die Geltendmachung von Schadensersatzansprüchen handeln kann. Ist dies für den Erklärenden die im Ergebnis günstigere Lösung, etwa weil er sich so vom Vertrag lösen und zusätzlich noch einen weiteren angefallenen Schaden geltend machen kann, dürfen Sie seine Erklärung nicht als Anfechtungserklärung auslegen.

b) Anfechtungsgrund, § 119 II BGB?

aa) Irrtum über eine verkehrswesentliche Eigenschaft

Zu verkehrswesentlichen Eigenschaften i.S.d. § 119 II BGB zählen alle wertbildenden Faktoren, soweit sie die Sache unmittelbar kennzeichnen.[212]

Eine Anfechtung mit der Begründung, H habe sich über den in den USA erzielbaren Preis geirrt, scheidet aus.

[211] Grüneberg, a.a.O.

[212] Grüneberg, § 119 BGB, Rn. 27.

Nach ständiger Rechtsprechung berechtigt ein Irrtum über den Wert einer Sache nicht zur Anfechtung, da der Wert selbst kein wertbildender Faktor sein kann.

hemmer-Methode: Hierbei handelt es sich um ein Klassikerproblem, das Sie bereits in mittleren Semestern kennen sollten. Merken Sie sich deshalb als „Sound“: Der Wert einer Sache selbst ist kein wertbildender Faktor, sondern nur die Summe der wertbildenden Faktoren. Der Irrtum über die Angemessenheit des Preises berechtigt nicht zur Anfechtung.
Hintergrund hiervon ist, dass die Parteien i.R.d. Vertragsfreiheit (§ 311 I BGB) den Preis einer Sache frei vereinbaren können. Mit dieser Privatautonomie wäre es unvereinbar, wenn der Irrtum über den Wert zur Anfechtung berechtigen würde. Der Grundsatz der freien Preisbildung wäre gefährdet. Die Gerichte sind nicht für die Preiskontrolle zuständig, der Preis wird vielmehr von den Parteien i.R.d. Privatautonomie festgelegt.

Selbst wenn ein solcher Irrtum vorgelegen hat, hat er sich im vorliegenden Fall nicht ausgewirkt, er wurde quasi von dem Irrtum über den wahren Maler überlagert.[213]

Allerdings müsste dann die Urheberschaft des Gemäldes überhaupt eine verkehrswesentliche Eigenschaft des Bildes sein.

Dies ist der Fall. Zu den verkehrswesentlichen Eigenschaften zählt auch, von welchem Maler das Bild stammt.

Hier wurde vereinbart, dass das Gemälde von Freudeneck stammen sollte. In Wahrheit stammt es aber von Leidl.

Damit hat sich H über eine verkehrswesentliche Eigenschaft geirrt.

[213] BGH, a.a.O.

Der Irrtum über den Wert in den USA verschafft der M auch keine Einrede gegenüber dem Anfechtungsrecht des H.[214] Nach der den Irrenden begünstigenden gesetzlichen Wertung muss das Interesse des Käufers, sich durch Aufrechterhaltung des Vertrages den der Kaufvereinbarung entsprechenden Geschäftsgewinn zu sichern, dem Anfechtungsrecht des Verkäufers weichen. Keinesfalls hätte M von H einen echten Freudeneck verlangen können, verkauft war „dieses Bild".

bb) Anfechtung wegen §§ 434 ff. BGB ausgeschlossen?

(1) Mit Rücksicht auf die Sonderregelung der Gewährleistung in den §§ 434 ff. BGB (Äquivalenzinteresse) bleibt für eine Anfechtung nach § 119 II BGB wegen Eigenschaftsirrtums nur ein beschränkter Anwendungsbereich.

Jedenfalls eine Anfechtung des Käufers ist hinsichtlich solcher Eigenschaften der Kaufsache ausgeschlossen, die Gewährleistungsansprüche begründen können.[215]

(2) Dabei ist jedoch zu beachten, dass es um eine Anfechtung des Verkäufers geht.

Da dem Verkäufer aber Gewährleistungsansprüche denknotwendig nicht zustehen können und damit an sich kein Konkurrenzproblem mit den §§ 434 ff. BGB besteht, könnte man der Ansicht sein, dass dem Verkäufer deshalb stets das Anfechtungsrecht aus § 119 II BGB zustehen muss.[216]

Dies würde dazu führen, dass der Verkäufer, der irrig eine Mangelfreiheit der Sache annimmt, sich durch Irrtumsanfechtung stets von seinen Gewährleistungsverpflichtungen befreien könnte (allerdings unter Inkaufnahme der Schadensersatzpflicht aus § 122 BGB, die jedoch nur auf das negative Interesse gerichtet ist).

Deshalb ist mit der h.M. aus dem Rechtsgedanken des Rechtsmissbrauchs (§ 242 BGB) die Anfechtung dann ausgeschlossen, wenn sich der Verkäufer konkret von seiner Gewährleistungspflicht befreien würde.[217]

Hier ist damit das Anfechtungsrecht des H nicht ausgeschlossen. Zwar liegen die Voraussetzungen der §§ 434 ff. BGB vor, insbesondere gem. § 434 V BGB auch beim Spezieskauf der Umstand, dass das Bild entgegen dem Vertragsinhalt nicht von dem Maler Freudeneck herrührt, und stellen einen die Gewährleistungsrechte aus § 437 BGB auslösenden Sachmangel dar.[218] Die Gewährleistung scheitert wohl auch nicht daran, dass das Bild erheblich mehr wert war.[219] M will aber Gewährleistungsansprüche gerade nicht in Anspruch nehmen.

cc) Ausschluss der Anfechtung aus anderen Gründen?

Die Anfechtung könnte allerdings deshalb ausgeschlossen sein, wenn man diese nur zulässt, wenn die gelieferte Sache von besserer Beschaffenheit ist als die geschuldete.

Dies könnte hier fraglich sein, da jedenfalls in den USA die Bilder von Freudeneck etwa genauso hoch gehandelt werden wie die von Leidl.

Jedoch wäre dies schon dann unerheblich, wenn man auf den Ort des Verkaufs abstellt.

---

214 So aber Flume, Eigenschaftsirrtum, S. 150 ff.

215 BGHZ 78, 218 = jurisbyhemmer; ausführlich dazu Grüneberg, § 119 BGB, Rn. 28.

216 So z.B. Enneccerus-Lehmann, Recht der Schuldverhältnisse, S. 457.

217 Zuletzt BGH, NJW 88, 2598.

218 Dazu BGH, a.a.O.

219 So jedenfalls das RG, RGZ 135, 339 ff.

In Deutschland werden die Bilder von Leidl erheblich teurer gehandelt, sodass deshalb in jedem Fall eine Anfechtung möglich wäre.[220]

Nach Ansicht des BGH[221] kommt es auf den Ort des Verkaufs (hier) letztlich nicht an. Das Wertverhältnis könne nur dann relevant werden, wenn durch die Anfechtung Gewährleistungsansprüche vereitelt werden sollen, was hier nicht der Fall ist. Es bestehe aber kein Grund, die Anfechtung generell zu versagen.

hemmer-Methode: Das Problem der Konkurrenz zwischen der Anfechtung und den Gewährleistungsrechten war bereits mehrmals Gegenstand von Examensklausuren und gehört von daher zum Standardrepertoire einer jeden Examensvorbereitung. Teil der hemmer-Methode ist es insbesondere in unseren Hauptkursen, Ihnen diese typischen Problemfelder in immer neuen Situationen vorzuführen. Dadurch erreichen Sie einen entschieden höheren Lern- und Verstehenseffekt als durch das trockene Auswendiglernen der Originalentscheidung.
Merken Sie sich zu der Konkurrenz Anfechtung–Gewährleistungsrechte Folgendes: Problematisch ist einzig die Anfechtung nach § 119 II BGB, die Anfechtung nach den §§ 119 I, 123 BGB ist unstreitig neben §§ 434 ff. BGB zulässig. Bei der Anfechtung nach § 119 II BGB müssen Sie unterscheiden zwischen einer Anfechtung durch den Käufer und den Verkäufer. Letztere ist zulässig, es sei denn der Verkäufer möchte sich durch die Anfechtung den Gewährleistungsrechten des Käufers entziehen. Der Käufer hingegen kann sich für eine Anfechtung jedenfalls nach Gefahrübergang nicht auf § 119 II BGB berufen, wenn die Eigenschaft zugleich einen Fehler i.S.d. §§ 434 ff. BGB darstellt, da andernfalls die Verjährung des § 438 BGB sowie der Ausschlusstatbestand des § 442 BGB leer laufen würden.[222] Dies gilt auch dann, wenn die Gewährleistungsrechte zulässigerweise ausgeschlossen wurden. Beachten Sie aber, dass nach der Kaufrechtsreform zum 1.1.2022 § 442 BGB gemäß § 475 III S. 2 BGB nur noch außerhalb des Verbrauchsgüterkaufs Anwendung findet. Für den Verbrauchsgüterkauf gilt ausschließlich § 476 I S. 2 BGB.

dd) Ausschluss der Anfechtung wg. Angebot der Wertdifferenz, § 242 BGB, bzw. durch Wegfall der GG?

Ob die Anfechtung dann ausgeschlossen ist (§ 242 BGB), wenn die M dem H die Nachzahlung der Wertdifferenz anbietet, kann dahingestellt bleiben, da dies nicht der Fall ist.

Fraglich ist schließlich, ob die Anfechtung nach § 119 II BGB möglicherweise durch die Grundsätze des Wegfalls der GG gem. § 313 BGB verdrängt wird.

Dies wäre gem. § 313 II BGB aber nur dann der Fall, wenn ein beiderseitiger Irrtum vorgelegen hat. Die Fälle des nur einseitigen Irrtums werden demgegenüber von § 119 II BGB erfasst.

Nach dem Sachverhalt ist aber nicht davon auszugehen, dass auch M über die Echtheit des Bildes im Irrtum war. Irrtum ist das unbewusste Auseinanderfallen von Wille und Erklärung. Da sich hier die M jedoch über die Herkunft des Bildes bewusst unsicher war, lag ein Irrtum diesbezüglich gerade nicht vor.

---

220 Diese Begründung vertrat auch das OLG München als Berufungsgericht.

221 A.a.O.

222 Zu der Frage, ob § 119 II BGB auch bereits vor Gefahrübergang von den §§ 434 ff. BGB verdrängt wird, vgl. Hemmer/Wüst, Skript Schuldrecht BT I, Rn. 399. Der BGH hat sich zu dieser Frage nach der Schuldrechtsreform noch nicht geäußert.

hemmer-Methode: Gehen Sie klausurtaktisch vor. Zu fast allen Folgeproblemen der Klausur gelangen Sie nur, wenn Sie den Kaufvertrag durch Anfechtung „vernichten".
Die Klausur ist vom Ersteller ersichtlich auf der Nichtigkeit des Kaufvertrages aufgebaut. Eine Lösung über den Wegfall der GG würde Sie deshalb völlig vom vorgegebenen Lösungsweg abbringen.

Zwischenergebnis

Damit hat H den Kaufvertrag wirksam angefochten, ein Zahlungsanspruch aus § 433 II BGB besteht nicht.

hemmer-Methode: Irren bei Vertragsschluss beide Parteien über ein dem Vertrag zugrunde liegendes Motiv, dann ist grundsätzlich der Anwendungsbereich der Störung der Geschäftsgrundlage (SGG) eröffnet, vgl. § 313 II BGB. Problematisch bleibt aber auch weiterhin, ob dennoch die Anfechtung des Vertrages möglich ist, wenn der gemeinschaftliche Motivirrtum ausnahmsweise zur Anfechtung nach § 119 II BGB berechtigt. Die h.M. will auch derartige Fälle über die SGG lösen, da es unbillig sei, denjenigen, der zufällig als Erster seine Willenserklärung anficht, mit der Ersatzpflicht aus § 122 BGB zu belasten. In Anlehnung an Medicus ist dem aber entgegenzuhalten, dass auch beim Doppelirrtum nur derjenige das Geschäft anfechten wird, für den es nachteilig war. Es wird keinesfalls vom Zufall abhängen, welche Partei anfechten wird. Deshalb ist es auch nicht unbillig, dem Anfechtenden die Schadensersatzpflicht aus § 122 BGB aufzuerlegen.[223] Demnach wird auch im neuen Recht vertretbar sein, die Anfechtung hier zuzulassen.
Dafür kann zusätzlich angeführt werden, dass die Regelung aus § 313 BGB ohnehin subsidiär ist und deshalb beim Doppelirrtum hinter der Anfechtung zurücktreten muss. Folgt man der h.M., wird sich die Falllösung hingegen zukünftig im Bereich der §§ 346 ff. BGB abspielen. In der Klausur sollten Sie an derartigen Schnittstellen darauf achten, sich nicht aus der Musterlösung herauszuschreiben. Fragen Sie sich immer: Was hat der Ersteller gewollt?

Zu den Ansprüchen aus dem Abtretungsgeschäft vgl. unten.

II. H gegen K

H könnte gegen K einen Anspruch auf Auszahlung der Darlehenssumme in Höhe von 5.000,- € aus Darlehensvertrag i.S.d. § 488 I S. 1 BGB haben.

Diesen Anspruch könnte er nur durch Abtretung gem. § 398 BGB von M erworben haben (sog. derivativer Erwerb), da zwischen H und K keine Vertragsverhandlungen stattgefunden haben.

1. Dazu müsste die M zum Zeitpunkt der Abtretung selbst Inhaberin eines Darlehensanspruchs gewesen sein, § 488 I S. 1 BGB.

a) Dies könnte zunächst deshalb fraglich sein, weil nur eine mündliche Zusage des K vorlag.

Sähe man den Darlehensvertrag als Realvertrag an, bei dem die Hingabe der Darlehensvaluta Voraussetzung für das Zustandekommen ist,[224] so ist das Versprechen der Darlehenshingabe als Vorvertrag anzusehen, der zum Abschluss des eigentlichen Darlehensvertrages unter Auszahlung der Valuta verpflichtet.

---

223 Medicus, Rn. 162.

224 BGH, WM 65, 496 = jurisbyhemmer.

Nach neuem Recht ist dies jedoch kaum mehr vertretbar. Der Gesetzeswortlaut geht in § 488 I S. 1 BGB ausdrücklich von einem Konsensualvertrag aus, sodass das Versprechen der Darlehensgewährung und dessen Annahme für das Zustandekommen allein maßgeblich ist.

Danach konnte M bereits wegen der Zusage des K Inhaberin eines Anspruchs auf Zahlung von 5.000,- € sein.

b) Fraglich könnte noch sein, ob sich K zu einer Darlehensgewährung tatsächlich rechtlich hat binden wollen, oder ob es sich nicht um eine unverbindliche Gefälligkeit handeln sollte.

Ein rechtsgeschäftliches Schuldverhältnis setzt den Willen voraus, eine Rechtsbindung zu begründen (sog. Rechtsbindungswille). Ob ein solcher Wille bei der Erklärung vorlag, ist nicht nach dem inneren Willen zu beurteilen, sondern nach dem Verhalten der Beteiligten, wie es sich unter Würdigung aller Umstände dem objektiven Betrachter darstellt.[225]

Dabei kommt es insbesondere auch auf Art und Grund, sowie die rechtliche und wirtschaftliche Bedeutung des Geschäftes an.

Hier bestand zwar zwischen M und K ein freundschaftliches Verhältnis. M kam es aber erkennbar darauf an, eine verbindliche Zusage zu erhalten, da sie sich ansonsten anderweitig finanzielle Mittel hätte beschaffen müssen. Das alles war K auch bekannt. K ist Kaufmann, dem kaufmännische Sorgfaltspflichten obliegen (vgl. § 347 HGB) und der auf handelsrechtliche Gewohnheiten Rücksicht zu nehmen hat (vgl. § 346 HGB). Nach alledem muss hier ein Rechtsbindungswille bejaht werden.

hemmer-Methode: Nur mit der Annahme eines Rechtsbindungswillens gelangen Sie zu den im Sachverhalt angelegten Folgeproblemen.

c) Es liegt auch ein Darlehensvertrag und keine Leihe (§ 598 BGB) vor. Zwar gehen die Parteien laienhaft davon aus, dass K der M die 5.000,- € „leihen" sollte. Dies würde aber bedeuten, dass M die gleichen Scheine zurückgeben müsste, die sie von K erhalten hat. Dies war nicht gewollt.

Die falsche Bezeichnung schadet nicht („falsa demonstratio non nocet").

Die Zusage des K stellt also ein wirksames Darlehensversprechen dar, das von M angenommen wurde.

hemmer-Methode: Der Klausursteller wird Ihnen häufig kleine Stolpersteine dieser Art in den Weg legen. Mit uns lernen Sie, solche Fallen zu erkennen und souverän zu umgehen.

2. Den Anspruch aus dem Darlehensvertrag müsste M wirksam an H abgetreten haben, § 398 BGB.

a) Eine Einigung gem. § 398 BGB ist erfolgt.

b) Nun ist der Anspruch auf Darlehensgewährung, soweit man ihn aus einem Vorvertrag ableitet, als solcher nicht abtretbar (§ 399 BGB), weil es nicht in der Macht des Versprechensempfängers liegen kann, dem späteren Gläubiger (Darlehensgeber) einen anderen Schuldner unterzuschieben.[226] Allerdings ist nach richtiger Ansicht hier nicht von einem Vorvertrag auszugehen (s.o.).

Abtretbar ist aber der Anspruch auf Erfüllung, insbesondere auf Auszahlung der Darlehenssumme selbst.

225 Vgl. BGHZ 21, 102, 106 f.

226 Grüneberg, § 488 BGB, Rn. 9; RGRK § 610, Rn. 8.

Damit wird aber nicht der Zessionar später Darlehensschuldner, sondern es bleibt der Zedent zur Rückzahlung der an den Dritten geleisteten Summe verpflichtet!

H hat damit durch Abtretung den Anspruch der M auf Auszahlung des Darlehensbetrages erworben.

hemmer-Methode: Beachten Sie, dass dieser Anspruch von der Anfechtung des Kaufvertrages nicht berührt wird.

Die Abtretung des Auszahlungsgeschäfts dient zwar der Erfüllung der Kaufpreisverpflichtung, Erfüllungsgeschäfte und zugrundeliegende Verpflichtung sind aber abstrakt. Die Abtretung bleibt also auch nach Anfechtung des Kaufvertrages wirksam. Da damit aber der Rechtsgrund für die Abtretung entfallen ist, kann der Auszahlungsanspruch möglicherweise über § 812 I S. 1 Alt. 1 BGB kondiziert werden.
Abstrakte Rechtsgeschäfte sind nicht nur die im Sachenrecht geregelten Verfügungen über Sachen, sondern auch die vorwiegend im Schuldrecht geregelten Verfügungen über Forderungen wie die Abtretung (§ 398 BGB) oder der Erlass (§ 397 BGB).
Ein weiteres abstraktes Rechtsgeschäft im Schuldrecht ist das abstrakte (konstitutive) Schuldanerkenntnis (§§ 780, 781 BGB).
Hierbei handelt es sich aber nicht um eine Verfügung. Verfügung ist nämlich nur die Übertragung, Aufhebung oder Belastung eines bereits bestehenden Rechts, nicht aber die Begründung eines Rechts.[227] Diesen Begriff der Verfügung müssen Sie unbedingt kennen. Er spielt insbesondere i.R.d. § 816 I S. 1 BGB eine maßgebliche Rolle.

3. Der Anspruch könnte aber gem. § 362 I BGB durch Erfüllung erloschen sein.

[227] Grüneberg, § 816 BGB, Rn. 7.

Das allerdings setzt voraus, dass K die Leistung an den (richtigen) Gläubiger bewirkt hat.

K hat durch A an E (möglicherweise an M) einen Scheck geleistet. Zu dem Zeitpunkt war aber bereits H Gläubiger der Forderung, sodass diese nicht gem. § 362 I BGB erlöschen konnte.

Es liegt auch kein Fall der §§ 362 II, 185 BGB vor, da H den E nicht zum Empfang ermächtigt hatte und dies auch nicht später genehmigt hat.[228]

a) Hier könnte K aber § 407 BGB helfen.

Danach muss der neue Gläubiger (H) eine Leistung gegen sich gelten lassen, die der Schuldner (K) in Unkenntnis der Abtretung an den alten Gläubiger (M) erbringt.

aa) K wusste nichts von der Abtretung des Anspruchs an H. Er ist also gem. § 407 BGB frei geworden, wenn die Übergabe des Schecks von A an E eine Leistung i.S.d. § 362 BGB des K an M war.

bb) Da nicht ein Scheck, sondern eigentlich Geld geschuldet wurde, ist allerdings im vorliegenden Fall nicht die ursprünglich geschuldete Leistung i.S.d. § 362 BGB erbracht worden.

cc) Die Hingabe eines Schecks ist auch keine Leistung an Erfüllungs Statt nach § 364 I BGB, sie ist Leistung erfüllungshalber, § 364 II BGB.[229]

hemmer-Methode: Die „Zahlung" mittels Scheck statt Bargeld bedeutet ein Problem mehr. Der Klausurersteller eröffnet sich mit der Abgrenzung Leistung an Erfüllungs Statt und Leistung erfüllungshalber ein weiteres Feld zur Notendifferenzierung.

[228] Dazu Grüneberg, § 362 BGB, Rn. 4.
[229] Grüneberg, § 364 BGB, Rn. 6 ff.

Zeigen Sie hier dem Korrektor, dass Sie diese Abgrenzung beherrschen. Verlassen Sie dabei aber nicht die „mainstreet“, indem Sie etwa eine (kaum vertretbare) Leistung an Erfüllungs Statt bejahen. Damit wäre bereits mit Hingabe des Schecks Erfüllung i.S.d. § 362 I BGB eingetreten. Sie hätten sich damit sämtliche Folgeprobleme hinsichtlich der Einlösung des Schecks abgeschnitten.

Leistung erfüllungshalber bedeutet nach h.M., dass unter Stundung der ursprünglichen Forderung der Gläubiger eine zusätzliche Befriedigungsmöglichkeit erhält. Die ursprüngliche Forderung erlischt aber erst dann, wenn der Gläubiger die geschuldete Leistung aus dem erfüllungshalber angenommenen Gegenstand (hier dem Scheck), also tatsächlich Befriedigung erlangt.[230]

Im vorliegenden Fall kann sich K deshalb nur unter folgenden Voraussetzungen auf § 407 BGB (= Leistung an den alten Gläubiger M) berufen:

(1) Es muss zwischen ihm und M

(2) eine wirksame Vereinbarung über die Leistung erfüllungshalber getroffen worden sein.

(3) Die erfüllungshalber geschuldete Leistung muss erbracht worden und

(4) die Einlösung des Schecks durch E muss als Befriedigung der M hieraus angesehen werden können.

zu (1): Es muss also zunächst einmal die Vereinbarung zwischen A und E dem K auf der einen, der M auf der anderen Seite zuzurechnen sein.

(a) Die Erklärungen der A wären K zuzurechnen, wenn A wirksame Stellvertreterin oder Botin des K war.

[230] Vgl. Grüneberg, § 364 BGB, Rn. 8 ff.

Die Differenzierung richtet sich primär nach dem Maß der Entscheidungsfreiheit, wie es im Auftreten nach außen zum Ausdruck gebracht wird.[231]

A hatte hier einen fest umrissenen Auftrag. Sie sollte nur den Scheck für K im Laden der M abgeben. Sie überbrachte also eine „fertige Willenserklärung“. Sie war damit Botin.

hemmer-Methode: Die Abgrenzung Bote-Stellvertreter richtet sich nicht etwa nach dem zugrunde liegenden Innenverhältnis, sondern allein nach dem Auftreten nach außen. Als Bote wird dabei behandelt, wer lediglich eine fremde Willenserklärung übermittelt, als Stellvertreter, wer eine eigene Willenserklärung in fremden Namen abgibt. Der Vertreter hat also regelmäßig einen eigenen Beurteilungsspielraum,[232] der Bote nicht. Deshalb ist für den Vertreter im Gegensatz zum Boten wenigstens beschränkte Geschäftsfähigkeit nötig, § 165 BGB. Die Abgrenzung nach dem erkennbaren Auftreten führt dann zu Komplikationen, wenn dieses von dem Innenverhältnis abweicht, der Bote sich etwa als Stellvertreter geriert. Erklärt er dabei das, was ihm aufgetragen wurde, kann man seine Erklärung dem Auftraggeber über § 164 I BGB zurechnen. Weicht er dagegen von seinen Weisungen ab, so findet nicht § 120 BGB, sondern §§ 177 ff. BGB Anwendung. Tritt der Stellvertreter als Bote auf, findet ebenfalls eine Zurechnung statt, solange seine Erklärung von seiner Vertretungsmacht gedeckt ist. Andernfalls gelten nicht die §§ 177 ff. BGB direkt, sondern die Regeln über den Boten ohne Botenmacht.

[231] Dazu Grüneberg, vor § 164 BGB, Rn. 11.

[232] Beachte aber auch den Vertreter mit gebundener Marschroute, Hemmer/Wüst, BGB AT I, Rn. 192.

Dies bedeutet, dass der Geschäftsherr im Fall der irrtümlichen Falschübermittlung nach § 120 BGB anfechten kann, während im Fall der bewussten Falschübermittlung durch den Erklärungsboten die §§ 177 ff. BGB entsprechende Anwendung finden.[233]

A hielt sich im Rahmen ihrer Botenmacht. Ihre (konkludenten) Erklärungen sind K zuzurechnen.

Inhalt dieser Erklärung ist dabei gem. §§ 133, 157 BGB nicht nur die bloße Übereignung des Schecks, sondern gerade auch, dass K den Scheck zum Zweck der Tilgung seiner Schuld hergeben will, also ein Angebot auf Leistungshingabe erfüllungshalber.

Denn nur wenn ein entsprechender Vertrag zustande kommt, will er das Eigentum am Scheck übertragen. So ist es auch vom Empfängerhorizont erkennbar.

Als E erklärte, die Angelegenheit gehe in Ordnung, hat er dieses Angebot (nicht nur die Übereignungsofferte) angenommen (§§ 133, 157 BGB).

(b) Fraglich ist allerdings, ob E namens der M mit Wirkung für diese wirksam handeln konnte.

E hat erkennbar eine eigene Entscheidung getroffen, als er den Scheck entgegennahm; er gab dabei eine eigene Willenserklärung ab. Indem er erklärte, er werde den Scheck für seine Frau in Empfang nehmen, handelte er in deren Namen. E handelte also als Stellvertreter.

E müsste aber auch Vertretungsmacht i.S.d. § 164 I BGB gehabt haben:

(aa) Vollmacht (vgl. § 166 II BGB) hat M dem E nicht erteilt.

(bb) Die Vertretungsmacht könnte sich aber möglicherweise aus § 1357 BGB ergeben.

§ 1357 BGB erfasst jedoch nur Rechtsgeschäfte zur angemessenen Deckung des Lebensbedarfs; das sind solche, über deren Abschluss vor ihrer Eingehung eine Verständigung zwischen den Eheleuten gewöhnlich nicht notwendig ist.[234]

Dazu gehören nicht Verträge, die von einem Ehegatten im Rahmen seines Geschäftsbetriebs abgeschlossen werden.

Damit hatte E keine Vertretungsmacht aus § 1357 BGB.

hemmer-Methode: § 1357 BGB wird häufig als gesetzliche Verpflichtungsermächtigung bezeichnet. Hierin erschöpft sich aber nicht der Regelungsgehalt dieser Vorschrift. Tritt der handelnde Ehegatte ausdrücklich oder konkludent im Namen des anderen Ehegatte auf, so gibt ihm § 1357 BGB dafür eine gesetzliche Vertretungsmacht.
Auf das Institut der Verpflichtungsermächtigung braucht dabei nur insoweit zurückgegriffen werden, als es darum geht, dass hier in Ausnahme zu sonstigen Vertretergeschäften, die nur für den Vertretenen wirken, auch der als Vertreter auftretende Ehegatte verpflichtet wird.
§ 1357 BGB hatte ursprünglich den Zweck, der Ehefrau eine gewisse Eigenständigkeit bei der Haushaltsführung zu verschaffen. Nur der Ehefrau stand deshalb nach § 1357 BGB „Schlüsselgewalt“ zu. Durch gesellschaftliche Änderungen und die Änderung des § 1357 BGB, der nun auch für den Ehemann gilt, hat § 1357 BGB seinen ursprünglichen Zweck weitgehend verloren und ist zu einer „Gläubigerschutzvorschrift“ verkommen.

---

[233] Vgl. dazu Hemmer/Wüst, BGB AT I, Rn. 189 ff.

[234] Grüneberg, § 1357 BGB, Rn. 14.; vgl. aktuell BGH, Life&LAW 2004, 456 ff. zu der Frage, in welchem Umfang ein Vertrag über Telekommunikationsleistungen angemessen i.S.d. § 1357 BGB ist.

Der Gläubiger erhält nämlich, ohne dass er von der Ehe wissen müsste, einen weiteren Schuldner. Aus diesem Hintergrund erklärt sich, dass § 1357 BGB eher restriktiv ausgelegt wird.
Durch § 1357 BGB wird der andere Ehegatte aber nicht nur mitverpflichtet, sondern auch mitberechtigt.
Denken Sie deshalb in einer Klausur immer auch an mögliche Folgeprobleme, wie die Frage nach der dinglichen Wirkung des § 1357 BGB, oder ob zwischen beiden Ehegatten Gesamtgläubigerschaft nach § 428 BGB oder Mitgläubigerschaft nach § 432 BGB eintritt.[235]

(cc) Selbstverständlich lässt sich auch keine Vertretungsmacht allgemein aus der Ehegemeinschaft herleiten. § 1357 BGB wäre dann ja überflüssig.

E besaß demgemäß keine Vertretungsmacht, den Scheck für M in Empfang zu nehmen. Gem. § 177 I BGB war das Geschäft schwebend unwirksam.

(dd) In dem späteren Telefongespräch könnte indes eine Genehmigung i.S.d. § 177 BGB liegen.

M dankte dem K für die Einhaltung der Zusage. Damit erklärte sie nicht nur, dass der Scheck zu ihr gelangt sei, sondern bekundete gleichzeitig auch ihr Einverständnis mit dieser Art der Abwicklung des Darlehensvertrages. Im Ergebnis genehmigt sie damit auch das Verhalten des E, also die Annahme des Schecks als Leistung erfüllungshalber.

Fraglich ist aber, ob M eine solche Genehmigung überhaupt wirksam aussprechen konnte. Denn es ist grundsätzlich allein Sache des Gläubigers, zu bestimmen, ob eine andere als die geschuldete Sache erfüllungshalber angenommen wird.

[235] Vgl. Hemmer/Wüst, Familienrecht, Rn. 95 ff.

Das war zum fraglichen Zeitpunkt bereits H und nicht mehr M. Wenn M aber eine Vereinbarung über die Leistung erfüllungshalber nicht selbst wirksam abschließen kann, kann sie die Wirksamkeit einer solchen Vereinbarung auch nicht durch Genehmigung des Vertreterhandelns herbeiführen.

Möglicherweise muss der neue Gläubiger H aber die Genehmigung gem. § 407 BGB gegen sich gelten lassen.

Nicht nur die Leistung selbst, sondern jedes Rechtsgeschäft, das in Ansehung der Forderung zwischen Schuldner und Altgläubiger vorgenommen wird, wirkt gegenüber dem Neugläubiger. Damit wird ein umfassender Schuldnerschutz bezweckt.

Der Begriff des Rechtsgeschäfts in § 407 BGB ist daher weit auszulegen. Hierzu zählt auch die Annahme einer Leistung erfüllungshalber durch Hingabe eines Schecks.[236]

hemmer-Methode: Anders als für die Übereignung von beweglichen und unbeweglichen Sachen ist für die Abtretung einer Forderung kein Publizitätsakt erforderlich, sie geht quasi lautlos und für den Schuldner unsichtbar vonstatten. Aus diesem Grund normiert das Gesetz in §§ 404 ff. BGB eine Reihe von Schuldnerschutzvorschriften. Beachten Sie dabei aber, dass diese keine absolute Wirkung besitzen. Der Schuldner kann, muss sich aber nicht auf diese Vorschriften berufen. Leistet der Schuldner nach der Abtretung an den Altgläubiger, so stehen ihm damit zwei Möglichkeiten offen. Er kann sich zum einen auf § 407 BGB und damit auf Erfüllung berufen.
Dieser Weg ist aber für den Schuldner ungünstig, wenn er z.B. gegen den Neugläubiger eine Forderung besitzt, die dieser bisher nicht zahlen wollte oder konnte.

[236] Vgl. Grüneberg, § 407 BGB, Rn. 4.

Dann ist es für ihn besser, auf den Schutz des § 407 BGB zu verzichten und mit seiner Forderung gegen die damit weiterbestehende Forderung des Neugläubigers nach § 389 BGB aufzurechnen. Das an den Altgläubiger Geleistete kann er dann über § 812 I S. 1 Alt. 1 BGB kondizieren.

Also wirkt die Vereinbarung, dass der Scheck erfüllungshalber für die Darlehensforderung hingegeben werden sollte, auch gegen H.

Neben der Abrede, dass der Scheck erfüllungshalber zu leisten sei, ist natürlich noch erforderlich, dass er tatsächlich an M geleistet worden ist. Beim Scheck, der i.d.R. Inhaberpapier ist (vgl. § 5 II ScheckG), ist zum Übergang des Rechtes aus dem Papier dessen Übereignung nötig:

Der Scheck wird gem. § 929 BGB durch Einigung und Übergabe übereignet. Bei der Übereignung durch den Aussteller liegt darin gleichzeitig der sog. Scheckbegebungvertrag, der für die Entstehung der Ansprüche aus dem Scheck (i.d.R.) Voraussetzung ist:

Die Einigungserklärung durch E ist von M ebenfalls in dem Telefongespräch genehmigt worden, sie wirkt gem. § 177 BGB für M.

Problematisch ist, ob eine Übergabe i.S.d. § 929 BGB an M erfolgt ist.

Dafür ist grundsätzlich erforderlich, dass der bisherige Eigentümer jeglichen Besitz verliert und der Erwerber ihn im Einverständnis mit dem Eigentümer erlangt.

Der E, der hier als Ehegatte und nicht etwa als Ladenangestellter auftrat, war hier nicht Besitzdiener i.S.d. § 855 BGB, weil er nicht den Weisungen der M unterstand. Beide Ehegatten sind im Verhältnis zueinander gleichberechtigt. M wurde deshalb nicht unmittelbarer Besitzer.

Ausreichend wäre es aber, wenn M mittelbaren Besitz i.S.d. § 868 BGB erlangt hätte. Dafür müsste zwischen ihr und E ein Besitzmittlungsverhältnis i.S. dieser Vorschrift bestanden haben.

Ein rechtsgeschäftliches Besitzmittlungsverhältnis wurde ausdrücklich nicht begründet.

Denkbar wäre allenfalls ein Insichgeschäft des E i.S.d. § 181 BGB, wobei man die Genehmigung der M einer Gestattung gleichstellen könnte.

Ob allerdings E ein solches rechtsgeschäftliches Besitzmittlungsverhältnis (Verwahrungsvertrag) begründen wollte, bleibt zweifelhaft und ist eher abzulehnen, da E ja den Scheck sofort selbst einlösen wollte.

hemmer-Methode: Steuern Sie hier nicht vorschnell auf ein gesetzliches Besitzmittlungsverhältnis zu.
Der Korrektor erwartet von Ihnen nicht allein das richtige Ergebnis, sondern vor allem eine überzeugende Argumentation und ein methodisch exaktes Vorgehen.
Punkten Sie deshalb nach dem Prinzip der Retardation, indem Sie vor dem gesetzlichen Besitzmittlungsverhältnis auch noch die Möglichkeit eines rechtsgeschäftlich vereinbarten Besitzmittlungsverhältnisses anprüfen.

Ein Besitzmittlungsverhältnis könnte sich aus der zwischen M und E bestehenden Ehe ergeben. Es ist anerkannt, dass die Ehe ein gesetzliches Besitzmittlungsverhältnis darstellt.[237]

Das Besitzmittlungsverhältnis, das sich aus der Berechtigung der Ehegatten zum gemeinsamen Besitz ergibt, ist jedoch auf den Hausrat beschränkt. Darüber hinaus lässt es sich nicht ausdehnen, da im außerhäuslichen Bereich auch kein Besitzrecht besteht.[238]

[237] BGH, NJW 79, 977 = **juris**byhemmer.
[238] Vgl. Grüneberg, § 866 BGB, Rn. 3, 4.

Ein Besitzmittlungsverhältnis zwischen M und E bestand daher nicht

M könnte jedoch nach den Grundsätzen des Geheißerwerbs Eigentümer des Schecks geworden sein.

Der Erwerber kann sich danach einer Mittelsperson bedienen, die nicht Besitzmittler ist.[239] Die Geheißstellung über diese Person wird dabei dem Besitz gleichgestellt. Das ist allerdings wegen der Durchbrechung des Traditionsprinzips nicht unproblematisch und umstritten.[240] Aufgrund eines praktischen Bedürfnisses ist jedoch mit der wohl h.M. diese Konstruktion anzuerkennen.

hemmer-Methode: Traditionsprinzip bedeutet, dass eine Sache zum Zwecke ihrer Übereignung übergeben werden muss. Dieses Prinzip gilt im deutschen Recht nur für die Übereignung beweglicher Sachen, nicht für die Immobiliarübereignung.
Hier tritt an die Stelle der Übergabe die Eintragung ins Grundbuch. Für die Mobiliarübereignung wird das Traditionsprinzip durch die Übergabesurrogate der §§ 930 ff. BGB eingeschränkt.
Eine wichtige Rolle kommt dem Traditionsprinzip i.R.d. gutgläubigen Erwerbs nach §§ 930, 933 BGB zu. Der Besitz entfaltet seine Rolle als Publizitätsträger nur dann, wenn er tatsächlich vom Veräußerer auf den Erwerber übertragen wird und nicht schon mit Begründung des Besitzmittlungsverhältnisses oder Abtretung des Herausgabeanspruchs.

Im vorliegenden Fall besteht noch die Besonderheit, dass K nicht unmittelbar auf Anweisung der M dem E den Scheck übergab, sondern die Übergabe an die „Geheißperson“ erst nachträglich genehmigt wurde, dass der Geheiß also der Übergabe zeitlich nachfolgte. Das macht jedoch insoweit keinen Unterschied.

Wollte man den nachträglichen Geheißerwerb nicht zulassen, müsste der Leistende die Sache von der „Geheißperson“ herausfordern und dann, weil inzwischen ein Geheiß vorliegt, gleich wieder an diese übergeben. Die Anwendung der Grundsätze über den Geheißerwerb ist deshalb hier möglich (a.A. vertretbar).

hemmer-Methode: Die Konstruktion des nachträglichen Geheißerwerbs ist äußerst anspruchsvoll. Sie können diese Konstellation mit der nachträglichen Genehmigung der Vereinbarung eines Besitzmittlungsverhältnisses durch einen Stellvertreter vergleichen. Auch in diesem Fall hat die Genehmigung zur Folge, dass der Erwerber nach § 184 II BGB mit ex-tunc-Wirkung Eigentum erwirbt.
Der Geheißerwerb hat typischerweise Bedeutung im Bereich der Streckengeschäfte, also wenn der Händler seinen Lieferanten anweist, sogleich an einen Käufer zu liefern.
In diesem Fall ist der Käufer weder Besitzdiener noch Besitzmittler des Händlers, dennoch muss ein Durchgangserwerb des Händlers stattfinden. Nur mit dem Händler liegt z.B. eine dingliche Einigung vor. Eine dingliche Einigung zwischen Lieferant und Endabnehmer lässt sich kaum begründen. Der Lieferant möchte lediglich seiner Verpflichtung gegenüber dem Händler nachkommen und diesem die Sache übereignen. Er weiß zudem regelmäßig auch nicht, ob der Händler die Sache unbedingt oder nur unter Eigentumsvorbehalt weiterverkauft hat.

239 Grüneberg, § 929 BGB, Rn. 17 ff.
240 Vgl. dazu Baur, § 51 III 3, Medicus, Rn. 565.

Aus diesem Grund ist der Endabnehmer hinsichtlich der Übereignung Lieferant an Händler Geheißperson des Händlers, während der Lieferant seinerseits Geheißperson des Händlers ist hinsichtlich einer möglichen Übereignung an den Endabnehmer.
Der Händler als Zwischenmann kann also Eigentum erwerben und übertragen, ohne die Sache jemals in Besitz gehabt zu haben. In Examensklausuren wird Ihnen selten der einfache Grundfall begegnen. Dieser bietet kaum Gelegenheit zur Notendifferenzierung. Eine „einfache" Übereignung nach § 929 S. 1 BGB sollte jeder Examenskandidat ordentlich prüfen können, während bei einem Geheißerwerb sich erfahrungsgemäß „die Spreu vom Weizen trennt". Eine noch höhere Schwierigkeitsstufe erreicht der Klausurersteller dadurch, dass bei dem gleichen Erwerbsgeschäft sowohl auf Erwerber- als auch auf Veräußererseite Geheißpersonen auftreten. In diesem Fall spricht man von einem doppelten Geheißerwerb.

Zwischenergebnis

K hat damit die erfüllungshalber geschuldete Leistung an M erbracht.

hemmer-Methode: Damit braucht nicht mehr darauf eingegangen zu werden, ob Erfüllung möglicherweise dadurch eingetreten ist, dass K an E i.S.d. § 362 II BGB geleistet hat und M dies möglicherweise gem. § 185 II BGB (im Zusammenspiel mit § 407 BGB) genehmigen konnte. Fraglich ist aber doch, ob K tatsächlich an E leisten wollte und die entsprechenden Erklärungen dazu überhaupt abgegeben hat. Dies ist wohl zu verneinen! Außerdem wurde so „vergessen", erst einmal zu überprüfen, ob nicht an M geleistet wurde!

b) Zum Erlöschen der Darlehensverbindlichkeit durch Erfüllung reicht das aber noch nicht aus, denn die Leistung erfüllungshalber ist ja gerade nicht Erfüllung. Diese tritt grundsätzlich erst ein, wenn der Gläubiger aus der erfüllungshalber erlangten Sache auch tatsächlich Befriedigung erhält.

M selbst erlangte indes keine Befriedigung, weil E den Scheck einlöste und das Geld für sich verbrauchte.

Dabei ist es auch nicht von unmittelbarer rechtlicher Bedeutung, dass die Scheckverbindlichkeit erloschen ist und dass die Bank im Rahmen ihres Vertragsverhältnisses zu K bei diesem Rückgriff (§ 670 BGB) nehmen kann. All dies ändert zunächst nichts daran, dass der Gläubiger (M) immer noch keine Befriedigung erlangt hat.

Nun kann es andererseits aber nicht so sein, dass der Verlust des Schecks durch den Gläubiger zu Lasten des Schuldners geht und dieser weiterhin aus der ursprünglichen Schuld (§ 488 I S. 1 BGB) sowie wegen des Schecks der einlösenden Bank (§ 670 BGB) verpflichtet ist.

Die Einlösung des Schecks durch den formell legitimierten Inhaber muss daher nicht nur Erfüllung der Scheckforderung (gegen den Aussteller), sondern auch endgültige Erfüllung des Darlehensanspruchs bedeuten.[241]

Gem. § 407 I BGB kann sich K danach gegenüber H auf das Erlöschen der Darlehensforderung berufen.

Ergebnis

H hat keinen Anspruch gegen K.

hemmer-Methode: Dass die Kaufpreisforderung des H gegen die M inzwischen durch Anfechtung erloschen ist (s.o.), berührt das Verhältnis H gegen K nicht.

241 BGH, NJW 76, 1842 f = **juris**byhemmer.

Die Abtretung der Darlehensforderung ist gegenüber dem zugrundeliegenden Rechtsgeschäft abstrakt.

III. H gegen M

1. H könnte gegen M möglicherweise einen Anspruch aus § 280 I BGB haben, weil sie das Handeln des E genehmigt hat.

a) Zwischen H und M bestand ein Schuldverhältnis.

Dabei ist nicht der eigentliche Abtretungsvertrag i.S.d. § 398 BGB maßgeblich (das ist ein abstraktes dingliches Rechtsgeschäft, aus dem sich keine weiteren Pflichten ergeben), sondern die diesem zugrundeliegende Vereinbarung, dass die Forderung erfüllungshalber abgetreten werden solle (Kausalgeschäft).

Ein Schuldverhältnis bestand darüber hinaus zunächst auch noch wegen der ursprünglichen Forderung.

b) M müsste eine sich daraus ergebende Pflicht verletzt haben.

Hier kommt die Verletzung einer Nebenpflicht i.S.d. § 241 II BGB in Betracht.

Darunter fallen auch die sog. Leistungstreuepflichten. Das sind Pflichten die dahin gehen, den Vertragszweck und den Leistungserfolg weder zu gefährden noch zu beeinträchtigen.

M hat H eine Forderung erfüllungshalber abgetreten. Zweck der zugrundeliegenden Vereinbarung war, dass H aus dieser Forderung Befriedigung und Erfüllung seines ursprünglichen Anspruchs erzielen sollte.

Entscheidend dafür, dass diese Möglichkeit vereitelt wurde, war die Genehmigung des Handelns des E durch M. Hätte sie nämlich die Annahme des Schecks nicht gegenüber K genehmigt, so wäre im Verhältnis des H zu K die Wirkung des § 407 BGB nicht eingetreten (vgl. o.). H hätte von K weiterhin Zahlung von 5.000,- € aus § 488 I S. 1 BGB verlangen können.

Mit der Genehmigung verletzte M die Pflicht, dem H die Befriedigung sowohl seines ursprünglichen wie des erfüllungshalber erlangten Anspruchs zu ermöglichen.

Es liegt hier nicht anders als bei der unberechtigten (eigenhändigen) Einziehung einer Forderung nach Abtretung durch den Zedenten.

hemmer-Methode: Zieht der Zedent die Forderung ein und ist diese Einziehung gegenüber dem Zessionar wegen § 407 BGB wirksam, kommen neben dem Anspruch aus § 280 BGB noch andere Anspruchsgrundlagen für einen Rückgriff des Zessionars in Betracht. Handelte der Zedent bösgläubig, so sind §§ 687 II, 678, 681 BGB einschlägig. Andernfalls müssen Sie jedenfalls an § 816 II BGB (dazu unten) denken.

Damit ist eine Vertragspflicht verletzt worden.

c) M hat dabei die im Verkehr erforderliche Sorgfalt außer Acht gelassen. Sie hätte sich denken können, dass sie mit ihrer Genehmigung den Anspruch des H gefährdet.

Sie handelte damit zumindest fahrlässig (§ 276 II BGB), sodass ihr der Beweis des Nichtvertretenmüssens i.S.d. § 280 I S. 2 BGB nicht gelingen wird.

d) H erlitt dadurch einen Vermögensschaden, dass er seinen Anspruch auf 5.000,- € gegen K wegen § 407 BGB nicht mehr durchsetzen kann.

M ist H insoweit zum Schadensersatz in Höhe von 5.000,- € aus § 280 I BGB verpflichtet.

e) Fraglich ist aber, wie es sich auswirkt, dass H den Kaufvertrag wirksam angefochten hat.

Dadurch ist wegen § 142 BGB die ursprüngliche Forderung weggefallen, und zwar ex tunc.

Dann muss dies aber dazu führen, dass ein Anspruch aus § 280 I BGB ebenfalls nicht durchgehen kann. Es besteht dann jedenfalls kein Schaden des H. Es ist nicht ersichtlich, wieso sich H noch aus der abgetretenen Forderung gegen K befriedigen können sollte, wenn die ursprüngliche Forderung weggefallen ist.

Zwischenergebnis

Ein Anspruch des H aus § 280 I BGB scheidet aus.

2. H könnte gegen M einen Anspruch aus § 816 II BGB haben.

a) An M müsste als Nichtberechtigte eine Leistung bewirkt worden sein.

M war nach Abtretung nicht mehr zur Einziehung der Darlehensforderung und auch nicht mehr zur Annahme einer Leistung erfüllungshalber berechtigt. Trotzdem ist an sie erfüllungshalber geleistet worden.

b) Diese Leistung erfüllungshalber war gegenüber dem Berechtigten H gem. § 407 I BGB wirksam (s.o.).

M ist deshalb zur Herausgabe des Erlangten verpflichtet.

Wegen der Unmöglichkeit der Herausgabe der Leistung selbst gilt grundsätzlich § 818 II BGB. Danach hat M Wertersatz zu leisten.

c) Fraglich ist, ob sich M, die weder Scheck noch Geld tatsächlich in die Hände bekommen hat, auf § 818 III BGB berufen kann.

Die Bestimmung des Haftungsumfangs nach § 818 BGB gilt grundsätzlich auch für die Herausgabepflicht nach § 816 BGB.

Hier wusste M jedoch bei ihrer Genehmigung bereits, dass sie nicht (mehr) Inhaber der Forderung war und zur Annahme einer Leistung erfüllungshalber nicht berechtigt war.

Gem. §§ 819 I, 818 IV BGB kann sie sich daher jedenfalls nicht auf den Wegfall der Bereicherung berufen, sie haftet nach allgemeinen Vorschriften auf Schadensersatz (§§ 292, 989 BGB).

Es bleibt also bei der Pflicht zur Zahlung von 5.000,- €. [242]

d) Zu den allgemeinen Vorschriften i.S.d. § 818 IV BGB zählt auch § 285 BGB.

hemmer-Methode: Das war früher sehr streitig, dürfte aber seit BGH, NJW 80, 178, wo die Anwendbarkeit des § 285 BGB auf den verschärft haftenden Bereicherungsschuldner bejaht wird, kaum noch in Frage zu stellen sein.

Da M die Herausgabe der Leistung unmöglich ist, kann H die Abtretung der Ansprüche verlangen, die M infolgedessen gegen E hat (zur Prüfung dieser Ansprüche vgl. u. C).

Ein Zahlungsanspruch ergibt sich daraus jedoch nicht unmittelbar. Erst nach Abtretung der Ansprüche kann H von E hieraus Zahlung verlangen.

e) Allerdings muss sich auch hier auswirken, dass H nach Anfechtung nicht mehr aus dem Kaufvertrag vorgehen kann.

Damit kann ihm auch kein Anspruch aus der erfüllungshalber abgetretenen Darlehensforderung zustehen, da er sich abredegemäß daraus nur befriedigen können soll, wenn die ursprüngliche Forderung noch besteht. Fällt diese weg, so entfällt dieses Befriedigungsrecht.

242 Str., vgl. Medicus JuS 1993, 705.

Dann ist er aber auch nicht mehr als Berechtigter i.S.d. § 816 BGB anzusehen.

Jedenfalls würde er rechtsmissbräuchlich handeln (§ 242 BGB), wenn er aus § 816 II BGB gegen die M vorgehen würde.

Wenn die Auszahlungsforderung gegen K nicht inzwischen durch Erfüllung durch K erloschen wäre, hätte H diese an M zurückübertragen müssen.[243] Dass K zwischenzeitlich erfüllt hat, kann nicht zu einer anderen Bewertung führen.

hemmer-Methode: Nur dieses Ergebnis ist wertungsgemäß haltbar. Sie können H nicht einerseits wirksam anfechten und damit den Kaufvertrag vernichten lassen und ihm zugleich Ansprüche deshalb zusprechen, weil er letztendlich seine Kaufpreisforderung nicht befriedigen konnte. Diese Kaufpreisforderung ist nach § 142 I BGB von Anfang an nichtig. Diese Nichtigkeit muss aber auch auf Rechtsgeschäfte durchschlagen, die zur Erfüllung der Kaufpreisforderung vorgenommen wurden. Hätte H den Kaufpreis bereits erhalten, so müsste er ihn über das Bereicherungsrecht wieder herausgeben. Nichts anderes kann für eine Forderung gelten, die er erfüllungshalber erhalten hat. Wenn er diese Forderung aber wieder an M abtreten müsste, dann darf ihm aus der Einziehung durch M kein Vorteil entstehen.
Zu einer guten Klausurlösung sind nicht nur eine gute Argumentation und genaues methodisches Vorgehen, sondern auch ein gewisses Judiz erforderlich. Überprüfen Sie deshalb die gewonnenen Ergebnisse immer noch einmal auf der Wertungsebene. Fragen Sie sich, ob das Ergebnis mit den zugrundeliegenden rechtlichen Wertungen vereinbar ist.

3. Ein Anspruch des H gegen M könnte sich möglicherweise aus §§ 687 II S. 1, 678 BGB ergeben.

Dabei fragt sich allein, ob die Genehmigung des Handelns des E für M ein fremdes Geschäft war.

Es kommt hier nun nicht darauf an, dass E als Vertreter der M handelte, sondern darauf, dass das Geschäft, dessen Wirksamkeit sie herbeiführte (Annahme des Schecks erfüllungshalber), ein solches des Gläubigers (H) war.

Es war daher für M insoweit ein fremdes Geschäft.

Dies war M auch bewusst. Allerdings kann nach der Anfechtung durch H ein solcher Anspruch mangels Schaden nicht gegeben sein (s.o.)

Sie hat dem H deshalb keinen Schadensersatz zu leisten.

4. Zu erwägen ist, dass sich der Anspruch des H gegen M auf § 823 I BGB stützen lässt.

M müsste dafür ein „sonstiges Recht" des H verletzt haben.

Durch die Genehmigung hat sie im Ergebnis ein Forderungsrecht des H gegen K zum Erlöschen gebracht.

Larenz[244] meint zwar, nicht die Forderung als solche, die sich ja gerade nur gegen eine Person richtet, wohl aber die Forderungszuständigkeit lasse sich als sonstiges Recht begreifen. Soweit nämlich die Forderung als Vermögensgegenstand dem Gläubiger - und nur ihm - zugewiesen sei, müsse das jedermann respektieren, sodass insoweit eine den absoluten Rechten vergleichbare Ausschlusswirkung zu bejahen sei.

---

[243] So ausdrücklich Grüneberg, § 364 BGB, Rn. 4 nur für den Fall der Abtretung an Erfüllungs Statt; es ist aber nicht ersichtlich, warum bei Abtretung erfüllungshalber etwas anderes gelten sollte.

[244] § 72 I a.

Wer unberechtigt eine fremde Forderung (wirksam) einzieht, haftet danach gem. § 823 I BGB.

Anders entscheidet zu Recht die h.M.:[245]

Die Forderung und ihre Zuständigkeit lassen sich nicht voneinander trennen. Die Forderung ist aber gerade nur gegen eine Person, den Schuldner, gerichtet, also ein relatives Recht. Der Schutz des § 823 I BGB ist auch für den Forderungsinhaber nicht erforderlich.[246]

Zwischenergebnis

Ein Anspruch aus § 823 I BGB besteht schon deshalb nicht.

IV. H gegen E

H könnte gegen E einen Anspruch aus § 823 II BGB i.V.m. § 263 StGB haben.

1. § 263 StGB, der gerade auch das Vermögen des Einzelnen schützen soll, ist ein Schutzgesetz i.S.d. § 823 II BGB.

2. E müsste einen Betrug zu Lasten des H begangen haben.

a) Getäuscht hat E die A, indem er ihr vorspiegelte, er sei berechtigt und gewillt, den Scheck entgegenzunehmen und weiterzuleiten.

b) Einen entsprechenden Irrtum hat er bei A erregt.

c) A verfügte mit Hingabe des Schecks jedoch nur über das Vermögen des K, nicht über das des H.

d) Der (zunächst gegebene) Vermögensschaden des H beruhte nicht unmittelbar auf dieser Verfügung. Ein i.R.d. § 263 StGB relevanter Vermögensschaden konnte hier allein bei K eintreten, der den Besitz am Scheck verlor. H hatte an dem Scheck noch keinerlei Rechte erworben.

Seine Darlehensforderung gegen K blieb von der Hingabe des Schecks an E unberührt (vgl. oben).

Ein Betrug zu Lasten des H ist nicht gegeben.

hemmer-Methode: Fassen Sie sich mit strafrechtlichen Erörterungen im Rahmen einer Zivilrechtsklausur kurz. Hier wird regelmäßig nicht der Schwerpunkt des Falles liegen. Zu breite Ausführungen nerven hier lediglich den Korrektor.

Zwischenergebnis

Ein Anspruch des H gegen E aus § 823 II BGB i.V.m. § 263 StGB besteht damit nicht.

B) Ansprüche des K

I. K gegen M

1. Ein Anspruch auf Zahlung von 5.000,- € könnte sich aus § 488 I S. 2 BGB ergeben.

a) Ein Darlehensvertrag ist zwischen K und M zustande gekommen.

b) Auch nach Abtretung ihres Anspruchs blieb M selbstverständlich Schuldner des Rückzahlungsanspruchs (s.o.).

c) Soweit eine Laufzeit nicht vereinbart war, ist M nach Kündigung zur Rückzahlung des Darlehensbetrages verpflichtet.

2. Ein Anspruch des K gegen M könnte sich möglicherweise auch aus § 812 I S. 1 Alt. 1 BGB ergeben.

a) M hat durch Leistung des K einen Scheck über 5.000,- € erlangt, denn die Zuwendung an einen Vertreter ist Leistung (i.S.d. § 812 BGB) an den Vertretenen.

---

245 Vgl. Medicus, Rn. 610; Grüneberg, § 823 BGB, Rn. 31.

246 Vgl. Hemmer/Wüst, Deliktsrecht I, Rn. 60.

b) Für diese Leistung bestand im Verhältnis des K zu M eigentlich kein Rechtsgrund, weil M die Forderung, auf die K (erfüllungshalber) leistete, bereits an H abgetreten hatte. K schuldete der M nichts mehr.

Beruft sich K jedoch gegenüber H auf § 407 BGB, kann er nicht gegenüber der M geltend machen, er sei wegen der Abtretung nicht mehr zur Leistung an sie verpflichtet gewesen. In dem Fall hatte ja die Leistung an M befreiende Wirkung, sie kann dann aber nicht rechtsgrundlos sein.

Ein Anspruch aus § 812 I BGB besteht nicht.

Verzichtet K jedoch gegenüber H auf die Erhebung der Einrede des § 407 BGB, kann er bei M kondizieren. Er muss sich nämlich nicht auf § 407 BGB berufen (Schutzvorschrift zu seinen Gunsten!).

Ein solches Vorgehen kann für K sinnvoll sein, wenn er sich gegenüber dem Neugläubiger (H) etwa durch Aufrechnung befreien will, weil der in Konkurs gefallen ist (vgl. dazu oben).

II. K gegen E

1. Anspruch aus Bereicherungsrecht?

Bereicherungsansprüche scheiden aus, da keine Leistung an E vorliegt, sondern an M.

hemmer-Methode: Dies gilt unbeachtlich des Streits, ob hinsichtlich der Bestimmung der Leistungsbeziehung auf den Empfänger oder den Leistenden abzustellen ist. Die wohl h.M. sieht dabei in §§ 133, 157 BGB einen allgemeinen Rechtsgedanken und wendet die Auslegung aus Sicht des objektiven Empfängers auch auf die Leistung i.S.d. §§ 812 ff. BGB an, obwohl es sich dabei nicht um ein Rechtsgeschäft handelt. Die Gegenauffassung stellt auf die Sicht des Leistenden ab und beruft sich dabei insbesondere auf § 267 BGB.[247]

2. Anspruch aus § 823 II BGB i.V.m. § 263 StGB?

a) E hat A durch Täuschung zu einer Verfügung über das Vermögen des K veranlasst. Der Getäuschte (Verfügende) muss für § 263 StGB nicht mit dem Geschädigten identisch sein.

Fraglich ist allein, ob ein Vermögensschaden des K i.S.d. § 263 StGB vorliegt, ob also durch die Aushändigung des Schecks - das ist für § 263 StGB der maßgebliche Zeitpunkt - das Vermögen des K gemindert wurde.

Eine reale Vermögensminderung könnte man deshalb verneinen, weil nach der heute ganz h.M. für die Entstehung einer Verbindlichkeit aus dem Scheck (nur darin könnte ja der Schaden des K bestehen) ein Begebungsvertrag, zumindest dessen Anschein für einen gutgläubigen Erwerber, erforderlich ist.[248] Das liegt vor Genehmigung durch M nicht vor. Der Vermögensschaden muss unmittelbare Folge der Verfügung sein, es reicht nicht aus, dass dem Täter nur die Möglichkeit gegeben wird, durch weitere Handlungen (hier z.B. die Einlösung des Schecks) einen Schaden auszulösen.

Für § 263 StGB reicht jedoch auch eine konkrete Vermögensgefährdung. Diese wird man bei der Hingabe eines unterschriebenen Schecks nicht verneinen können.

---

247 Vgl. dazu Hemmer/Wüst, Bereicherungsrecht, Rn. 148 ff.

248 Vgl. Brox, Hand. u. WertpapierR. Rn. 667, 540.

Die Entstehung einer Forderung aus dem Scheck bzw. die Einlösung des Schecks bei der Bank und daraus resultierende Ansprüche der Bank gegen den Aussteller ist hier ohne weiteres möglich und wahrscheinlich.

Ein Betrug lässt sich so bejahen.

b) Für einen Schadensersatzanspruch aus § 823 II BGB ist jedoch ein „echter" Schaden i.S.d. §§ 249 ff. BGB, zu berechnen nach der Differenzhypothese, notwendig.

Gerade der liegt aber infolge der späteren Genehmigung der M nicht vor.

K ist nämlich durch die Hingabe des Schecks und dessen Einlösung von einer Verbindlichkeit in entsprechender Höhe befreit worden.

Ergebnis

Es besteht kein Anspruch des K gegen E.

C) Ansprüche der M gegen E

I. §§ 687 II S. 1, 678 BGB

Wegen der Entgegennahme des Schecks könnte M gegen E einen Anspruch aus §§ 687 II S. 1, 678 BGB haben.

E führte dabei ein fremdes Geschäft als eigenes, obwohl er wusste, dass er dazu nicht berechtigt war.

Dass M gegenüber K eine Genehmigung ausgesprochen hat, ändert daran nichts. Eine Berechtigung zur Geschäftsführung ergibt sich daraus nicht.

E haftet der M wegen der Entgegennahme des Schecks auf Ersatz des Schadens in Höhe von 5.000,- €.

II. §§ 280 I, III, 283, 667, 681 S. 2, 687 II S. 1 BGB

Der Anspruch wegen Entgegennahme des Schecks lässt sich auch auf §§ 280 I, III, 283, 667, 681 S. 2, 687 II S. 1 BGB stützen.

hemmer-Methode: Im Fall der angemaßten Eigengeschäftsführung stehen dem Geschäftsherrn über § 687 II BGB sowohl Schadensersatz als auch Herausgabeansprüche zu. Zu einem Schadensersatzanspruch gelangen Sie über die Verweisung auf § 678 BGB, zu Herausgabe- und Erlösansprüchen über die Verweisung auf §§ 681, 667 BGB. § 687 II BGB ist damit neben § 816 BGB und § 285 BGB eine der wenigen Normen, über die der Berechtigte im Fall der Verfügung durch einen Nichtberechtigten nicht nur den Wert, sondern auch einen darüber hinausgehenden Mehrerlös herausverlangen kann.

Gem. § 667 BGB, auf den § 687 II S. 1 BGB über § 681 S. 2 BGB verweist, war E der M zur Herausgabe des entgegengenommenen Schecks verpflichtet. Dazu ist er nach der Einlösung nicht mehr in der Lage. Gem. §§ 280 I, III, 283 BGB haftet er auf Schadensersatz wegen verschuldeter Unmöglichkeit.

III. §§ 285, 667, 681 S. 2, 687 II S. 1 BGB

Der Anspruch lässt sich auch auf §§ 285, 667, 681 S. 2, 687 II BGB stützen.

Infolge des Umstandes, der E die Rückgabe unmöglich machte (Einlösung des Schecks), erlangte er einen Ersatz, nämlich die 5.000,- €, die ihm die Bank auszahlte.

Zur Herausgabe einer entsprechenden Summe an die M ist er verpflichtet.

IV. §§ 985, 285 BGB

Wegen der Einlösung des Schecks könnte E auch gem. §§ 985, 285 BGB haften.

Die Vorschrift des § 285 BGB findet jedoch auf § 985 BGB keine Anwendung. E haftet nicht nach §§ 985, 285 BGB.

hemmer-Methode: Bedeutung hat dies insbesondere dann, wenn der Dieb eine Sache an einen Dritten weiterveräußert. Ein gutgläubiger Erwerb scheitert dann an § 935 BGB. Der Eigentümer könnte somit vom jetzigen Besitzer Herausgabe nach § 985 BGB und vom früheren Besitzer zugleich über § 285 BGB das für den Besitz erlangte Surrogat verlangen.
Es käme also auf Seiten des Eigentümers zu einer unbilligen Schuldnerverdoppelung. Der Dieb hingegen sähe sich neben dem Anspruch des Eigentümers aus § 285 BGB einem Schadensersatzanspruch seines Käufers aus §§ 437 Nr. 3, 280 I, III, 283 BGB ausgesetzt. Auf seiner Seite käme es damit zu einer unzumutbaren Gläubigerverdoppelung.[249] § 285 BGB ist deshalb auf § 985 BGB nicht anwendbar, zumal die §§ 987 ff. BGB auch insoweit eine abschließende Regelung darstellen.

V. §§ 989, 990 BGB

Der Anspruch der M gegen E ließe sich aus §§ 989, 990 BGB begründen.

M war nach Genehmigung (ex tunc, § 184 BGB) Eigentümerin des Schecks, E Besitzer.

Infolge des Verschuldens des E (Einlösen des Schecks) ist ihm die Herausgabe unmöglich geworden.

Gemäß §§ 989, 990 BGB ist E zum Schadensersatz in Höhe von 5.000,- € verpflichtet.

VI. §§ 992, 823 I BGB

In Betracht kommt auch ein Anspruch der M aus §§ 992, 823 I BGB.

Die deliktische Haftung greift ein, wenn E sich den Scheck durch eine Straftat verschafft hat.

Erforderlich ist der Verstoß gegen ein Strafgesetz, das zum Schutz des Eigentümers die Art der Besitzverschaffung mit Strafe bedroht.[250]

1. E hat den Scheck durch einen Betrug zu Lasten des damaligen Eigentümers K erlangt. Hier geht es jedoch um EBV-Ansprüche der M als jetziger Eigentümerin.

Ein Betrug zu ihren Lasten lag indes nicht vor:

Verfügt hat die (getäuschte) A über das Vermögen des K. Dass sie gleichzeitig zu Lasten der letztlich Geschädigten M dem E Besitz verschaffte, reicht nicht aus, um einen Betrug zu Lasten der M zu begründen.

Es ist zwar anerkannt, dass § 263 StGB auch erfüllt ist, wenn jemand über fremdes Vermögen faktisch verfügt, ohne dazu befugt zu sein, nur muss der Verfügende schon vorher eine zumindest tatsächliche Einwirkungsmöglichkeit auf das fremde Vermögen gehabt haben; er muss „im Lager des Geschädigten" stehen. Das kann man von A hier nicht behaupten.

2. Auch ein sonstiges Strafgesetz, das dem Schutz der M zu dienen bestimmt war, hat E bei der Besitzverschaffung nicht verletzt.

[249] Vgl. dazu Hemmer/Wüst, Sachenrecht II, Rn. 160.

[250] Grüneberg, § 992 BGB, Rn. 1.

Zwar liegt eine Unterschlagung (§ 246 StGB) einer Sache der M vor, dies jedoch nicht bei der Besitzverschaffung, sondern erst später bei der Einlösung des Schecks. Nach h.M. ist eine Unterschlagung i.R.d. § 992 BGB aber nur relevant, wenn sie bereits bei der Besitzverschaffung vorliegt.[251]

Möglich wäre noch eine Untreue in Form des Treuebruchtatbestandes (§ 266 I Alt. 2 BGB). Dafür hätte E jedoch gegenüber E die Pflicht zur Vermögensbetreuung haben müssen. Aus der Ehe mit Zugewinngemeinschaft lässt sich eine Vermögensbetreuungspflicht i.S.d. § 266 StGB nicht herleiten.

Weil eine Straftat bei der Besitzverschaffung zu Lasten der M nicht vorlag, haftet E nicht nach Deliktsrecht über § 992 BGB.

VII. § 826 BGB

Zu prüfen ist noch ein Anspruch aus § 826 BGB.

Der Anspruch aus § 826 BGB wird nicht durch das EBV ausgeschlossen.[252]

Durch die unberechtigte Einziehung des Schecks hat E die M geschädigt. Sein Verhalten verstieß gegen die „guten Sitten“.

Er handelte vorsätzlich. Nicht nötig ist, dass M genau wusste, wer durch die Einlösung des Schecks unmittelbar geschädigt wird. Es reicht aus, dass er „die Richtung, in der sich sein Verhalten zum Schaden anderer auswirken konnte, vorausgesehen und gebilligt hat“.[253]

E ist der M gemäß § 826 BGB zum Schadensersatz verpflichtet.

[251] Grüneberg, § 992 BGB, Rn. 1.
[252] H.M. Grüneberg, Vorb. zu § 987 BGB, Rn. 12.
[253] BGH, WM 66, 1152; Grüneberg, § 826 BGB, Rn. 10.

VIII. § 816 II BGB

Wegen der Einlösung des Schecks könnte E der M auch nach § 816 II BGB haften.

1. Anwendbarkeit

§ 816 BGB ist neben §§ 987 ff. BGB anwendbar.

2. Berechtigung des E

E war nicht berechtigt, den Scheck einzulösen. Berechtigte war M, denn sie war Eigentümer des Schecks (nicht etwa H; dass ihm die Forderung, für die der Scheck erfüllungshalber geleistet wurde, zustand, ändert nichts daran, dass der Scheck an M übereignet wurde).

3. Wirksamkeit der Zahlung der Bank gegenüber M

Die Zahlung der Bank war der M gegenüber wirksam. Aufgrund der Legitimationswirkung des Besitzes am Papier (vgl. Art. 21 SchG) konnte die Bank mit befreiender Wirkung für K an E leisten.

4. Herausgabe des Erlangten

E ist verpflichtet, das Erlangte herauszugeben

5. Wegfall der Bereicherung?

Auf einen etwaigen Wegfall seiner Bereicherung (§ 818 III BGB) kann er sich nicht berufen (§§ 819 I, 818 IV BGB).

IX. §§ 687 II S. 1, 678 BGB

Auch die Einlösung des Schecks ist eine unberechtigte Eigengeschäftsführung i.S.d. § 687 II S. 1 BGB.

Der Anspruch der M lässt sich daher auch auf §§ 678, 687 II S. 1 BGB stützen.

X. §§ 687 II, 681, 667 BGB

Aus dem Grunde kann M auch gem. § 687 I S. 1, 681, 667 BGB Ersatz von 5.000,- € verlangen.

D) Herausgabeansprüche des H gegen M

I. § 985 BGB

H könnte möglicherweise von M gem. § 985 BGB Herausgabe des Bildes verlangen.

Unabhängig davon, ob H auch die Übereignungserklärung wirksam angefochten hat, scheidet ein Anspruch jedenfalls deshalb aus, weil M nicht mehr im Besitz des Bildes ist, da dieses an die A-GmbH weitergegeben wurde.

Etwas anderes gilt nur dann, wenn M wenigstens mittelbarer Besitzer geblieben wäre.

Das müsste H aber beweisen, was er nicht kann.[254]

hemmer-Methode: Vertretbar war es auch, hier mit der Frage zu beginnen, ob H noch Eigentümer ist. Gerade gegen Ende einer Klausur müssen Sie aber Unproblematisches auch einmal kurz abhaken können. Hier scheitert ein Herausgabeanspruch nach § 985 BGB unproblematisch am fehlenden Besitz der M. Breite Ausführungen zur Eigentumslage sind damit überflüssig. Auch das Prinzip der negativen Evidenz gebietet es hier nicht, zunächst die Eigentumslage zu prüfen, da Sie die Probleme der Anfechtung der Einigungserklärung und der Wirksamkeit der Übereignung an A noch i.R.d. bereicherungsrechtlichen Anspruchs prüfen müssen. Sie schneiden sich hier also keine Folgeprobleme ab, indem Sie sich kurz fassen

II. § 812 I S. 1 Alt. 1 BGB

Ein Rückgabeanspruch könnte sich aber aus § 812 I S. 1 Alt. 1 BGB ergeben.

1. H hat das Bild an M ohne Rechtsgrund (zur Anfechtung s.o.) geleistet.

2. Möglicherweise könnte die deshalb grundsätzlich bestehende Herausgabeverpflichtung aus § 812 I S. 1 Alt. 1 BGB entfallen sein, wenn der M die Herausgabe unmöglich geworden ist.

Hier hat M das Bild an die A-GmbH weiterveräußert.

Allerdings wäre eine Herausgabe dann nicht unmöglich, wenn M das Bild von der A-GmbH jederzeit zurückverlangen kann, weil die Veräußerung an diese nur ein Scheingeschäft war.

Hier behauptet H, dass ein Scheingeschäft i.S.d. § 117 BGB vorgelegen habe.

Fraglich ist aber, wer für die Richtigkeit der Behauptung die Beweislast trägt.

Hinsichtlich der Unmöglichkeit trägt der Bereicherungsschuldner die Beweislast. Hier steht fest, dass das Bild an die A-GmbH weiterveräußert worden ist. Beweisfällig ist nur die Tatsache, ob ein Scheingeschäft vorliegt oder nicht.

Da grundsätzlich von der Ernstlichkeit rechtsgeschäftlicher Willenserklärungen auszugehen ist, trägt derjenige die Beweislast, der sich auf das Vorliegen eines Scheingeschäfts beruft.[255]

Da H den Beweis eines Scheingeschäfts nicht führen kann, besteht kein Anspruch auf Herausgabe.

---

[254] BGH, WM 82, 749 ff. = **juris**byhemmer; vgl. dazu unten.

[255] BGH, NJW 88, 2599 m.w.N. = **juris**byhemmer.

hemmer-Methode: Andere als Herausgabeansprüche waren insoweit nicht zu prüfen. Vertretbar war es aber, bei den Ansprüchen des H gegen die M (nach der Fallfrage nur auf Zahlung von 5.000,- € zu prüfen und daher eigentlich nicht „gewollt“) auf einen Wertersatzanspruch aus §§ 812 I S. 1 Alt. 1 BGB i.V.m. § 818 II BGB einzugehen. Allerdings wäre M wegen der Weitergabe an die A-GmbH entreichert, § 818 III BGB.
Für eine weitere Haftung wäre dann entscheidend, ob man sie für bösgläubig i.S.d. §§ 818 IV, 819 I BGB (evtl. i.V.m. § 142 II BGB) hält. Auch eine Haftung direkt über §§ 989, 990 BGB konnte diskutiert werden.

E) Rechtslage hinsichtlich der Restaurierungskosten für den Fall, dass das Bild herauszugeben ist

I. §§ 994 ff. BGB

In Betracht kommen Verwendungsersatzansprüche nach den §§ 994 ff. BGB.

1. Voraussetzung ist aber grundsätzlich, dass im Zeitpunkt der Verwendungen eine Vindikationslage bestanden hat.

a) Als M das Bild restaurieren ließ, war sie aber Eigentümerin aufgrund der wirksamen Übereignung durch H. Damit bestand für H kein Herausgabeanspruch gem. § 985 BGB.

b) Allerdings hat H das Veräußerungsgeschäft angefochten. Die Anfechtung bezog sich auch auf die Übereignung, da H ausdrücklich die gesamte Veräußerung angefochten hat.

Die Anfechtung der Übereignung war auch wirksam, da sich der Anfechtungsgrund des § 119 II BGB hier auch auf die dingliche Seite bezieht.[256]

Es liegt dann ein Fall der sog. Fehleridentität vor.

hemmer-Methode: Der Begriff der Fehleridentität ersetzt keine Begründung, sondern ist nur deren Ergebnis. Sie müssen hier also darlegen, dass sich der Eigenschaftsirrtum nach § 119 II BGB sowohl auf die schuldrechtliche Verpflichtung wie auch auf die dingliche Verfügung erstreckt. Das gleiche gilt im Fall der arglistigen Täuschung oder Drohung, während der Inhalts- oder Erklärungsirrtum nach § 119 I BGB sich regelmäßig nur auf das Verpflichtungsgeschäft bezieht.

2. Fraglich ist aber, ob auch der „nicht mehr berechtigte“ Besitzer Ersatz für diejenigen Verwendungen verlangen kann, die er im Zeitpunkt seiner Besitzberechtigung gemacht hat.

Dies muss jedenfalls für den Fall der Anfechtung wegen § 142 I BGB bejaht werden. Ansonsten stünde der nichtberechtigte Eigenbesitzer besser als der zum Zeitpunkt der Verwendungen berechtigte Eigenbesitzer.[257]

3. Damit kann M gem. § 994 I BGB die notwendigen Verwendungen, die nicht gewöhnliche Erhaltungskosten sind, in jedem Fall herausverlangen. Bei den Reinigungskosten handelt es sich um solche notwendigen Verwendungen.

Dies wäre nur dann ausgeschlossen, wenn M im Zeitpunkt der Verwendungen bösgläubig gewesen wäre, § 994 II BGB. Dies wäre nur dann der Fall, wenn § 142 II BGB eingreift. Ob M allerdings die Anfechtbarkeit kannte oder (grob fahrlässig) kennen musste, ist nach dem Sachverhalt nicht feststellbar.

4. Ob sie allerdings auch die Rahmungskosten verlangen kann, ist fraglich.

[256] Grüneberg, § 142 BGB, Rn. 3.

[257] Grüneberg, vor § 994 BGB, Rn. 3.

Diese stellen jedenfalls keine notwendigen Verwendungen dar, da der alte Rahmen noch verwendbar war.

Damit könnte sie nur Ersatz verlangen, wenn § 996 BGB eingreift (und Gutgläubigkeit vorliegt).

Bei der Rahmung handelt es sich aber um eine sog. Luxusverwendung, die nicht zu ersetzen ist (a.A., nämlich nützliche Verwendung, mit guter Begründung nur schwer vertretbar).

II. Andere Anspruchsgrundlagen

Andere Anspruchsgrundlagen scheiden aus, da nach der h.M. die §§ 994 ff. BGB eine erschöpfende Sonderregelung enthalten.[258]

Ergebnis

M kann nur die Reinigungskosten ersetzt verlangen.

hemmer-Methode: Es handelt sich um einen anspruchsvollen, umfangreichen Fall, der sicherlich vielen Lesern Probleme bereitet hat.
Wer hier aber konsequent einen roten Faden durchzieht, wird im Examen auch dann schon mit einer guten Punktzahl belohnt, wenn ihm Anspruchsgrundlagen oder einzelne Problemkreise gefehlt haben.
Gerade bei solchen Klausuren gilt: „Sich durchkämpfen“! Sie müssen ja gar nicht perfekt sein, sondern nur besser als die anderen Bearbeiter.
Sollten Sie im Examen einer ähnlichen Klausur begegnen, ist es wichtig, dass Sie Unwesentliches von Wichtigem trennen und nur letzteres ausführlich behandeln. Kein Korrektor erwartet hier von Ihnen, dass Sie sämtliche Ansprüche in sauberstem Gutachtenstil durchprüfen. Sie würden dann in fünf Stunden wohl nur ein Drittel der Klausur bearbeiten können.
Gute Punktzahlen können Sie in einer solchen Klausur vor allem dann erreichen, wenn Sie eine knappe, gut verständliche Sprache beherrschen. Gezierte Sätze über eine ganze Seite kosten nicht nur Zeit, sondern ärgern auch den Korrektor. In unseren Haupt- und Klausurenkursen bietet sich Ihnen eine gute Gelegenheit, diese knappe Sprache einzuüben. Wir würden uns freuen, Sie dort einmal als Teilnehmer begrüßen zu können!

[258] Grüneberg, vor § 994 BGB, Rn. 2.

Zusammenfassung

A) Zahlungsansprüche des H

I. Anspruch H gegen M aus Kaufvertrag, § 433 II BGB (-)

1. Kaufvertrag (+)

2. wirksame Anfechtung?

a) Anfechtungsgrund § 119 II BGB (+)

b) Ausschluss der Anfechtung durch die §§ 434 ff. BGB?

hier: Anfechtung durch Verkäufer, nur ausgeschlossen, wenn Vereitelung von Gewährleistungsansprüchen, hier (-)

c) auch kein Ausschlussgrund aus dem Wertverhältnis oder § 313 BGB

d) M bietet auch die Wertdifferenz nicht an (dann evtl. § 242 BGB)

Zwischenergebnis:

Kaufvertrag wirksam angefochten, kein Anspruch aus § 433 II BGB

II. H gegen K

(Aus-)Zahlungsanspruch gem. §§ 488 I S. 1, 398 S. 2 BGB?

1. M müsste Anspruch bei Abtretung innegehabt haben:

a) mündliche Zusage des K ausreichend, Auszahlung für Vertrag nach h.M. nicht erforderlich

b) nicht nur Gefälligkeit

c) auch nicht nur Leihe

2. Wirksame Abtretung?

a) Einigung (+)

b) Anspruch auf Auszahlung auch abtretbar

3. Anspruch durch Erfüllung erloschen, § 362 BGB?

⇨ dann müsste an den Gläubiger geleistet worden sein, dies war aber H, nicht die M

a) § 407 BGB? (+), wenn K durch Übergabe des Schecks an E an die M geleistet hat

aa) wirksame Leistung erfüllungshalber, da die M genehmigt hat, diese Genehmigung muss H gegen sich ebenfalls gem. § 407 BGB gelten lassen

bb) auch Übergabe ist erfolgt, „Geheißerwerb“

b) M müsste aber tatsächlich Befriedigung erlangt haben, Leistung erfüllungshalber (+), Einlösung des Schecks bedeutet endgültige Erfüllung, obwohl durch E eingelöst

III. H gegen die M (wegen der Abtretung)

1. § 280 I BGB (-)

a) Schuldverhältnis (+), Vereinbarung Forderung erfüllungshalber abzutreten

b) Pflichtverletzung (+), durch die Genehmigung der M

c) schuldhaft (+)

d) Vermögensschaden des H ursprünglich (+)

e) aber wegen Anfechtung entfällt jedenfalls Schaden des H

2. § 816 II BGB?

a) an die M als Nichtberechtigte wurde Leistung erbracht

b) Leistung wegen § 407 BGB auch wirksam

c) keine Berufung auf Entreicherung nach § 818 III BGB, da §§ 819 I, 818 IV BGB (+)

d) auch § 285 BGB anwendbar

e) durch Anfechtung entfällt aber auch Anspruch aus § 816 II BGB, H dann nicht mehr als Berechtigter anzusehen, jedenfalls aber rechtsmissbräuchlich, § 242 BGB

3. §§ 687 II S. 1, 678 BGB (-)

4. § 823 I BGB (-), Forderung und Forderungszuständigkeit kein sonstiges Recht

IV. H gegen E

§ 823 II BGB, § 263 StGB (-), kein Betrug zu Lasten des H

B) Ansprüche des K

I. K gegen M

1. § 488 BGB (+), M ist trotz Abtretung des Auszahlungsanspruchs Schuldner des Rückzahlungsanspruchs geblieben.

2. § 812 I S. 1 Alt. 1 BGB

a) M hat durch Leistung des K den Scheck erlangt

b) eigentlich kein Rechtsgrund für diese Leistung, da bereits an H abgetreten, aber wegen § 407 BGB (für den Fall, dass sich K darauf beruft) kann Leistung nicht rechtsgrundlos sein.

II. K gegen E

1. Keine Bereicherungsansprüche, da Leistung an die M

2. § 823 II BGB, § 263 StGB

a) Betrug lässt sich bejahen, da zumindest Vermögensgefährdung

b) aber Schaden (-), da K wegen Genehmigung der M von Verbindlichkeit befreit

C) Ansprüche der M gegen E

I. §§ 687 II S. 1, 678 BGB (+)

II. §§ 280 I, III, 283, 667, 681 S. 2, 687 II S. 1 BGB (+)

III. §§ 285, 667, 681 S. 2, 687 II S. 1 BGB (+)

IV. §§ 985, 285 BGB (-), § 285 BGB auf § 985 BGB nicht anwendbar

V. §§ 989, 990 BGB (+), M ist Eigentümerin des Schecks geworden

VI. §§ 992, 823 I BGB (-), keine Straftat zu Lasten der M

VII. § 826 BGB (+)

VIII. § 816 II BGB?

1. § 816 BGB anwendbar

2. E war zur Einlösung des Schecks nicht berechtigt

3. Zahlung von Bank an E mit befreiender Wirkung

4. E müsste Erlangtes herausgeben

5. Berufung auf Entreicherung nicht möglich, (§§ 819 I, 818 IV BGB)

IX. §§ 687 II S. 1, 678 BGB auch wegen der Einlösung des Schecks gegeben.

X. §§ 687 II, 681, 667 BGB ebenfalls (+)

D) Herausgabeansprüche H gegen M

I. § 985 BGB (-)

M ist jedenfalls nicht unmittelbarer Besitzer; dass M mittelbarer Besitzer ist, kann H nicht beweisen.

Außerdem auch Eigentumsverlust an die A, da H das Scheingeschäft nicht beweisen kann

II. § 812 I S. 1 Alt. 1 BGB (-)

1. Leistung des H an die M (+), ohne Rechtsgrund, da Anfechtung (+), s.o.

2. Unmöglichkeit der Herausgabe (+), da an A-GmbH weiterveräußert und Scheingeschäft nicht bewiesen, Beweislast liegt bei H.

E) Rechtslage bezüglich der Restaurierungskosten

I. Verwendungsersatzansprüche gem. §§ 994 ff. BGB (-)

1. Vindikationslage nach Anfechtung (+)

2. M war aber im Zeitpunkt der Verwendungen berechtigte Besitzerin, dennoch § 994 BGB (+)

3. Reinigungskosten notwendige (jedenfalls nützliche i.S.d. § 996 BGB) Verwendungen

4. Rahmungskosten weder notwendig noch nützlich, sondern Luxusaufwendungen; diese werden nicht ersetzt

II. Andere Anspruchsgrundlagen (-), da §§ 994 ff. BGB erschöpfende Sonderregelung

hemmer-Methode: Lassen Sie sich von diesem Fall nicht entmutigen. Es handelt sich um eine sehr anspruchsvolle Klausur, die auch Spitzenjuristen nicht auf Anhieb lösen. Lesen Sie diesen Fall deshalb mehrmals. Sie werden feststellen, dass Sie bei jedem Durchgang den Gedankenweg der Klausur ein Stück weiter nachvollziehen können.
Das Lernen am „großen Fall“ ist wichtiger Teil unserer Methode. Wer nur mit kleinen Standardfällen arbeitet, wird einen Examensfall kaum zufriedenstellend lösen können. Durch die Arbeit mit anspruchsvollem, examenstypischem Fallmaterial werden Sie hingegen optimal auf Ihr Examen vorbereitet. Vor allem in unseren Hauptkursen lernen Sie, den Rahmen Ihrer geistigen Ressourcen auszuschöpfen. Bedenken Sie: Wer nur auf vier Punkte lernt, landet schnell bei drei!

hemmer/wüst Verlag
Unser Lernsystem im Überblick

Die Kartensätze

■ Überblickskarteikarten - je 30,00 € / 19,90 €

Über Prüfungsschemata zum Wissen

Ihr Begleiter vom 1. Semester bis zum 2. Staatsexamen! In den Überblickskarteikarten sind die wichtigsten Problemfelder im Zivil-, Straf- und Öffentlichen Recht knapp, präzise und übersichtlich dargestellt. Sie erfassen effektiv auf einen Blick das Wesentliche. Die grafische Aufbereitung der Prüfungsschemata auf der Vorderseite schafft Überblick über den Prüfungsaufbau. Die Kommentierung mit der hemmer-Methode auf der Rückseite vermittelt deshalb das nötige Einordnungswissen für die Klausur und erwähnt die wichtigsten Definitionen.

■ Basics Karteikarten - je 16,90 €

Das Pendant zu den Basics Skripten

Mit dem Frage- und Antwortsystem zum notwendigen Wissen. Die Vorderseite der Karteikarte ist unterteilt in Einordnung und Frage. Der Einordnungstext erklärt den Problemkreis und führt zur Frage hin. Die Frage trifft dann den Kern der prüfungsrelevanten Thematik. Auf der Rückseite schafft der Antworttext Wissen.

■ Hauptkarteikarten - je 16,90 €

Das Pendant zu den Hauptskripten

Das Prüfungswissen in Karteikartenform für den, der es bevorzugt, mit Karteikarten zu lernen. Im Frage- und Antwortsystem zum Wissen. Auf der Vorderseite der Karteikarte führt ein Einordnungsteil zur Frage hin. Die Frage trifft die Kernproblematik des zu Erlernenden. Auf der Rückseite schafft der Antworttext Wissen.

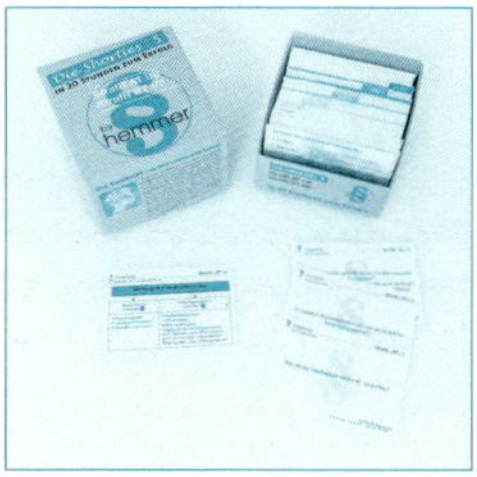

■ Die Shorties - je 24,90 €

In 20 Stunden zum Erfolg inkl. hemmer-Lernbox

Die kleinen Karteikarten in der hemmer Lernbox enthalten auf der Vorderseite jeweils eine Frage, welche auf der Rückseite grafisch aufbereitet beantwortet wird. Die bildhafte Darstellung ist lernpädagogisch sinnvoll. Die wichtigsten Begriffe und Themenkreise werden anwendungsspezifisch erklärt. Knapper geht es nicht - die Sounds der Juristerei! In Kürze verhelfen die Shorties so zum Erfolg.

Versandkostenfreie Bestellung in unserem hemmer-shop

www.hemmer-shop.de

hemmer/wüst Verlag

Unser Lernsystem im Überblick

Digitale Produkte

StudySmarter &

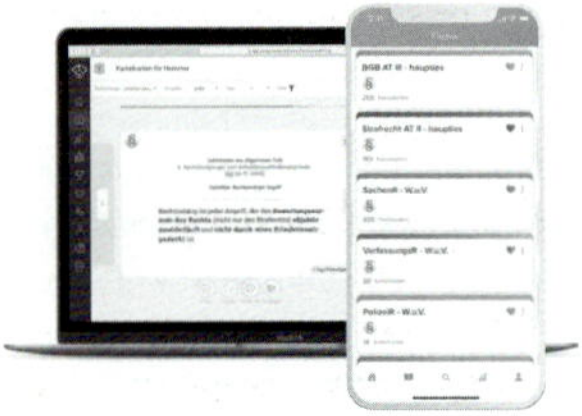

■ HEMMER APP

Laden im App Store | JETZT BEI Google Play

FÜR SMARTPHONE, TABLET UND PC

Das Frage-Antwort-System der hemmer Hauptskripten, unsere „haupties", digital lernen mit der intelligenten Lernplattform StudySmarter. Behalten Sie mit detaillierten Lernstatistiken Ihren Fortschritt im Blick und lernen Sie mit einem individuellen Lernplan. Kostenlos testbar: „haupties BGB AT I - III" (579 KK) sowie „Definitionen StrafR" (279 KK). Einfach den Code hemmer20 bei der Registrierung eingeben. Zusätzlich erhalten unsere Kursteilnehmenden über 600 Wiederholungs- und Vertiefungsfragen des HK-Materials. Der exklusive Code ist über die Kursleiter und Kursleiterinnen erhältlich.

■ EBOOKS - ab 9,90 €

DIE HEMMER SKRIPTENREIHE ALS EBOOKS

In den eBooks, die mit unserer hemmer Skriptenreihe identisch sind, werden die für die Prüfung nötigen Zusammenhänge umfassend aufgezeigt und wiederkehrende Argumentationsketten eingeübt. Nutzen Sie die eBooks als Ihre ortsunabhängige Bibliothek. Sie sind klausurorientiert und zahlreiche Beispielsfälle erleichtern das Verständnis. So wird Prüfungswissen auf anspruchsvollem Niveau vermittelt.

■ AUDIOCARDS - ab 19,95 €

AUDITIV - MODERN - EFFEKTIV

Die Wiederholungsfragen der hemmer Hauptskripten werden in den hemmer AudioCards vertont und beantwortet. Gleichzeitig haben Sie die Möglichkeit, den kompletten Inhalt inklusive Inhaltsverzeichnis per PDF einzusehen und auszudrucken. Wir verhelfen Ihnen mit unserem auditiven Lernsystem zu einer optimalen Prüfungsvorbereitung.

■ LIFE&LAW - DIGITAL - je 6,80 €

NEUESTE RECHTSPRECHUNG - KLAUSURTYPISCH AUFBEREITET

Die Life&LAW ist die deutschlandweit monatlich erscheinende hemmer-Ausbildungszeitschrift. In jeder Ausgabe werden aktuelle Entscheidungen im Bereich des Zivil-, Straf- und Öffentlichen Rechts aufbereitet und klausurtypisch von unseren hemmer-Repetitoren gelöst.

Erhältlich über unseren hemmer-shop
www.hemmer-shop.de